전국
민물 장어
낚시터
410선 (하)

전국 민물 장어 낚시터 410선 하

송광호 지음

어디론가 떠나야 할 꾼들에게
작은 길잡이가 되었으면 합니다.

좋은땅

| 저자의 말 |

충북 영동의 작은 시골 마을. 초교 1학년이 되던 어느 해 부모님은 자식 공부를 위해 두 여동생만을 데리고 먼저 서울로 떠났다. 시골엔 나와 누나, 할머니만 남았고 그때부터 마을 앞 냇가에 나가 살았다.

그렇게 처음 물을 접했고, 환갑이 넘은 지금도 물가를 찾는다. 고교시절 함께 낚시를 다니던 절친은 낚시를 가 봤자 꽝만 친다며 '꽝어'라는 별명을 지어 주었고, 그렇게 물과 낚시는 평생의 종교가 되었다.

필자는 타고난 길치다. 네비가 없던 시절, 한 번 가 본 낚시터에 가족을 데리고 두 번째 출조할 때는 1~2시간 헤매는 건 보통이었다. 그 미안함 때문에 낚시터를 찾아가는 방법을 무조건 메모하는 습관이 생겼다. 그렇게 평생을 기록해 온 낚시터 메모를 본 지인이 '네비에 주소만 찍으면 장어 포인트로 갈 수 있도록 책으로 남기라.'는 권유를 했다.

지인의 가이드하에 당초 3개월이면 원고 정리가 끝날 것으로 예상했으나, 본업을 전폐한 채 만 3년을 넘기고서야 원고 정리가 끝났다. 필자의 스마트폰 안에서 사장될 수밖에 없었던 장어 포인트 정보를 책으로 남길 수 있다는 것에 감사하며, 어디론가 훌쩍 떠나야 할 꾼들에게 작은 길잡이가 되었으면 한다.

| 목 차 |

1

전북 49선

고창군 8선

고창 구시포수로

- **장낚 정보:** 소~중짜 기수역 대낚터, 적기(4~11월, 7~10월), 입질 시간(일몰~23시), 새우 · 산지렁 · 미꾸라지 미끼.

구시포수로는 구시포항과 명사십리해수욕장 사이에 위치한 해안가 농수로로, 수로 폭 10~15m, 길이는 약 2km, 수심은 1~2m인 소형 농수로다. 수로에는 맑은 물이 유입되며, 가뭄이 들어도 바닥을 보이지 않아 자원이 풍부한 편이다. 수로의 최하류에 있는 다리에서부터 상류 쪽으로 수로 전체가 포인트이며, 미꾸라지 미끼로 중짜급 씨알을 골라 낚을 수 있다.

↳ 포인트 안내

- 최하류 다리에서 상류 방향 네 번째 다리(고창군 상하면 용정리 1841): 다리 좌하류권이 포인트로, 다리 주변에 주차하면 된다.

고창 궁산지와 퇴수로(해리천)

- **장낚 정보:** 소~대짜 릴 · 대낚터, 적기(4~11월), 입질 시간(일몰~01시), 새우 · 참붕어 · 산지렁 · 청지렁 · 미꾸라지 미끼.

궁산지는 24만 평 규모의 해안가 계곡지로, 퇴수로가 북서쪽으로 약 4km를 흘러 곰소만 동호항 앞바다로 빠져나간다. 궁산지는 퇴수로인 해리천과 더불어 오래전부터 많이 알려진 장어터로, 새우나 지렁이 미끼에 잡고기의 성화가 심하다. 미꾸라지를 우선적으로 사용하여 잡어를 배제하고, 참붕어도 큰 놈 위주로 꿰어 주면 좋다. 잡고기의 성화가 뜸해지는 늦은 밤에는 지렁이나 새우를 곁들이면 좋다.

궁산지 주변으로 순환로가 나 있어 포인트 진입은 쉬우나, 주차 공간이 협소하다. 인근에 선운사를 비롯해 유명 장어구이 집이 많다.

↳ 포인트 안내

- 최상류 수로 안산교 좌상류권(고창군 해리면 안산리 83-4): 큰비 후 터, 큰물이 지면 궁산지 상류권의 해리천과 군보천 및 그 외 가지 수로 등에서 소짜급 장어가 낚인다. 2017. 5월(참붕어, 소짜 2수), 2011. 11월(1수), 2011. 4월(1수), 2008. 5월(2수), 2005. 8월(참붕어·새우, 소짜 3수).

- 좌상류 산 앞(고창군 심원면 궁산리 산 37-3): 갈수기터, 돌이 무너져 내린 포인트로, 대낚시와 릴낚시 모두 가능하다. 차 앞 낚시도 가능하다.

- 우중류 낚시터가든 앞(고창군 해리면 왕촌리 229): 만수위 터, 낚시터가든 앞에서 하류 50m까지가 포인트다. 진입이 쉽고 2대가량 주차할 수 있다.

- 퇴수로 금평교 우상류 보(금평리 1488): 퇴수로의 중류권으로, 1~3m 수심을 보인다. 평소에는 소짜급이 낚이다가, 큰비 후 물색이 흐리고 유속이 생기면 중짜급도 낚인다. 2020. 9월(청지렁, 중짜 1수), 2016. 9월(소짜 1수), 2010. 7월(대짜 2수).

고창 노동지

- **장낚 정보**: 소~중짜 마릿수 터, 적기(4~7월), 입질 시간(일몰~02시), 새우·미꾸라지·청지렁이 미끼.

노동지는 6만 평 규모의 계곡지로, 산으로 둘러싸여 풍광이 수려하고, 수질이 좋다. 퇴수로는 기수역인 고창천과 연결되며, 소짜에서 중짜급 장어가 마릿수로 낚인다.

⎌ 포인트 안내

- 좌중류 마을 앞(고창군 고창읍 노동리 330-4): 갈수기 릴·대낚터, 도로변에 주차하면 된다.

- 제방 좌측부(노동리 361): 갈수기 릴터, 제방 좌측 끝에 주차 후 50m가량 도보 진입한다.

고창 도천지(연화지)

- **장낚 정보**: 소~대짜 릴·대낚 마릿수 터, 적기(5~8월), 입질 시간(일몰~03시), 새우·참붕어·산지렁·청지렁이·미꾸라지 미끼.

도천지는 6만 평 규모의 계곡지로, 퇴수로가 2km 하류의 곰소만으로 유입된다. 퇴수로를 통해 장어 자원이 유입되며, 소짜에서 대물급까지 다양한 씨알의 장어가 서식하고 있다. 상류에 마을과 축사가 있어 수질이 좋은 편이 아니며, 가뭄이 들면 탁도가 더 높아져 꾼들이 출조를 기피하기도 한다. 우상류권을 제외한 대부분의 포인트는 도보로 진입해야 하며, 약 4km 남쪽에 궁산지가 있어 포인트 이동이 용이하다.

- 우상류(고창군 심원면 도천리 산 171-4): 만수위터, 오름 수위나 만수위에 릴과 대낚시가 가능하다. 차 앞 낚시가 가능하다.

- 우하류(도천리 산 177-4): 갈수기터, 급경사 지역으로, 물이 빠져야 릴 원투 자리가 나온다. 도로변에 주차하면 된다.

- 퇴수로 두어교 우상류 보(두어리 24-3): 퇴수로의 중 하류권 포인트로, 도천지에서 물이 내려올 때 입질이 좋다. 두어교 서쪽 끝에 주차하면 된다.

고창 송현제

- **장낚 정보**: 소~대짜 릴·대낚 마릿수 터, 적기(4~10월), 입질 시간(일몰~01시), 새우·청지렁·미꾸라지 미끼.

송현제는 1만 4천 평 규모의 해안지로 상류에 오염원이 없어 수질이 좋고, 퇴수로는 2.3km 서쪽의 곰소만으로 유입되는 기수역으로, 송현제와 퇴수로 모두 장어 자원이 많다. 장마 후 진입하면 마릿수 장어도 낚을 수 있다.

ㄴ 포인트 안내

- 좌상류 돌출부(고창군 부안면 봉암리 산 59-1): 만수위터, 대낚시 긴 대나 릴낚시가 적합하다. 차량 2~3대 주차 후 차 앞 낚시가 가능하다.

- 제방 북쪽(봉암리 산 52-2): 석축 제방으로 석축 바로 앞이 포인트다. 좌대를 설치하면 편리하다. 제방 북쪽 끝에 주차 후 약 30m 도보 진입하면 된다.

- 퇴수로 좌중하류(송현리 901): 큰비터, 수로 폭 15m가량의 기수역 농수로로 장마 후에 진입해야 수량이 많다. 다리 부근에 주차하면 된다.

고창 승방소류지

- **장낚 정보**: 소짜 마릿수 터, 적기(3~11월), 입질 시간(일몰~02시), 새우·산지렁·청지렁·참붕어·납자루 미끼.

승방소류지는 2천 평 규모의 해안가 계곡지로, 규모는 작으나 심한 가뭄에도 바닥을 드러내지 않고, 여름에는 수면 전역에 마름이 덮여 어자원 보호가 잘된다. 주 서식 어종은 장어, 붕어, 가물치, 동자개 등으로, 장어 미끼는 새우와 지렁이가 좋다. 동자개 등 잡고기의 성화가 심할 때는 참붕어와 납자루를 꿰면 잡고기의 성화를 줄일 수 있다. 출조객이 많아 소란스러우면 초저녁 시간보다 심야에 입질이 드는 경우가 많다. 승방소류지의 1.5km 동쪽에 궁산지가 있다.

↳ 포인트 안내

- 우하류(고창군 해리면 왕촌리 산 82): 우안 전역이 포인트로, 우하류권은 차 앞 낚시가 가능하다.

- 제방의 남쪽 부분(왕촌리 848-1): 제방의 남쪽 끝에 산이 가까이 있어 조용한 분위기에서 낚시를 할 수 있다. 대낚시로 공략하는 것이 편리하다.

고창 신림지

- **장낚 정보**: 소~대짜 릴·대낚터, 적기(4~11월), 입질 시간(24~05시), 미꾸라지 미끼.

신림지는 18만 평 규모의 평지지로, 물이 맑고 풍광이 수려하다. 퇴수로인 갈곡천은 북서쪽으로 13km를 흘러 곰소만에 유입되며, 퇴수로를 따라 장어 치어가 유입된다. 신림지는 터가 센 편으로, 장마 후 오름 수위가 시작되면 새 물 유입부나 상류권에서 대물이 입질하며, 퇴수로에서는 중짜급 이하의 장어를 마릿수로 낚을 수 있다. 초저녁에는 외래종의 성화가 많으므로 이들의 활동이 줄어드는 심야 시간대에 집중하는 것이 좋다.

↳ 포인트 안내

- 좌최상류 신평교권(고창군 신림면 신평리 711-3): 큰비터, 오름 수위에는 신평교 좌상류권에서 연안 대낚시가 좋고, 오름 수위가 멈추면 수로의 합수부권 물골을 향해 릴 단타를 치면 좋다.

- 우하류 홈통 상류권(세곡리 437): 뻘 바닥 포인트로 릴 원투가 좋으나, 붕어꾼이 많으면 대낚시 긴 대로 심야 시간을 노리는 것이 좋다. 낮에는 포인트의 상류 쪽 수목장터 내 화장실을 이용할 수 있어 편리하다. 2017. 6월(중짜 2수).

- 퇴수로 수칠교권(법지리 631-39): 갈곡천이라 불리는 퇴수로는 신림지의 11km 하류권에서 곰소만에 유입된다. 갈곡천에는 8개의 보가 있는데, 수칠교 하류권 보들은 언제 찾아가더라도 낚시가 가능한 수심이 유지된다. 2014. 6월(대낚, 소짜 2수).

고창 주진천(인천강)

- **장낚 정보**: 소~중짜 기수역 릴·대낚 무꽝터, 입질 시간(일몰~04시), 청지렁·미꾸라지 미끼.

주진천은 고창군 판정리 인근에서 발원해, 북쪽으로 27km를 흘러 곰소만에 유입되며, 바다와의 사이에 수문이 없어 기수역 어류들이 자유롭게 드나든다. 지금은 '풍천장어'란 말을 사용하는 장어구이 집이 흔하지만, 원래는 곰소만 인근의 기수역에서 잡히는 장어를 풍천장어라고 했다고 한다. 담수 지역과 기수 지역을 넘나드는 장어를 '풍천장어'라 했고, 그 맛이 뛰어나 전국적으로 유명해졌다 하니, 주진천 장어야말로 풍천장어의 원조라 할 수 있겠다. 주진천은 자연산 장어가 유입되기도 하지만, 2004년부터 치어 방류 사업이 병행되어 꾸준한 자원 증식 노력이 이루어지고 있다.

↳ 포인트 안내

- 인천교 우하류(고창군 아산면 용계리 450-3): 주진천의 상류권으로, 운곡지의 퇴수로가 합류된다. 둑방 길에 주차 후, 40m가량 걸어가야 한다.

- 구암교 우하류 부정 보(반암리 1025-3): 주진천의 중류권으로, 장어 마릿수 포인트다. 둑방 길에 주차하면 된다.

- 반암교 우하류 반암 보(반암리 1245-58): 주진천의 중류권으로, 자리가 편하다. 둑방 길에 주차하면 된다.

- 연기교 좌상류(고창군 부안면 용산리 555): 주진천의 중하류권으로, 꽝이 없는 곳이나, 모기가 많다. 둑방 길에 주차하면 된다.

군산시 1선

군산 만경강 탑천 합수부

- **장낚 정보**: 소~대짜 기수역 릴·대낚터, 적기(5~10월), 입질 시간(일몰~02시), 새우·산지렁·청지렁·미꾸라지 미끼.

만경강은 총연장 90km로, 완주군 사봉리 원등산의 동쪽 계곡에서 발원해, 동상지와 대아지로 흘러든 후, 다시 완주군과 익산시를 지나 새만금방조제의 좌상류권으로 흘러든다. 새만금방조제로 유입된 장어 치어들은 좌상류권 지천인 만경강과 우상류권 지천인 동진강으로 나뉘어 소상하며, 두 개의 강 모두 장어 자원이 풍부하다.

포인트 안내

- 광교리 석축권(군산시 대야면 광교리 886-9): 탑천 합수부의 상류권으로, 수심이 4~5m로 깊어 릴이나 대낚시로 석축 앞을 노리면 좋다. 낚시 자리도 넉넉하며, 둑방 위에 주차하면 된다.

김제시 5선

김제 금평지

- **장낚 정보**: 중~대짜 릴 마릿수터, 적기(5~10월), 입질 시간(22~일출 전), 산지렁 · 청지렁 · 미꾸라지 미끼.

금평지는 17만 평 규모의 계곡지로 물이 맑고, 산세가 수려하여 여름철 피서터로 좋다. 퇴수로는 서쪽으로 23km를 흘러 동진강의 좌하류권에 유입되며, 동진강의 자원이 유입된다. 주 서식 어종은 장어와 숭어, 붕어, 잉어, 향어, 메기, 동자개, 가물치, 외래종, 자라, 피라미 등이며, 인근 사찰에서 방생하는 자원도 많으나, 생태계 유해 종인 청거북, 금붕어 등도 방생되어 좋다고만 할 수 없다. 연안에는 4~5km의 산책로가 있어 산책하는 사람이 많은 경우 23시쯤 되어야 산책로 조명이 꺼지는데, 이때는 늦은 밤 시간대를 공략하는 것이 좋다.

⌘ 포인트 안내

• 우상류 관희교권(김제시 금산면 금산리 412-4): 6~8월터, 장마 후 상류 모악산 계곡에서 시원한 물이 유입되며, 30~40m 전방의 물골은 장어가 회유하는 길목이다. 관희교 동 · 서쪽에 주차하면 된다. 2018. 7월(중짜~대짜 7수).

• 좌최상류 동곡교권(청도리 570): 7~8월터, 장마 후 구성산의 계곡수가 흘러드는 새물 포인트다.

- 우중류 돌출(금산리 산 108-3): 5~6월터, 도로변에 주차 공간이 있다.

김제 만경지

- **장낚 정보**: 소~중짜 릴터, 적기(4~10월), 입질 시간(일몰~24시), 새우·산지렁·청지렁·미꾸라지 미끼.

만경지는 우리나라 최대의 곡창 지대인 김제평야의 한가운데 위치하며, 김제평야에 물을 대는 20여 개의 저수지 중 가장 큰 규모를 자랑한다. 만수 면적이 58만 평에 이르는 평지지로 크고 작은 골이 약 30여 개에 달한다.

2015년부터 수만 미의 장어 치어를 방류하여 지속적인 자원 조성 노력을 하고 있으며, 2018년부터 중짜급 장어가 낚이고 있다. 만경지의 좌·우측은 이미 대단위 공원화가 진행되었으며, 우중상류권의 조정면허시험장 인근은 낚시가 금지되어 예전의 분위기는 많이 사라졌다.

대표적인 장어 포인트는 우하류 만경초교 앞 석축권과 제방권으로, 미끼는 새우와 지렁이가 많이 쓰인다. 연안 석축권에서 장어 대낚시를 할 때, 자동 빵으로 장어가 걸리면, 낚싯대가 발 앞 석축 안으로 휘어져 들어온 것을 볼 수 있는데, 이는 장어가 미끼를 먹고 석축 안으로 들어왔다는 것으로, 석축권에서는 멀리 칠 필요가 없다는 뜻이다.

↳ 포인트 안내

- 우하류 만경초교 앞 석축권(김제시 만경읍 만경리 163): 발 앞 5~6m 이내를 공략하는 것이 좋다. 도로변에 주차하면 된다.

- 제방 우측부(만경리 90-4): 도로변에 주차 공간이 많다.

- 제방 중앙(장산리 457-2): 10여 대 주차할 수 있다.

김제 백산지(관망대지)

- 장낚 정보: 소~대짜 릴·대낚터, 적기(5~10월), 입질 시간(일몰~23시, 03~05시), 새우·참붕어·산 지렁·청지렁·미꾸라지 미끼.

백산지는 21만 평 규모의 대형 양수지로, 상류 10여 개의 골에 연밭이 집중적으로 조성되어 있다. 이들 연밭은 주민 소득에 도움을 주며, 백산지의 수질 정화에 큰 몫을 하고 있다. 농번기나 갈수기에는 기수역인 신평천의 물을 퍼 올려 일정 수위를 유지하는데, 이때 유입된 장어 치어가 많다. 양수지의 특성상 대물 장어도 서식하므로, 굵은 미끼를 꿰어 대물 장어를 노리는 것이 바람직하다.

↳ 포인트 안내

- 우하류 첫째 골(김제시 백산면 하정리 14-21): 5~10월터, 골의 중·하류권이 장어 포인트로, 골의 최하류에 주차 공간이 넓다. 2019. 5월(대낚시, 참붕어·새우, 소짜 1수).

- 우하류 둘째 골(하정리 1): 5~10월터, 연밭 포인트로, 진입로 폭이 약 3m로 좁지만, 골의 상류 쪽에는 주차 공간이 양호하다.

- 좌최상류 골(하정리 596-3): 전방 30~40m 앞이 물골 포인트다. 4륜 SUV로 진입하면 좋다. 골의 동쪽 중류권에 주차 공간이 있고, 차 앞 낚시도 가능하다.

김제 신평천

- 장낚 정보: 소~중짜 기수역 대낚터, 적기(4~11월), 입질 시간(일몰~03시), 산지렁·청지렁·미꾸라지 미끼.

신평천은 김제시 흥사동 일원에서 발원하여, 남서쪽으로 약 16km를 흘러 동진강의 우하류권에 유입되는 기수역 하천이다. 신평천의 구산천 합수부 포인트는 신평천의 중류권에 해당하며, 강폭이 30~40m로 릴보다 대낚시가 편리하다. 300m 상류에 위치한 하수처리장에서 온수가 배출되어 한겨울에도 얼지 않아 연중 붕어꾼이 드나들며, 장어 낚시 시즌도 일찍 시작되어 늦게까지 이어진다.

↳ 포인트 안내

- 구산천 합수부 좌하류(김제시 성덕면 대목리 66-18): 연안 경사가 급해 좌대를 펴야 한다. 수로 양안에 개구리 주차가 가능하다.

김제 원평천

- **장낚 정보**: 소~중짜 기수역 릴·대낚터, 적기(7~8월), 입질 시간(일몰~23시), 새우·산지렁·청지렁·미꾸라지 미끼.

원평천은 김제시 금산면 국사봉의 서쪽 계곡에서 발원하여, 서쪽으로 약 30km를 흘러 동진강의 좌하류권에 유입되는 기수역 하천이다. 원평천에는 보마다 어도가 설치되어, 상·하류 간 어류의 이동이 원활한 편이다. 이곳의 장어도 풍천장어의 범주에 속해 생명력이 강하고, 육질이 질긴 풍천장어 특유의 맛을 갖고 있다.

↳ 포인트 안내

- 원평교 남단(김제시 금산면 원평리 225): 7~8월터, 원평교 남단 상·하류가 주 포인트로, 원평교 남단에서 서쪽으로 20m 가면 우측에 둔치로 진입하는 비포장 길이 나온다. 2016. 8월(중짜 2수).

- 성계리권(성계리 579-21): 7~8월터, 신원평교 좌하류 360m권으로, 7~8월 장마기에 찾으면 좋다. 둑방 길에 주차하면 된다.

남원시 2선

남원 섬진강

- **장낚 정보**: 소~중짜 릴·대낚터, 적기(6~10월), 입질 시간(일몰~23시), 산지렁·청지렁·미꾸라지 미끼.

아래 두 곳의 포인트는 섬진강댐(옥정호)의 하류 50~60km 지점으로, 섬진강의 중류권에 해당한다. 통상 6월부터 10월까지 장어 시즌이 이어진다.

ᘁ 포인트 안내

- 사석리권(남원시 대강면 사석리 1905-7): 9~10월터, 송대천이 합류되는 지점으로, 수심이 깊고 유속이 있어, 릴이나 대낚시를 사선으로 쳐 10m 안쪽을 노리면 좋다.

- 하도리 요천 합수부 홈통(남원시 금지면 하도리 75-4): 6~8월터, 위 사석리 포인트의 하류 10km권으로, 요천이 합수되는 곳이다. 1m 수심의 마름권 포인트로 대낚시 긴 대가 좋다. 장어, 메기, 붕어, 자라가 낚인다.

남원 수송지

- **장낚 정보**: 중~대짜 릴·대낚터, 적기(5~8월), 입질 시간(일몰~03시), 새우·산지렁·청지렁·미꾸라지 미끼.

    수송지는 5만 평 규모의 계곡지로, 순환로가 나 있어 포인트 진입이 쉽고, 낚시 자리도 넉넉하다. 물이 맑고 주변 경치도 좋아 여름 피서터로도 좋다. 수송지는 연안 수심이 깊어 만수위에는 상류권 위주로 포인트가 형성되며, 갈수기에 물이 빠지면 중·하류권에도 낚시 자리가 드러난다. 장어, 메기, 가물치, 동자개, 붕어, 외래종 등이 서식하며, 장어는 주로 중짜급 이상이 낚이므로 대낚시에도 원줄 5호와 목줄 3.5호 정도는 매어 주어야 한다.

↳ 포인트 안내

- 좌상류 바위 지대(남원시 송동면 송상리 155-1): 3~4m 수심대로, 구도로를 타고 들어가 구도로 끝에 주차하면 된다. 차 앞 낚시도 가능하다.

- 좌중류(송상리 138): 5~7월터, 연안이 급경사로 안전에 유의해야 한다. 진입로에 주차 후, 차 앞 낚시가 가능하다.

- 우상류 돌출부(송상리 산 1-1): 3~4m 수심대로, 차 앞 낚시가 가능하다.

- 우하류 골(남원시 수지면 호곡리 산 45-2): 갈수기 릴터, 진입로 가에 개구리 주차 후 60m 이내로 원투하면 좋다.

무주군 1선

무주 금강

- **장낚 정보**: 중~대짜 릴·대낚터, 적기(6~9월), 입질 시간(일몰~04시), 산지렁·청지렁·미꾸라지 미끼.

　무주군 구역의 금강 수계는 전북의 용담댐과 충북의 대청호 사이를 흐르는 물줄기로, 총 연장이 150km에 이른다. 수변 경관이 수려하고, 여름에는 반딧불이 날아다닐 정도의 청정 구역으로, 매년 큰비가 오면 대청호의 자원이 이곳 금강 줄기의 상류권까지 소상한다. 장어 낚시는 용담댐의 하류 9~10km 지점인 무주군 부남면 일대에서 성행하며, 지렁이 미끼를 많이 쓴다.

↳ 포인트 안내

• 굴암리(무주군 부남면 굴암리 603-1): 6~9월 릴터, 좌측 주소에서 북쪽으로 95m가량 더 가면, 우측에 둔치로 빠지는 길이 나온다. 이 길로 빠져 440m를 더 가면, 우측에 수면이 나온다. 주차 공간도 많고, 캠핑도 가능하다. 밤에는 장어 릴낚시를 하고, 낮에는 말풀권에서 붕어 대낚시도 할 수 있다.

• 대소교 좌상류(대소리 484-1): 위 굴암리 포인트의 상류 5km 지점으로, 대소교에서 좌상류 300m까지가 포인트다. 강폭이 좁은 곳에서 10~20m가량 단타를 치면 좋다.

부안군 17선

부안 고마지

- **장낚 정보**: 소~대짜 릴·대낚터, 적기(6~8월), 입질 시간(일몰~02시), 산지렁·청지렁·미꾸라지 미끼.

고마지는 24만 평 규모의 평지지로, 수심이 얕고 완만하여 릴낚시가 좋다. 하류에서 상류까지 10여 개가 넘는 홈통과 돌출부에는 무수히 많은 포인트가 있다. 2010년경부터 장어 치어가 방류되어 붕어 대낚시 중에도 장어가 낚이며, 지렁이 미끼가 잘 든다. 장어, 붕어, 동자개, 자라 등이 함께 낚인다.

↱ 포인트 안내

- 우하류 골 상류(부안군 동진면 내기리 477-48): 5~7월터, 수면을 향해 10m가량 돌출된 둔덕이 포인트로, 본류 쪽으로 원투를 치면 좋다. 도로변에 주차할 수 있다. 2013. 6월(소짜 3수), 2012. 6월(소짜 1수), 2011. 6월(소짜 1수).

- 장기마을회관 앞(장등리 670-8): 오름 수위터, 36칸 이상의 긴 대로 부들 주변에 지렁이 미끼를 붙이면 장어와 붕어가 낚인다.

부안 고부천

- **장낚 정보**: 소~중짜 릴 · 대낚터, 적기(6~8월), 입질 시간(일몰~24시), 산지렁 · 청지렁 · 거머리 · 미꾸라지 미끼.

    고부천은 고창군 신성리 동림지의 퇴수로로, 동림지의 제방에서 북쪽으로 24km를 흘러, 동진강의 우하류권에 유입되는 기수역으로, 매년 6~8월에 장어 시즌이 열리며, 중짜급 이하의 씨알로 견조한 조황을 보인다. 고부천은 동진강에 합류되기 전 동진강의 하류권에 수문이 있어 고부천 전역의 수심이 깊게 유지된다. 겨울에도 얼지 않아 초겨울까지도 붕어꾼이 드나들지만, 장어꾼과는 방문 시점이 다르고, 포인트도 넓어 서로 방해되는 일은 없다.

ᘔ 포인트 안내

- 팔왕교 좌하류(부안군 동진면 하장리 138-2): 수심 4~5m의 대낚시 포인트로, 34칸 이상이 좋다. 주차 공간도 넓다.

- 하장갑문교 우상류(하장리 440-2): 4~5m 수심의 석축 포인트로, 밑걸림이 약간 발생한다. 대낚시 40칸 이상이 좋고, 낚시 자리도 많다. 하장갑문교 우하류에 주차 공간이 넓다. 2016. 6월(소짜 1수), 2013. 6월(소짜 3수).

- 평교 우하류 220m(부안군 백산면 덕신리 181-6): 40m 이내의 릴 단타가 좋다. 둑방길에 주차하면 된다. 2008. 8월(소짜 1수).

부안 개암지

- **장늒 정보**: 소~대짜 릴·대낚터, 적기(6~9월), 입질 시간(일몰~03시), 새우·산지렁·청지렁·미꾸라지 미끼.

개암지는 3만 5천 평 규모의 계곡지로, 상수원으로 사용된 적이 있을 만큼 수질이 좋다. 퇴수로는 개암지의 동쪽으로 2km를 흘러 사산지의 우하류권에 유입된다. 개암지는 30cm에 육박하는 블루길과 통통하게 살이 오른 배스에 지배를 당해 새우가 잘 먹혔던 과거의 낚시 환경을 완전히 잃어버리고, 지금은 붕어나 자라, 대물 장어 등이 간혹 낚이며 대물터로의 명맥을 이어 가고 있다.

⇂ 포인트 안내

• 제방 우측(부안군 상서면 감교리 산 92-4): 갈수기터, 3~4m 수심대로, 제방 우측 끝에 주차 후 30~40m 도보 진입한다.

• 우하류 골 상류(감교리 산 107-5): 전천후터, 도로변에 주차하면 된다.

부안 계화 조류지

- **장늒 정보**: 소~대짜 릴·대낚터, 적기(4~5월, 10월), 입질 시간(일몰~24시), 새우·참붕어·산지렁·청지렁·미꾸라지 미끼.

계화 조류지는 새만금호의 우중류권 계화산 아래 85만 평 규모의 수면으로, 바닷물이 계화면 일대의 농경지로 유입되는 것을 막아 준다. 조류지는 해수와 담수가 섞이는 기수역으로, 바다 어종과 민물 어종이 함께 낚이는데, 장어 시즌인 6~8월에는 배수가 잦아 낚시 여건이 그다지 좋지 못하고, 수위가 안정된 4~5월과 9~10월의 여건이 더 좋다.

- 계화교 중앙부(부안군 계화면 계화리 1907-4): 4~5월·9~10월터, 상류에서 내려온 물 길이 계화교를 지나며 회전하는 곳이 포인트로, 이곳을 릴로 공략하면 좋다. 제방 중앙에서 동쪽 끝단까지 주차할 수 있다. 2009. 10월(중짜 2수).

- 계화교 서쪽 끝 보건진료소 앞 석축(계화리 533-9): 계화교 상·하류 석축 포인트로 좌대를 지참하면 좋다. 계화교 서쪽 끝에 주차하면 된다.

- 계화도 양지항 수문권(계화리 488-2): 수문 좌하류 3만 평 규모의 둠벙형 수면으로, 상·하류가 수로와 연결되며, 60m 이내로 원투하면 물골에 닿는다.

부안 남포제

- **장뉴 정보**: 소~대짜 마릿수 터, 적기(4~10월), 입질 시간(일몰~03시), 새우·산지렁·청지렁·미꾸라지 미끼.

남포제는 8만 평 규모의 계곡지로, 2003년~2007년까지 장어양식장으로 운영된 적이 있다. 현재는 상류권에서는 붕어 낚시를, 제방권에서는 장어 낚시를 많이 한다. 여름에는 부영양화가 심하고, 봄과 가을에 낚시 여건이 좋다.

↳ 포인트 안내

- 좌상류(부안군 보안면 남포리 산 13-27): 만수위 포인트로, 도로변에 주차한다.

- 우상류 밭 앞 돌출부(남포리 21): 갈수위 포인트로, 진입로 입구에 주차 후, 약 50m 도보 진입한다.

부안 마동수로(왕포·운호 수로)

- **장낚 정보**: 소~중짜 기수역 마릿수 터, 적기(4~11월), 입질 시간(일몰~23시), 미꾸라지(하류권)·청지렁(중상류권) 미끼.

마동수로는 운호지의 퇴수로로, 운호지에서 남쪽으로 2.5km를 흘러 곰소만으로 유입된다. 마동수로는 전역에 수초가 밀생해 있어 장어 대낚시 포인트로 좋다. 2km 동쪽에는 역시 기수역 수로인 석포리수로가 자리하고 있어, 포인트 이동도 쉽다.

⑂ 포인트 안내

• 좌하류(부안군 진서면 운호리 233-5): 갈수기 포인트로, 수로의 좌하류에 양어장이 5~6개가량 붙어 있는데, 바다 방조제로부터 첫 번째 양어장의 동쪽 끝 둑방에서 수초가 무성한 마동수로 쪽으로 대를 펴면 된다.

• 운호천교권(운호리 산 30-41): 만수위 포인트로, 운호천교 양안 상·하류가 모두 장어 대낚시 포인트다. 운호천교 남단이 주차하기 좋다.

부안 방포제

- **장낚 정보**: 소~중짜 마릿수 터, 적기(4~11월), 입질 시간(일몰~03시), 산지렁·미꾸라지·참붕어 미끼.

방포제는 3천 평 규모의 계곡지로, 상류에 오염원이 없는 청정 수역이다. 가끔 동네 주민만이 찾는 곳으로, 2017년경 장어 치어가 방류되었다. 상류권은 진입할 수 없고, 제방과 우하류권에만 낚시 자리가 나온다. 방포제의 서쪽 700m에는 변산해수욕장, 오토캠핑장, 마트, 숙소 등이 있고, 동쪽 3km 지점에는 기수역 수로인 직소천이 있어 포인트 이동이 용이하다.

- 우하류(부안군 변산면 대항리 432-7): 제방 쪽으로 릴 단타를 치면 좋다. 제방 우측 끝에 주차하면 된다.

- 제방 우측부(대항리 552-7): 1~3m 수심의 석축권으로, 대낚시와 릴낚시가 가능하다. 제방 우측 끝에 주차 후 도보 진입해야 한다.

부안 사산지

- **장낚 정보**: 소~대짜 릴·대낚터, 적기(4월 말~11월), 입질 시간(일몰~04시), 새우·참붕어·산지렁·청지렁·미꾸라지 미끼.

　사산지는 19만 평 규모의 평지지로, 사산지 동쪽 7km 지점 동진강의 물을 퍼 올려 저장하며, 거의 배수를 하지 않는다. 장어터로 이름난 주상천(청호수로)이 퇴수로로, 주상천을 통해 장어 자원이 유입된다.

　평균 수심 1~2m에 바닥 수초가 많아, 채비를 넣기 전에 미리 수초 제거 작업을 해 주는 것이 좋다. 장어 미끼는 새우, 참붕어, 산지렁이를 많이 쓰는데, 메기와 붕어, 동자개가 함께 낚인다. 사산지의 북쪽 8km 지점에는 이름난 장어터인 청호지와 주상천이 있어 포인트 이동도 용이하다.

ↄ **포인트 안내**

- 우최상류(부안군 주산면 사산리 1173-33): 봄·가을터, 여름철에는 녹조가 많이 발생하므로, 녹조를 피해 봄·가을에 출조하면 좋다. 2019. 4월(새우, 중짜 1수).

- 우하류 개암천 합수부(부안군 상서면 감교리 70-3): 7~11월터, 개암천의 최하류권부터 개암천이 합수되는 본류권까지가 포인트다. 진입로 끝에 주차하면 된다.

부안 석포리수로

- **장낚 정보**: 소~중짜 기수역 마릿수터, 적기(7~9월), 입질 시간(일몰~02시), 미꾸라지 · 청지렁 미끼.

석포리수로는 변산반도의 남쪽에 위치한 석포지의 퇴수로로, 농지 한가운데를 통과하여 곰소만에 유입되는 기수역 수로다. 수로의 길이는 약 4km에, 최하류권 수로 폭은 70~80m가량 나온다. 석포리수로는 최하류권을 제외하고 전체적으로 수량이 적어, 장마 후인 6월 말부터 출조하는 것이 좋다. 서쪽 2km 지점에는 기수역인 마동수로가 있다.

↳ 포인트 안내

- 석포천 합수부(부안군 진서면 석포리 1006-1): 장마 후 대낚시 포인트다.

- 좌최하류(석포리 1017-9): 전천후터, 수로 폭 70m권으로, 소형 릴이나 대낚시가 적합하다. 바로 뒤편에 펜션이 있다. 둑방 길가에 주차하면 된다.

부안 영전지

- **장낚 정보**: 소~중짜 마릿수 터, 적기(5~11월), 입질 시간(일몰~02시), 참붕어 · 새우 · 미꾸라지 · 산지렁 미끼.

영전지는 2면이 제방인 8만 평 규모의 수초밭으로, 영전지의 한가운데를 신창천이 관통하며 서해로 흘러든다. 영전지의 조황이 시원찮으면 퇴수로를 노려도 좋다. 영전지와 퇴수로 모두 굵은 참붕어를 미끼로 쓰면, 장어와 4짜 붕어를 동시에 노릴 수 있다. 일몰 후 23시까지는 동자개와 메기 등 잡고기의 성화가 심하고, 잡고기의 입질이 뜸해지는 24~02시 사이에 조심스럽게 장어 입질이 든다.

- 좌상류 갈대밭(부안군 보안면 유천리 127-2): 차 앞 낚시가 가능하다. 2013. 5월(소짜 2수).

- 무넘기 우측 제방(영전리 607): 1.5m 수심의 부들·뗏장권으로 봄·가을에 좋다. 밤에는 장어, 낮에는 붕어가 낚인다. 제방에 주차하면 된다.

- 퇴수로 상류 다리(유천리 1282-11): 영전지 무넘기에서 하류 방향 두 번째 다리권으로, 다리 양안이 모두 장어 특급 포인트다. 다리 양안에 주차하면 된다.

- 퇴수로 우하류 돌출부(유천리 990-1): 논 앞 돌출부가 장어와 붕어 명당이다. 차 앞 낚시도 가능하다.

부안 우동지

- **장낚 정보**: 소~대짜 터, 적기(4~11월), 입질 시간(일몰~03시), 새우·산지렁·미꾸라지·청지렁 미끼.

우동지는 2만 2천 평 규모의 계곡지로, 2004년에 장어 치어를 방류하고 한때 낚시를 금지하였으나, 지금은 낚시꾼이 자유롭게 드나든다. 퇴수로는 남쪽으로 약 3km를 흘러 곰소만에 유입되는 기수역으로, 퇴수로의 하류권에서도 대낚시에 새우나 지렁이를 쓰면 장어가 자주 낚인다.

↳ 포인트 안내

- 좌상류 돌출부(부안군 보안면 우동리 산 140-3): 2~3m 수심의 릴과 대낚시 포인트다. 도로변에 주차하면 된다.

- 퇴수로 하류권 보(신복리 438-13): 1m 수심대로, 소짜급 장어가 많다. 2008. 10월(새우 소짜 1수).

부안 운산지

- **장낚 정보**: 소~중짜 마릿수터, 적기(5~8월), 입질 시간(일몰~01시), 청지렁·미꾸라지 미끼.

운산지는 1만 3천 평 규모의 계곡지로, 산기슭에 'ㄴ'자 형태의 제방을 막아 축조한 저수지다. 퇴수로는 북쪽으로 3km를 흘러 송포항 앞바다로 유입된다. 운산지에는 2017년경 장어 치어가 방류되었으며, 기수역인 퇴수로에도 장어가 많다. 퇴수로는 수량이 적은 편으로, 중·하류권에 앉는 것이 좋다.

↳ 포인트 안내

- 제방 좌측부(부안군 변산면 운산리 산 31-5): 제방 밑으로 차량 진입이 가능하다.

- 퇴수로 중류권 보(운산리 659-3): 수로 폭 15m로, 대낚시로 맞은편 연안을 노리면 좋다. 둑방 길과 농로가 연결되는 부위에 주차하면 된다.

- 퇴수로 우하류 배수갑문(운산리 540-76): 수로의 물길이 우하류 쪽과 좌하류 쪽으로 나뉘어 있다. 양쪽 모두 장어가 낚이나, 주차 여건은 우하류 쪽이 낫다.

부안 유유지(마포지)

- **장낚 정보**: 중~대짜 릴·대낚터, 적기(6~7월), 입질 시간(일몰~04시), 산지렁·청지렁·미꾸라지 미끼.

유유지는 4만 5천 평 규모의 중형급 계곡지로, 중형급치고는 포인트가 적은 편이다. 만수위에는 산과 맞닿아 있는 제방권과 우안은 접근이 불가능하고, 좌안과 최상류권으로만 접근할 수 있다. 퇴수로는 북쪽으로 2.5km를 흘러, 고사포해수욕장 앞바다로 유입되며, 이곳을 통해 장어 자원이 유입된다. 퇴수로의 최하류권에는 2천 5백 평 규모의 둠벙이 있는데, 이곳에도 장어 자원이 많아 잔챙이 장어는 유유지보다 더 잘 낚인다.

유유지에는 2017년경에 장어 치어가 방류되어 자원 조성이 되어 있으며, 제방 좌측 무넘기 부근에서는 배수가 진행되는 중에도 지렁이 미끼에 600~900kg급이 입질한다.

ᶸ 포인트 안내

- 제방 좌측 무넘기권(부안군 변산면 마포리 149-25): 6~7월 릴터, 제방에 주차하면 된다. 2017. 7월(중짜 2수).

- 퇴수로 최하류권 둠벙(마포리 787-16): 22시 이후에 입질이 잦다. 진입로에 주차하면 된다.

부안 종암지(격포지 · 종암방죽)

- **장낚 정보**: 소~대짜 릴 · 대낚터, 적기(4~11월), 입질 시간(일몰~23시 · 02~04시), 새우 · 참붕어 · 산지렁 · 청지렁 · 미꾸라지 미끼.

종암지는 4만 평 규모의 평지지로, 수면이 좌우로 넓은 모양을 하고 있다. 수초가 많아 물이 맑으며, 퇴수로는 서남쪽으로 2.4km를 흘러 격포항 앞바다로 유입된다. 퇴수로를 통해 장어 치어가 유입되며, 붕어 대낚시 도중에 간혹 한두 마리의 장어가 낚인다. 장어 미끼는 지렁이가 좋으나, 동자개의 성화가 심해지기도 한다. 이때는 미꾸라지나 참붕어를 꿰어 대물 장어를 노리면 좋다. 우하류권과 제방권은 수초가 적어 릴 원투 낚시에 좋다.

- 우하류(부안군 변산면 마포리 514): 사계절 인기 포인트로, 릴과 대낚시가 가능하다. 차량 진입이 쉽고, 주차 공간도 넉넉하다.

- 제방 좌측(마포리 802-1): 릴과 대낚시가 가능하다. 제방 밑으로 차량 진입이 쉽고, 주차 공간도 좋다.

부안 주상천(청호지퇴수로)

- **장낚 정보**: 소~대짜 기수역 마릿수터, 적기(6~7월, 배수기·큰비 후), 입질 시간(20~05시), 산지렁·청지렁·똥지렁 미끼.

주상천은 부안군 감교리 일원에서 발원해, 2km 하류권의 사산지로 유입되며, 사산지의 무넘기에서 북쪽으로 다시 8km를 흘러 청호지를 반 바퀴 돌고, 다시 7km를 더 흘러 새만금 방조제의 우하류권에 유입된다.

주상천은 돈지수로라고도 불리는 전북지방의 대표 장어터로, 그간 대물 장어가 무수히 낚였다. 청호지의 수문에서 하류 방향 1~3km 구간이 주 포인트로, 수로 폭 60~80m에, 1~4m의 수심을 보인다. 릴과 대낚시가 가능하며, 오름 장어 철에는 주상천에 합류되는 가지 수로들도 좋은 포인트가 된다.

ᘰ 포인트 안내

- 의복교 우하류(부안군 계화면 의복리 1895-2): 주상천의 중하류권 포인트로, 의복교 밑과 배수장 앞이 대낚시 특급 포인트다. 1m 수심대로 32칸 이내가 좋다. 의복교 북단에 주차하면 된다. 2012. 6월(20~32칸, 산지렁, 20~24시 소~중짜 4수), 2011. 7월(산지렁·청지렁, 22~04시 중짜 4수, 03시 대물 1수).

- 구 돈지교 좌하류 160m(의복리 109-106): 주상천의 하류권으로, 1m 수심의 대낚시 특급 포인트다. 구 돈지교 남단 둑방 길에 주차하면 된다. 2013. 5월(대낚 20~32칸, 산지렁·청지렁, 20~24시, 소~대짜 4수).

- 주상천 우하류 수문권(의복리 854-20): 갈수기에는 수심이 50cm 아래로도 내려가는데, 이때에도 대낚시 20~40칸으로 연안을 노리는 것이 좋다. 짧은 대에도 대물 장어가 붙기 때문에 강한 채비를 써야 한다. 2012. 6월(대낚시 20~40칸, 수심 40cm, 22~03시 대짜 2수).

부안 직소천(부안댐 퇴수로)

- **장낚 정보**: 소짜 유명 마릿수터, 적기(4~5월, 장마기), 입질 시간(일몰~23시), 산지렁·청지렁·미꾸라지 미끼.

직소천은 부안댐의 퇴수로로, 새만금호의 우하류권으로 흘러들며, 주변 경관이 수려하고 물이 맑다. 5월부터는 갈대와 침수 수초가 밀생하기 때문에 어느 정도 수초를 제거해 주어야만 채비를 드리울 수 있다. 또 참게가 많아 가을에는 철심 목줄로 채비해야 한다.

↳ 포인트 안내
- 직소교 양안(부안군 변산면 대항리 39-1): 직소교 상류권 보 포인트는 장마 후에 수량이 넉넉해져 전역에서 낚시가 가능하나, 수량이 적은 갈수기에는 둠벙과 협수로에서 낚시를 해야 한다. 직소교의 동쪽 끝 빈 공간과 서쪽 끝 둑방 길에 주차하면 된다.

- 변산교 좌상류(부안군 하서면 백련리 1052-6): 둑방 길에 주차하고, 50m가량 도보 진입하는 것이 좋다.

- 군막교 좌하류 600m(부안군 변산면 중계리 438-3): 직소천 최상류권으로, 부안댐의 400m 하류에 있다. 이곳에서 하류로 500m 더 가면 노변 공원이 있고, 공원 내에 화장실을 이용할 수 있다. 2012. 5월(2수).

부안 청호지

- **장낚 정보**: 소~대짜 터, 적기(4~11월, 배수기·큰비 후), 입질 시간(20~05시), 산지렁·청지렁·똥지렁 미끼.

3면이 제방인 청호지는 수면적이 130만 평이나 되는 초대형 연밭으로, 제방 밑을 흐르는 주상천의 물을 퍼 올리는 양수형 저수지다. 청호지에는 2010년부터 장어 치어가 방류되어 왔고, 주상천을 양수하는 과정에서도 자원이 유입된다. 청호지의 장어 조황이 신통치 않을 때에는 퇴수로인 주상천을 노려도 된다.

↳ 포인트 안내

- 최상류 홈통(부안군 하서면 청호리 산 67-2): 4~5월·10~11월터, 여름엔 수초가 많아 낚시가 어렵고, 봄·가을에 출조하면 좋다. 도로 옆에 2~3대 주차할 수 있다.

- 우상류(부안군 계화면 의복리 1710-1): 석축 포인트로 좌대를 설치하면 편리하다. 산 밑 진입로 부분에 주차 공간이 있다.

완주군 7선

완주 구이지

- **장낚 정보**: 대물 릴터, 적기(5~7월), 입질 시간(일몰~23시), 미꾸라지 · 산지렁 · 청지렁 · 똥지렁 미끼.

구이지는 54만 평 규모의 계곡지로, 주로 배수기와 오름 수위에 대물 장어가 낚인다. 상류권 일부를 제외하고 대부분의 연안에 차량 접근이 불가하여, 수면적이 넓어도 앉을 자리가 적다.

구이지는 대물 장어가 연안으로 잘 붙지 않기 때문에 오름 수위가 아니면 대물 장어를 만나기 힘들다. 물이 많이 빠진 상태에서 오름 수위로 전환되면 릴 중 · 단타에도 중짜급 이상의 씨알이 입질한다. 6월 말경 첫 장마 후 7월 초순의 첫 오름 수위에 맞춰 출조하는 것이 좋다.

↳ 포인트 안내

- 제방 우측(완주군 구이면 두현리 492): 7월터, 무넘기의 북쪽 포인트로, 오름 수위로 전환되는 때에 건너편 산을 보고 장타를 치면 좋다. 2016. 7월(중짜 1수).

- 우최상류 망산교권(항가리 677): 오름 수위터, 망산교 상류 양안 석축권 포인트로, 대낚시 20~40칸이 좋다.

- 좌중하류 홈통(원기리 산 93-2): 좌중하류권에서 유일하게 차량 진입이 가능한 포인

트로, 구이지의 동쪽인 덕천리 쪽에서 진입해야 한다. 찾는 이도 거의 없어 조용하게 대물을 노릴 수 있다. 2018. 7월(대짜 1수).

완주 금평지

- **장낚 정보**: 소~중짜 터, 적기(9~10월), 입질 시간(일몰~23시), 새우·산지렁·청지렁·미꾸라지 미끼.

금평지는 2만 평 규모의 계곡지로, 전주완주혁신도시의 남쪽에 위치해 있다. 퇴수로의 길이는 총 15km로 전주완주혁신도시의 서남쪽을 관통해 만경강으로 유입된다. 이곳 금평지는 금산사 아래 17만 평짜리 금평지와는 다른 곳으로, 장어터로는 알려지지 않았으나, 가을철 붕어 낚시 도중 500~600g급 장어가 간혹 낚인다. 만수 시에는 상류권에만 진입이 가능하고, 붕어꾼도 많아 릴 원투는 어렵다. 릴 원투를 위해서는 평일에 출조하는 것이 좋다.

포인트 안내

- 우최상류 둠벙(완주군 이서면 금평리 554-3): 9~10월터, 금평지의 최상류 3천 평 규모의 둠벙으로, 봄에는 붕어 위주의 포인트이고, 가을에는 붕어·장어 포인트다. 진입로에 주차하면 된다. 2019. 10월(중짜 2수).

- 우상류(금평리 산 196-4): 9~10월터, 10여 대의 주차 공간이 있어 차 앞 낚시가 가능하며, 평일에는 릴 다대편성도 가능하다.

완주 동상지

- **장낚 정보**: 대물 릴터, 적기(5월 중순~9월), 입질 시간(일몰~04시), 산지렁·청지렁·미꾸라지 미끼.

동상지는 30만 평 규모의 협곡지로, 물이 맑고 주변 경관이 수려하다. 상류 계곡에서는 물놀이도 가능해 피서터로도 인기가 높다. 퇴수로는 동상지 북쪽의 대아지로 흘러드는데, 두 개의 저수지 모두 킬로급이 넘는 대물 장어가 서식하며, 낚시 여건도 서로 비슷하다.

동상지는 협곡형 계곡지이나 남쪽 연안만 제외하고, 진입로가 잘 닦여 있어 포인트 진입이 쉽다. 인근에는 위봉사, 위봉산성, 위봉폭포 등의 볼거리가 많고, 대아수목원(대아지 좌측 골 최상류) 쪽은 드라이브 코스로 좋다.

↳ 포인트 안내

- 좌측 골 상류 동상초교권(완주군 동상면 신월리 310): 오름 수위터, 수몰 나무권 1~3m 수심대로, 40칸 이상의 긴 대가 좋다.

- 우측 골 중류 양화정 휴게소 앞(수만리 산 94-3): 수심이 깊어 배수기 릴터로 좋다. 도로변에 주차 공간이 넓다.

- 좌하류 돌 무너진 곳(수만리 산 1-17): 갈수기터, 도로변에 주차하면 된다.

완주 대아지

- 장낚 정보: 대짜 릴터, 적기(5월 중순~9월), 입질 시간(일몰~04시), 산지렁 · 청지렁 · 미꾸라지 미끼.

대아지는 70만 평 규모의 대형 협곡지로, 상류의 동상지에서 내려오는 물과 대아천에서 유입되는 물을 주 수원으로 하고 있다. 연안 수심이 워낙 깊어 본류권보다는 상류권 두 개의 골 위주로 포인트가 형성되어 있다.

장어 낚시는 릴 원투를 해야 하며, 한 번 낚이면 중짜급 이상으로 굵게 낚인다. 장어 포인트에는 떡붕어꾼도 가끔 찾는데, 밤에는 붕어 입질이 없어 붕어꾼은 철수하므로, 조용한 분위기에서 장어 낚시를 할 수 있다.

- 우상류 골의 좌하류(완주군 동상면 대아리 874-1): 6~7월터, 2~3m 수심대로 영숙백숙식당의 입구나 영숙백숙식당 내에 주차하면 된다.

- 좌하류 홈통(대아리 산 65-19): 5~6월터, 좌하류에는 두 개의 홈통이 있다. 돌출부 앞의 2~3m 수심을 공략하는 것이 좋다.

- 좌상류 골 우암교 좌상류(대아리 444-1): 만수위터, 대아천의 상류권 포인트로, 80% 이상의 수위부터 낚시가 가능하다. 도로변에 주차하면 된다.

완주 만경강

- **장낚 정보**: 소~중짜터, 적기(7~8월, 큰비 후), 입질 시간(일몰~23시), 새우 · 납자루 · 산지렁 · 청지렁 · 미꾸라지 미끼.

만경강은 대아지 댐에서부터 서쪽으로 60km가량 흘러 새만금호의 좌상류권으로 유입되는 기수역으로, 완주군, 김제시, 군산시 등 3개의 지차제에 걸쳐 있다. 만경강은 김제평야의 한가운데를 흐르며, 주변의 광활한 농지에 용수를 공급하므로 넉넉한 수량을 유지하기가 쉽지 않다. 7~8월 장마기나 초가을 태풍으로 인한 호우가 내릴 때만 수량이 넉넉해지는데, 이 시기의 장어 입질이 가장 활발하다.

⌢ 포인트 안내

- 어우리보 좌상류(완주군 고산면 율곡리 691-2): 7~9월터, 만경강의 상류권 보 낚시터로 물이 맑다. 둑방에서 차 앞 낚시가 가능하다.

- 봉동대교 우하류(완주군 봉동읍 신성리 165): 7~9월터, 만경강 상류권의 보 낚시터

로, 7~9월 수량이 풍부할 때만 장어 낚시가 가능하다.

• 만경강 하리교(완주군 삼례읍 하리 15) ~ 회포대교(용진읍 상운리 917-6) 2.5km 구간 양안: 7~8월터, 만경강의 중류권 장어 대낚시 포인트로, 7~8월 지렁이 미끼에 장어가 잘 붙는다. 둑방 또는 둔치에 주차하면 된다. 2014. 8월(소짜 1수), 2014. 7월(중짜 2수), 2014. 7월(중짜 1수).

• 탑천 합수부 석축권(군산시 대야면 광교리 886-9): 탑천 합수부에서부터 만경강 상류 쪽으로 350m 구간이 포인트로, 36칸 이상이 적당하고, 유속에 대비한 중통채비가 좋다. 둑방 위에서 차 앞 낚시도 가능하다.

완주 소양천

- **장낚 정보**: 소~중짜 터, 적기(4~10월, 큰비 후 터), 입질 시간(일몰~24시), 새우 · 납자루 · 산지렁 · 청지렁 · 미꾸라지 미끼.

소양천은 진안군 주화산 일원에서 발원해, 전주시의 북동쪽을 지나 만경강의 우중류권으로 유입되는 길이 26km의 하천이다. 소양천 구간에는 10여 개의 보 낚시터가 있는데, 대물은 구경하기 어렵고 장마 후에 200g 내외의 소짜급 장어와 대물 붕어가 낚인다. 회포대교에서 제2소양교 사이 4km 구간에는 보 낚시터만 5~6개가 있어 포인트 범위가 상당히 넓다.

↳ 포인트 안내

• 소양대교 우하류(완주군 용진읍 상운리 603-21): 4~10월터, 소양대교 우하류 1km 구간이 포인트다. 6~8월 큰비가 내린 다음 날부터 종종 떼 고기가 낚이는데, 장어 낚시도 이때가 피크 시즌이다. 상강이 넘어서면 대부분의 밤낚시는 빈작이 많아진다.

2015. 8월(소짜 1수).

완주 수선지

- **장낚 정보**: 대짜 릴·대낚터, 적기(6~9월), 입질 시간(일몰~03시), 참붕어·납자루·징거미·새우·산지렁·청지렁·미꾸라지 미끼.

수선지는 2만 6천 평 규모의 계곡지로, 수변 경관이 수려하고, 물이 맑아 피서철인 6~8월에 찾으면 좋다. 수선지는 상류권이 두 갈래로 갈라져 있고, 연안 수심이 2~3m로 깊어, 주로 두 개의 골 상류권에 포인트가 형성된다.

수선지는 터가 매우 센 곳으로, 붕어꾼도 잘 찾지 않아 넉넉한 분위기에서 장어 낚시를 할 수 있다. 수선지에는 외래종이 없어 참붕어, 납자루, 징거미, 새우 등 다양한 미끼 고기가 서식하는데, 이들을 잡아 미끼로 쓰면 장어와 붕어를 동시에 노릴 수 있다. 동자개의 성화가 심할 때는 참붕어, 납자루, 미꾸라지 등을 꿰어 주면 좋다.

↳ 포인트 안내

- 좌상류(완주군 비봉면 수선리 887-2): 만수위터, 마름권 2~3m 수심대로 진입로에 주차하면 된다.

- 우상류(수선리 870-1): 갈수기터, 마름권 2~3m 수심대로, 만수위에는 진입로가 없다. 배수 후 연안이 드러날 때 도보 진입하여 장마로 인해 오름 수위로 전환되는 시점을 노리면 좋다.

- 좌하류(수선리 산 104-3): 전천후터, 자리가 편하고 조황도 꾸준한 포인트로, 차 앞 낚시가 가능하다.

익산시 4선

익산 산북천

- **장낚 정보**: 소~대짜 릴·대낚터, 적기(5~11월), 입질 시간(일몰~23시), 산지렁·청지렁·미꾸라지 미끼.

산북천은 금강의 우중류권 지류천으로, 2000년도 중반 1만 미 가량의 장어 치어가 방류되었으며, 큰비 후에는 금강의 자원까지 올라붙어 11월까지 장어 낚시가 성행한다.

↳ 포인트 안내

- 난포교 남단(익산시 성당면 성당리 222): 수심 2~4m권으로, 5월에서 초겨울까지 장어가 낚인다. 난포교 남단의 둑방에 주차하면 된다.

- 난포교 좌하류(익산시 용안면 난포리 515-6): 수심이 3~5m에 육박해 대낚시 40칸 이상이 좋고, 갈수기와 장마기 모두 장어가 낚인다.

- 용안생태공원 최상류 수로(석동리 432): 7~10월터, 수로 폭 10m권으로, 큰비 후 생태공원의 자원이 몰려 폭발적인 조황이 펼쳐진다.

- 연동교 좌하류 석축권(익산시 성당면 부곡리 45-1): 5~9월터, 장어 낚시는 8~9월이 피크이며, 약간의 유속이 있다. 차량 진·출입이 쉽다.

익산 소펄수로·용두수로

- **장낚 정보**: 소~중짜 릴·대낚터, 적기(6~10월), 입질 시간(일몰~01시), 산지렁·청지렁·미꾸라지 미끼.

　소펄수로·용두수로는 금강의 우상류권 농수로로, 익산시와 논산시 사이 소펄 들녘에 약 20km의 규모로 펼쳐져 있고, 산북천과도 통수된다. 수로 폭은 10~20m로 협소하지만, 우기가 되면 장어가 잘 올라붙는다. 소펄·용두 수로처럼 바닥이 뻘로 이루어진 곳은 내림 장어 철 이후에도 장어가 빠져나가지 않고 뻘과 수초 속에 파묻혀 겨울을 나는데, 이들은 이듬해 4월부터 빠른 입질을 보여 준다.

　이른 봄 햇살이 좋은 날 협수로에서 붕어 낚시를 하다가 우연히 장어 소굴을 만나는 경우가 있는데, 수도권에서는 평택호의 우하류권 둠벙과, 평택호 삼정수로 옆의 수초 둠벙, 충남권에서는 간월호와 부남호 곁에 붙어 흐르는 농수로 등이 이러한 포인트다. 하지만 대물은 만나기 어렵고, 대부분 200~300g대의 잔 씨알이다.

⌁ 포인트 안내

- 소펄수로 비닐하우스 앞(익산시 망성면 화산리 2021-1): 수로 폭이 20m로 좁고, 수초가 많아 대낚시가 좋다. 우상류 50~60m 지점에 주차하면 된다.

- 용두수로 배수갑문권(화산리 1440-17): 'T'자형 농로 부근에 주차 후, 130m가량 도보 진입하면 배수갑문을 바라보는 돌출부가 나온다. 릴로 금강 합수부 쪽 수문을 향해 40~50m 원투 또는 대낚시로 발 앞 코너를 노리면 좋다.

익산 옥금지

- **장낚 정보**: 소~대짜 릴·대낚터, 적기(4~10월), 입질 시간(일몰~03시), 참붕어·새우·산지렁·청지렁·미꾸라지 미끼.

옥금지는 4만 평 규모의 평지지로, 수초가 많아 수질 정화가 잘 되며, 어자원 보호도 양호한 편이다. 퇴수로는 900m 북쪽의 강경천으로 유입되며, 강경천은 강경 읍내에서 다시 금강으로 유입된다. 옥금지는 최상류권을 제외한 수심이 1.5~2m 정도로 깊어, 12월까지도 시즌이 이어진다. 12월에는 대물 붕어도 잘 낚여, 익산 꾼들에게 인기가 많다.

장어터로는 알려지지 않았지만, 밀생한 수초 속에 다양한 씨알의 장어가 서식한다. 장어 낚시는 한겨울만 제외하고 1년 내 가능하며, 새우, 참붕어, 산지렁, 청지렁이를 미끼로 쓰는데, 붕어와 배스, 가물치 등도 함께 낚인다.

ᑌ 포인트 안내

- 우중류(익산시 여산면 제남리 607-1): 5~10월터, 1~2m 수심대로, 40칸 이상이나 릴로 연안 수초를 넘겨 치도록 한다. 도로변에 주차할 수 있다.

- 우하류 돌출부(제남리 산 120-14): 5~6월 갈수기터, 2~3m 수심대로 릴과 대낚시 모두 가능하다. 차 앞 낚시도 가능하다.

- 좌상류(제남리 570): 4월·7~10월터, 1~2m 수심의 뗏장권으로, 40칸 이상의 긴 대로 뗏장을 넘겨 쳐야 한다. 진입로 끝에 주차하면 된다.

익산 원수지

- **장낚 정보**: 대짜 릴 · 대낚터, 적기(6~9월), 입질 시간(일몰~04시), 산지렁 · 청지렁 · 미꾸라지 미끼.

원수지는 4만 5천 평 규모의 계곡지로, 연안 수심이 2~3m로 상당히 깊다. 원수지의 퇴수로는 강경천의 발원지로서, 북쪽으로 20km를 흘러 강경읍에서 금강에 합류된다.

원수지는 터가 센 곳으로, 봄철 한때와 여름철 오름 수위 때만 붕어꾼이 잠깐 드나들 뿐, 장어꾼은 거의 볼 수가 없다. 심지어 장어가 서식하는 줄도 모른다. 그러나, 장마철 오름 수위에 상류권 수심 3m 이상의 물골을 노리면 의외의 대물 장어를 만날 수 있다. 배스가 많아 바닥 미끼는 채집이 어렵고, 굵은 청지렁이나 산지렁이를 미끼로 쓰면 된다. 굵은 지렁이에는 배스와 4짜 붕어도 함께 입질한다.

우측 골에는 붕어꾼이 많이 몰리므로, 장어 낚시는 좌측 골에 자리하는 것이 좋다. 좌측 골이 우측 골보다 수심이 깊고, 70~80% 수위일 때 낚시 자리가 많이 나온다. 우측 골은 붕어꾼이 빠진 후 골의 상류에서 중류권까지 오름 수위에 진입하면 좋다.

৬ 포인트 안내

- 좌측 골 우상류(익산시 여산면 원수리 777): 만수위터, 붕어꾼에게 비인기 포인트로, 붕어꾼의 방해 없이 장어 낚시를 할 수 있다.

- 제방 맞은편 돌출부(원수리 산 94): 갈수기터, 풍광이 좋은 포인트로, 꽝을 치더라도 제방 쪽을 향해 원투를 날리면 좋다. 주차 공간도 넉넉하다.

- 우측 골 좌중하류(원수리 769-4): 갈수기터, 2~3m 수심대로, 대낚시 또는 물골 향 60~80m 원투 낚시도 좋다. 도로변에 주차하면 된다.

장수군 1선

장수 장남지

- **장낚 정보**: 중~대짜 릴터, 적기(5~7월), 입질 시간(일몰~03시), 산지렁 · 청지렁 · 미꾸라지 미끼.

　장남지는 11만 평 규모의 협곡지로, 장수군의 신무산, 개동산 사이의 계곡을 막아 제방 높이가 40m를 넘는다. 상류권 물줄기는 세 갈래로 갈라져 있고, 만수위에는 상류권 위주로, 갈수기에는 중 · 하류권 위주로 포인트가 형성된다. 주 어종은 장어와 붕어, 향어, 메기, 피라미 등이며, 주변에 민가가 없어 식자재 등을 완벽히 챙겨서 진입해야 한다. 독조보다는 동반 출조가 바람직하다.

⤷ 포인트 안내

- 제방 중앙(장수군 장수읍 식천리 813): 갈수기터, 떡붕어꾼이 많은 곳으로, 장어 낚시는 20m 이내의 단타가 좋다. 제방에 주차하면 된다.

- 좌중류 돌출부(장수군 번암면 국포리 산 84-4): 수심이 깊은 곳으로, 20~30m 이내로 짧게 치는 것이 좋다. 도로변에 10여 대 주차할 수 있다.

- 좌중류 취수탑 앞 돌출부(국포리 산 85-5): 좌하류 골 수면의 중앙부를 향해 단타를 치면 좋다. 진입로에 3~4대 주차할 수 있다.

- 우측 골 상류(장수읍 식천리 산 156-5): 수몰 나무가 발달한 2~3m 수심대로, 장어와 대물 붕어를 함께 노릴 수 있다. 도로변에 주차하면 된다.

정읍시 2선

정읍 연지제

- **장낚 정보**: 소~중짜 대낚터, 적기(4~11월), 입질 시간(일몰~23시), 산지렁·청지렁·미꾸라지 미끼.

연지제는 9천 평 규모의 삼각형 늪지로, 퇴수로는 남쪽 2.4km 지점의 동진강에 유입되며, 동진강이 범람하면 동진강의 자원이 유입된다. 연지제는 수면의 절반이 수초밭으로, 배수기에도 물을 빼지 않아 4~11월까지 장어 시즌이 이어진다. 씨알은 주로 소짜에서 중짜급이 낚이며, 붕어 자원도 넉넉한 편으로 5치에서 4짜까지 낚인다.

↳ 포인트 안내
- 제방 우측(정읍시 신태인읍 신태인리 674): 무넘기 우측 1m 수심대의 제방 포인트로, 무넘기 좌측 30m 부근의 T자형 교차로(신태인읍 연정리 511) 주변에 주차하고 60~70m 도보 진입한다.

정읍 입암지(연월지)

- **장낚 정보**: 소~대짜 릴터, 적기(4~11월), 입질 시간(일몰~03시), 새우·산지렁·청지렁·미꾸라지 미끼.

입암지는 수면적 19만 평 규모의 평지지로, 전역이 포인트라 할 수 있다. 주 서식 어종은 장어 외 가물치, 메기, 동자개, 붕어, 잉어, 피라미, 외래종 등으로, 떡붕어 중층 낚시터로 많이 알려져 있다. 3월 중순부터 붕어꾼이 붐비므로 장어 낚시는 4월 말부터 출조하면 좋다. 수초가 많지 않아 릴 원투나 대낚시 36칸 이상의 긴 대 위주로 운영하면 좋다.

↳ 포인트 안내

- 우중류(정읍시 입암면 연월리 산 2-6): 5~7월터, 1~2m 수심대로, 릴과 대낚시 모두 가능하다. 도로변에 주차하면 된다.

- 우하류(연월리 16-1): 5~7월터, 무넘기의 서쪽 포인트로, 10m 이내의 단타가 좋다. 진입로에 개구리 주차를 하고, 차 앞 낚시도 가능하다.

- 제방 중앙(등천리 235-2): 5~10월터, 떡붕어 중층꾼이 즐겨 찾는 곳으로, 장어 낚시는 대낚시 긴 대로 연안에서 10m 이내를 노리면 좋다.

진안군 1선

진안 금강 감동교권

- **장낚 정보**: 중~대짜 릴터, 적기(7~8월), 입질 시간(일몰~23시), 산지렁·청지렁·미꾸라지 미끼.

　금강 감동교권은 용담댐의 4.5km 하류권으로, 용담댐의 방류량이 많아지면, 금강과 대청호의 자원이 용담댐 밑에까지 올라붙는다. 이때는 장어 낚시 외에도 어항으로 피라미를 잡아 여울에 흘리면 한 자급 끄리도 잘 낚이는데, 거센 물살 속에서 발버둥 치는 끄리의 파워가 상당하다.

↳ 포인트 안내

- 감동교 좌하류(진안군 용담면 송풍리 1851-1): 감동교 동쪽 상·하류 각 100m 이내가 장어 릴 포인트다. 감동교 좌상류 30m 지점 우측에 둔치로 내려가는 소로가 나온다. 캠핑 및 차 앞 낚시도 가능하다.

②

전남 234선

강진군 14선

강진 금당1지

- **장낚 정보**: 중~대짜 대낚터, 적기(8월 말~12월 초), 입질 시간(일몰~03시), 새우 · 참붕어 · 납자루 · 말지렁 · 청지렁 · 미꾸라지 미끼.

금당지는 6천 평 규모의 계곡지로, 농지의 한가운데에 자리 잡고 있다. 퇴수로는 탐진강의 지천인 금강천에 유입되며, 탐진강의 장어 자원이 유입된다. 서식 어종은 장어, 가물치, 동자개, 붕어, 피라미, 참붕어, 납자루 등으로, 자생 새우와 참붕어, 납자루를 미끼로 쓰면 장어와 붕어가 함께 낚이고, 장어만을 골라 낚기 위해서는 지렁이류와 미꾸라지를 쓰면 된다.

ᘁ 포인트 안내

- 동쪽 제방(강진군 성전면 금당리 699): 대낚시 30칸 이내로 발 앞을 노리는 것이 좋다. '금당리 714-1'에 주차 후 밭둑을 따라 서쪽으로 50m가량 도보 진입하면 동쪽 제방에 닿는다.

- 남쪽 제방(금당리 874): 30칸 이내의 짧은 대가 좋다. 협소한 농로에 주차해야 한다.

강진 금사지

- **장낚 정보**: 소~중짜 릴·대낚터, 적기(5~12월 초), 입질 시간(일몰~24시), 새우·참붕어·납자루·돌고기·산지렁·청지렁·미꾸라지 미끼.

남도에서도 남쪽 지방인 강진, 영암, 진도, 해남 등지는 따뜻한 기온으로 인해 3월 말에서 12월 초까지 장어 낚시를 할 수 있다. 특히 수초가 많은 평지지는 여름에 자라난 수초로 인해 제대로 공략하지 못하다가 수초가 삭아 든 10월부터 12월 초까지 제2의 시즌을 맞게 된다.

금사지는 7만 평 규모의 계곡지로, 퇴수로(금사천, 송로수로)는 서쪽으로 3km를 흘러 탐진강에 유입되며, 탐진강의 자원이 유입된다. 금사지는 수초가 적고, 농번기에도 배수를 하지 않아, 5월부터 12월 초까지 장어 낚시가 가능하다. 12월 초에도 자생 새우와 납자루, 청지렁이를 쓰면 장어와 붕어, 동자개, 자라 등이 낚인다. 동자개의 성화를 줄이고, 대물 장어를 노리기 위해서는 참붕어, 미꾸라지, 돌고기 등을 꿰어 주면 좋다.

돌고기는 1급수 어종으로, 육질이 미꾸라지만큼 단단하고 생명력도 강하다. 채집망에 어분을 넣어 새우, 참붕어 등과 함께 채집하면 된다. 금사지는 진입로와 수면 사이에 밭이 끼어 있어 수면으로의 접근이 쉽지 않다. 주차가 가능하고, 밭두렁의 훼손 없이 수면에 접근할 수 있는 곳에 자리하면 된다.

⌁ 포인트 안내

- 우하류 돌출부(강진군 군동면 금사리 640-10): 5~7월·10~12월 릴터, 연안 경사가 급해 좌대를 설치하면 안전하다. 비포장 진입로가 넓어 주차가 쉽다.

강진 도암천

- **장낚 정보**: 소~중짜 릴·대낚터, 적기(3월 말~11월), 입질 시간(일몰~23시), 산지렁·청지렁·미꾸라지 미끼.

    도암천은 강진군 서기산 중턱의 만세지에서 발원해, 남쪽으로 14km를 흘러 강진만에 유입되는 기수역으로, 강진군 신전면 일대에 농업용수를 공급하고 있다. 최하류권은 폭이 400m가 넘고, 우하류권에 작은 지천이 유입되고 있으나, 몽리 면적이 넓어 가뭄에 약한 모습을 보인다.

    도암천은 강진만에서 불어오는 해풍만 없으면 11월까지도 장어 낚시를 할 수 있는데, 여름에는 20~23시 사이에 300g 이하급 입질이 잦고, 9~11월에는 미꾸라지에 500g 이상급이 낚인다. 23시가 넘으면 입질도 끊기므로 23시까지 낚시에 집중하고 24시부터는 일찌감치 쉬는 게 좋다.

↳ 포인트 안내

- 첫째 다리 좌상류(강진군 신전면 벌정리 1096-117): 바다 방조제에서 상류 쪽으로 첫 번째 다리권으로, 다리의 좌상류권부터 1.4km 구간이 포인트다. 다리 남단과 농로에 주차 공간이 있다. 농로에는 1~2대가량 주차할 수 있다.

- 둘째 다리 우하류(강진군 도암면 항촌리 1532-2): 둑방 길에서 다리 밑으로 진입하는 길이 있다. 다리 남단과 다리 밑에 4~5대 주차할 수 있다.

강진 만덕호

- **장낚 정보**: 소~대짜 릴·대낚 기수역 마릿수 터, 적기(4~12월 초), 입질 시간(일몰~04시), 참붕어·새우·징거미·산지렁·청지렁·갯지렁·미꾸라지 미끼.

수면적 19만여 평의 만덕호는 강진만과 방조제 하나 사이로 붙어 있어, 수시로 해수가 유입되며, 이와 함께 장어 자원도 유입된다. 만덕호는 3면이 석축 제방으로, 수면 중앙을 향한 원투 낚시와, 연안 석축이나 갈대권을 노리는 갓낚시가 좋다.

장어 미끼는 참붕어, 새우, 징거미, 산지렁이가 좋으나, 잡고기의 성화가 심하면 미꾸라지, 청지렁이, 갯지렁이로 바꿔 준다. 큰비 후 흙탕물이 유입되면 산지렁이와 미꾸라지 미끼가 잘 듣는다. 6월부터는 모기가 극성을 부리므로 모기 기피제를 넉넉히 챙겨야 하며, 대물 장어가 입질할 것에 대비하여 채비를 튼튼하게 해 줘야 한다.

౷ 포인트 안내

- 우상류 수로 합수부(강진군 도암면 학장리 939-9): 4~11월터, 한겨울만 제외하면, 연중 장어가 낚이는 명당이다. 2020. 4월(소~중짜 3수), 2016. 7월(대짜 1수), 2015. 11월(대짜 2수), 2015. 11월(일몰, 대짜 1수), 2015. 6월(릴, 새우, 01~03시 중짜 2수), 2014. 8월(소~중짜 3수), 2014. 6월(대낚, 새우, 일몰, 소짜 1수), 2009. 9월(갈대권 대낚 갓낚시 06~1m 수심, 소짜 1수), 2006. 11월(릴, 대짜 1수).

- 좌하류 배수갑문권(학장리 972): 농수로 합수부에서 우측 배수갑문 사이 270m 구간이 장어 대낚시 포인트로, 마름과 갈대가 많다. 큰비 후 탁수가 유입되면 장어만 낚일 때도 있다. 제방 쪽에 화장실이 있어 편리하다. 2020. 8월(대낚, 소짜 1수), 2016. 6월(큰비 후 흙탕, 1m 수심, 산지렁·새우, 03~04시 중짜 2수), 2015. 7월(3수), 2013. 10월(새우, 중짜 4수), 2011. 5월(소짜 1수), 2009. 5월(대짜 2수).

- 우중류(강진군 도암면 만덕리 1017-1): 2020. 11월(릴, 21시 소짜 2수), 2018. 8월(대낚, 일몰, 새우, 중짜 1수).

- 바다 방조제(학장리 971): 2018. 9월(큰비 후 갈대권 대낚시, 약 녹조, 소~중짜 2수), 2018. 8월(제방 석축 앞 대낚시, 새우, 일몰, 중짜 1수).

강진 만복제

- **장낚 정보**: 대물터, 적기(5~9월), 입질 시간(일몰~04시), 새우 · 산지렁 · 청지렁 미끼.

만복제는 1천 6백 평 규모의 계곡지로, 강진만과 1km가량 떨어진 해안가 소류지다. 진입로가 제방 우측 끝에서 제방을 건너 좌측 연안으로 이어지며, 주로 제방과 좌안, 우하류 산 밑에서 낚시를 한다. 또 제방 밑에는 수초가 밀생한 둠벙이 두 개 있고, 최상류 쪽에도 대여섯 개의 둠벙이 있는데 이들 둠벙에서도 장어가 낚인다.

⌔ 포인트 안내

- 우하류 산 밑(강진군 칠량면 영복리 356-2): 물이 빠진 뒤, 제방 우측 끝에 주차하고 도보 진입해야 한다.

- 제방 우측(영복리 355): 제방 우측 끝에 주차하면 된다.

강진 명주지

- **장낚 정보**: 릴 대물터, 적기(6~9월), 입질 시간(일몰~04시), 새우 · 산지렁 · 청지렁 · 미꾸라지 미끼.

5만 평 규모의 명주지는 깊은 산속의 맑은 물이 모여드는 계곡지로, 퇴수로인 칠량천이 약 5km 하류의 강진만과 이어지며, 칠량천을 통해 장어 자원이 유입된다. 명주지에서 낚이는 고기는 맛이 좋다고 알려져, 한때 무분별한 남획이 성행했으나, 지금은 낚시인이 솔선수범하여 자연 보호에 앞장서고 있어 명주지의 생태계도 신속히 회복되어 가고 있다.

⌔ 포인트 안내

- 좌하류(강진군 칠량면 명주리 산 60-3): 릴터, 무넘기 쪽에 가까이 앉는 것이 좋다. 도

로변에 주차하면 된다.

- 좌상류(명주리 산 85-3): 릴·대낚터, 주차 공간이 넓어 차 앞 낚시도 가능하다.

- 좌중류 골 최상류 수로(명주리 212-4): 큰비 후 새 물이 유입되는 곳으로, 수로의 하류권에서 대낚시로 공략하면 좋다. 도로변에 주차하면 된다.

강진 부흥지(용흥지)

- **장낚 정보**: 소~대짜 릴·대낚 마릿수터, 적기(4~12월 초), 입질 시간(일몰~03시), 새우·참붕어·산지렁·청지렁·미꾸라지 미끼.

부흥지는 4만 5천 평 규모의 해안가 계곡지로, 계곡지임에도 연안에 갈대, 부들, 연 등의 수초가 많고, 퇴수로인 도암천으로부터 풍부한 장어 자원이 유입된다. 장어의 먹이 활동이 활발한 6~8월 사이, 붕어 대낚시에 새우, 참붕어, 지렁이 미끼를 쓰면 400g급 이하의 장어가 쉬 낚일 만큼 자원이 많다. 중짜급 이상을 골라 낚기 위해서는 10cm 미만의 미꾸라지를 쓰는 것이 좋다.

↱ 포인트 안내

- 좌하류(강진군 도암면 항촌리 23): 5~6월 릴터, 진입로에 주차하면 된다.

- 우상류 새 물부(용흥리 820-7): 3~4월·7~11월터, 농수로가 유입되는 곳으로, 20~30m 앞이 물골이다. 농로에 3~4대가량 주차할 수 있다.

- 제방(항촌리 1642-10): 5~6월 릴터, 릴 장타 또는 대낚시 40칸 이상이 좋다. 제방 위로 차량 진입이 가능하다.

강진 사내호(사초호)

- **장낚 정보**: 소~대짜 릴·대낚터, 적기(3월 말~12월 초), 입질 시간(일몰~24시), 새우·갯지렁·산지렁·청지렁·미꾸라지 미끼.

　사내호는 97만 평에 달하는 대형 간척호로, 3면이 제방인 정삼각형 모양을 하고 있다. 길이가 3km에 달하는 동쪽 제방은 바다와 맞닿아 있어, 장어 자원의 유입도 풍부하나, 장어 낚시는 그리 활성화되어 있지 않다.

　사내호 연안은 대부분이 1m 수심대로, 12월 초까지도 장어 낚시가 가능하며, 붕어 매니아들은 한겨울에도 물낚시를 많이 한다. 장어 미끼는 새우와 갯지렁이를 많이 쓰며, 바다와 가까울수록 망둥어의 성화가 심한데, 이때는 미꾸라지로 바꿔 주는 것이 좋다. 사내호는 전역이 포인트이나, 바람을 등지는 곳에 자리하는 것이 중요하다. 맞바람을 맞는 자리에 앉게 되면, 장어 입질 골든 타임에 채비 투척을 할 수 없게 된다.

⌥ 포인트 안내

- 북쪽 제방의 동쪽부(강진군 신전면 사초리 821): 북쪽 제방의 동쪽 끝에서 서쪽으로 300m 지점에 갈대 군락이 있다. 차 앞 낚시가 가능한 연중 포인트다.

- 동쪽 제방(사초리 856): 해풍을 등질 수 있는 곳으로, 방조제의 길이가 3km나 되어 낚시 자리가 많다. 초겨울까지도 장어가 낚인다.

- 상류 수로(홍촌천) 우하류(용화리 1118): 사내호의 상류권으로 유입되는 수로 포인트로, 수로의 수면적이 5만 평이 넘는다. 큰비 후 유입수가 많아지면 사내호의 자원이 몰려들어 입질이 좋아진다. 수로 내에 3개의 다리가 있는데, 다리권을 중심으로 낚시가 잘된다. 지렁이에 입질이 빠르다.

강진 석문지(봉황지)

- **장낚 정보**: 대물 릴터, 적기(5~10월), 입질 시간(일몰~23시), 새우·참붕어·산지렁·청지렁·미꾸라지 미끼.

석문지는 강진군의 석문산 중턱을 막은 20만 평 규모의 계곡지로, 물이 맑고 풍광이 수려하여 여름철 피서터로 좋다. 갈대와 수몰 나무가 발달한 상류권은 1~2m의 수심대로, 밤낚시에 적당한 수심이 유지되지만, 중류권에서 제방까지는 수심이 깊어 포인트 잡기가 쉽지 않다. 밤낚시를 위해서는 3m 이내의 수심대를 찾는 것이 좋다.

주 서식 어종은 장어 외, 가물치, 메기, 동자개, 붕어, 잉어, 피라미, 참붕어, 새우 등이며, 대물 장어가 서식함에도 떡붕어 전층터로 더 많이 알려져 있다. 석문지에 대물 장어가 서식하는 것은, 석문지를 증축하기 이전부터 존재했던 저수지에, 도암천의 자원이 유입되어 지금은 대물로 성장한 것으로 보인다.

장어 낚시는 붕어 산란기가 끝난 5월 이후에 중하류권으로 진입하는 것이 좋고, 장어 미끼는 새우가 좋은데, 중하류권에서는 채집이 잘 안 되므로 외부에서 미리 구입해 가는 것이 좋다.

포인트 안내

- 최상류 제방 맞은편(강진군 도암면 봉황리 76-1): 만수위터, 1~2m 수심대로 마을이 수몰된 곳이다. 홈통 포인트와 돌출부 포인트가 혼재하며, 진입로에 주차하면 된다.

- 좌상류 돌출부(봉황리 산 197): 5~7월터, 2~3m 수심의 직벽 포인트로, 릴과 대낚시 모두 가능하다. 도로변에 주차하면 된다.

- 좌중류 홈통(봉황리 산 199-1): 6~8월터, 수면이 도로 안쪽으로 후미져 들어온 포인트로, 오름 수위에 장어가 낚인다. 도로변에 주차하면 된다.

- 좌하류(봉황리 산 203): 갈수기 터, 2~3m 수심의 인기 포인트다. 제방 좌측이나 도로변에 주차 후 20~30m 도보 진입하면 된다.

- 우상류 마을회관 앞(봉황리 산 21-6): 만수위터, 1~2m 수심대로 릴 또는 대낚시 40칸 이상이 좋다.

강진 신학지

- **장낚 정보**: 중~대짜 릴·대낚터, 적기(6~10월), 입질 시간(일몰~04시), 새우·참붕어·산지렁·청지렁·미꾸라지 미끼.

신학지는 7천 평 규모의 계곡지로, 퇴수로가 기수역인 강진천과 연결되어 강진천의 자원이 유입된다. 주 어종은 장어, 붕어, 동자개, 새우, 미꾸라지, 피라미, 참붕어 등으로, 장어의 먹이가 되는 작은 어류가 많고, 낚시꾼의 손을 타지 않아 입질이 순박한 장어들이 많다. 신학지를 찾는 꾼들은 대부분이 붕어꾼으로, 장어를 목적으로 한 출조는 거의 없다. 붕어는 5~7치급이 주로 낚이며, 대낚시 붕어 채비에 새우나 참붕어를 달면 중짜급 이상의 장어가 물어 주는데, 설 걸린 상태에서 챔질을 하기 때문에 랜딩 도중에 털리는 경우가 대부분이다. 갈수기에 제방권에서 미꾸라지, 산지렁이, 청지렁이 등을 꿰어 석축 앞에 던져 놓으면 대물 장어도 기대할 수 있다.

↳ 포인트 안내

- 좌중류 돌출부(강진군 강진읍 춘전리 400-3): 갈수기터, 3m 수심대로 릴과 대낚시 모두 가능하다. 차 앞 낚시가 가능하다.

- 제방 좌측(춘전리 402-3): 갈수기터, 석축 제방 포인트로 갈수기에 30칸 이내의 대낚시로 석축이 끝나는 지점에서 1~2m 거리를 노리면 좋다.

강진 월남지

- **장낚 정보**: 중~대짜 릴터, 적기(5~7월), 입질 시간(일몰~04시), 산지렁 · 청지렁 · 미꾸라지 미끼.

　월남지는 강진군 내 월출산의 남쪽 계곡을 막은 10만 평 규모의 계곡지로, 월출산의 풍부한 계곡수가 유입되어 물이 차고 맑다. 퇴수로인 학동천은 금강천에 유입되며, 금강천은 다시 탐진강에 합류된다. 월남지는 규모에 비해 앉을 자리가 적은 편으로, 우안은 산과 논으로 막혀 있고, 좌안으로만 진입로가 나 있다. 만수위에는 좌 · 우안 모두 합쳐, 앉을 자리가 서너 곳밖에 없고, 5~7월경 어느 정도 물이 많이 빠져야만 앉을 자리가 많아진다. 주어어종은 장어, 메기, 동자개, 붕어, 잉어 등으로, 장어 자원이 많지는 않으나, 한 번 입질을 받으면 대물이므로 항상 강한 채비로 출조해야 한다.

♨ 포인트 안내

- 좌하류(강진군 성전면 월남리 316-3): 갈수기터, 4~5m 수심대로, 릴 원투가 좋다. 차 앞 낚시가 가능하다.

- 좌중류(월남리 산 255): 갈수기터, 3~4m 수심의 릴과 대낚시 포인트다. 도로변에 주차하면 된다.

- 좌상류(월남리 404): 오름 수위터, 차 앞 낚시가 가능하다.

강진 임천지

- **장낚 정보**: 소~대짜 릴터, 적기(3~5월, 11~12월 초), 입질 시간(일몰~23시, 03~05시), 새우 · 산지렁 · 청지렁 · 미꾸라지 미끼.

임천지는 20만 평 규모의 평지지로, 차도에 의해 수면이 상·하류로 나뉘어 있다. 상류는 2만 평 규모의 수초 둠벙이고, 하류는 18만 평 규모의 큰 수면이다. 서식 어종은 장어, 자라, 붕어, 잉어, 외래종 등이며, 퇴수로는 2km 동쪽의 강진만과 연결되어 장어 치어의 유입이 쉬운 환경이다. 임천지는 수초가 많은 뻘 바닥에, 수온이 높게 유지되어 장어의 서식 여건도 좋다.

그러나 정작 장어 낚시 시즌에는 수초가 빽빽하게 들어차고, 녹조가 심해져 낚시가 어려워지는데, 녹조가 생기기 전인 초봄과 녹조가 사라진 초겨울에 출조하는 것이 좋다. 새우나 지렁이 미끼에 장어와 메기, 붕어 등이 함께 낚이는데, 새우는 잘 채집되지 않기 때문에 외부에서 미리 준비해 가야 한다.

↳ 포인트 안내

- 최상류 둠벙(강진읍 임천리 269-2): 만수위터, 1~2m 수심의 수초 둠벙으로, 4월부터 출조하는 것이 좋다. 임천교 우상류권에 주차하면 된다.

- 우중류 돌출부(임천리 353): 갈수기터, 묘지 앞에서 고압선 철탑까지가 포인트로, 2~3m 수심의 수초권이다. 차 앞 낚시가 가능하다. 2017. 5월(중짜 3수).

- 제방 중앙(임천리 1): 갈수기터, 제방 중앙에서 제방 우측부까지가 포인트로, 3m 수심대의 릴과 대낚시 포인트다. 제방 위에 주차할 수 있다.

강진 칠량천

- **장낚 정보**: 소~대짜 릴·대낚터, 적기(6~11월), 입질 시간(밀물·일몰~24시), 산지렁·청지렁·미꾸라지 미끼.

칠량천은 강진군 삼흥저수지의 퇴수로로, 송정리 부근에서 명주천에 합류된 뒤, 남서쪽으로 4km를 더 흘러 강진만에 유입되는 기수역이다. 칠량천과 강진만 사이에는 수문이 설치되지 않아 기수역 어종이 자유롭게 드나들며, 2010년 초에는 자라 치어도 대량 방류되어 자라도 자주 낚인다.

↳ 포인트 안내

- 칠량천 장계리 보(강진군 칠량면 장계리 544-2): 6~11월터, 칠량천의 우하류권으로, 장계교 남단 상·하류 800m 구간이 포인트다. 사철 수량이 풍부한 릴과 대낚시 포인트다. 장계교 남단의 둑방 길로 진입하면 된다.

- 칠량천 현평리 보(현평리 10): 6~11월터, 위 장계교 포인트의 1.8km 상류권으로, 6~8월 장마철 조과가 뛰어나다.

- 명주천 합수부(송정리 784): 6~8월터, 칠량천의 우중류권 포인트로, 장마 후에 수량이 넉넉해지며, 조과도 좋다. 유속이 강해질 때는 릴 채비가 좋다.

강진 탐진강(장흥댐 하류권)

- **장낚 정보**: 중~대짜 릴터, 적기(3월 말~11월), 입질 시간(밀물·일몰~04시), 참붕어·산지렁·청지렁·갯지렁·미꾸라지 미끼.

탐진강은 영암군의 궁성산 계곡에서 발원해, 동남쪽으로 20km를 흘러 장흥댐의 우상류권으로 유입되고, 장흥댐을 지나 다시 남서쪽으로 28km를 흘러 강진만에 유입되는 기수역 하천이다. 여기에서는 장흥댐 하류권의 탐진강 구역에 대해서만 언급한다.

탐진강도 수도권의 한강이나 임진강처럼 바다와의 사이에 수문이 없어 해수와 담수를 왕래하는 기수역 생태계가 잘 유지되고 있으며, 2000년 초부터 수만 미의 장어 치어를 방류하며 자원 조성에도 힘써 온 터라, 탐진강과 그 지류 천에도 장어 자원이 많다.

⌁ 포인트 안내

- 구 목리교 우하류(강진군 강진읍 목리 23-5): 4~11월터, 탐진강의 최하류권으로, 밀물일 때 입질이 좋다. 차 앞 낚시가 가능하다. 2016. 4월(중짜 1수).

- 금강리 보(강진군 군동면 금강리 119-111): 4~11월터, 구 목리교 포인트의 5.4km 상류권으로, 장어 낚시 피크 시즌은 7~9월이다. 보의 좌하류권에 낚시 자리와 주차 공간이 있다.

- 용소교 우상류(용소리 927-18): 7~11월터, 금강리 보 바로 밑으로 유입되는 군동천 수계의 마름 둠벙으로, 큰비 후 탐진강의 자원이 유입된다. 대낚시에 참붕어를 미끼로 달면 장어를 비롯한 강고기가 낚인다.

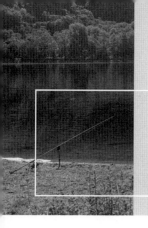

고흥군 39선

고흥 강산수로

- **장낚 정보**: 소~대짜 릴 · 대낚 마릿수 터, 적기(3~11월), 입질 시간(일몰~23시), 새우 · 참붕어 · 산지렁 · 청지렁 · 갯지렁 · 미꾸라지 미끼.

강산수로는 고흥반도 북동쪽의 여자만과 제방 하나 사이로 붙어 있는 12만 평 규모의 간척지 수로로, 수초가 많고 장어 자원이 풍부하다. 본류권에서는 보트 낚시를 많이 하나, 순환로가 잘 정비되어 있어 연안 포인트로의 진입도 쉽다.

강산수로에는 가지 수로가 세 곳이 있는데, 상류에 두 개, 우하류에 한 개가 있다. 가지 수로는 50cm가량의 얕은 수심에서도 장어가 잘 낚이므로, 큰비 후나 본류 수량이 많아지면 가지 수로에 자리를 잡도록 한다.

↳ 포인트 안내

- 본류 우상류(고흥군 점암면 여호리 812): 좌측 주소에서 상류 160m까지가 강산수로 특급 포인트로, 부들 군락에서 들어뽕을 하면 좋다. 주차가 쉽고 조황도 좋다.

- 우측 수로 하류권(여호리 775): 큰비터, 수로의 하류권 첫 번째 다리에서 상류 쪽으로 두 번째 다리(화계리 산 38-1)까지 500m 구간이 포인트로, 수심이 50cm만 되어도 장어가 낚이며, 장마기에는 입질이 더욱 좋아진다.

- 본류 우하류 가지 수로 합수부(여호리 838): 갈수기터, 합수부 인근의 물골을 노려야 한다.

- 본류 우하류 가지 수로(여호리 813): 수로 폭이 5m로 좁고, 부들이 밀생한 포인트로, 초봄이나 늦가을에는 장어 조황이 본류권을 앞선다.

고흥 거군지 · 거군수로

- **장낚 정보**: 소~대짜 릴 · 대낚 마릿수터, 적기(9~11월), 입질 시간(일몰~23시), 새우 · 참붕어 · 산지 렁 · 청지렁 · 갯지렁 · 미꾸라지 미끼.

　거군지는 고흥반도의 북동쪽 1만 평 규모의 간척호로, 3면이 제방으로 되어 있다. 동쪽으로는 여자만과 붙어 있고, 남쪽으로는 장어 소굴이라 불리는 거군수로와 붙어 있다. 장어 외 서식 어종은 가물치, 숭어, 붕어 등이며, 붕어는 4짜도 많다. 예부터 거군지는 거군수로와 함께 고흥반도 내 장어 1순위 터로 꼽힌다. 장어꾼이라면 한 번은 다녀가야 할 곳으로, 거군지에서는 중짜급 이하가 주로 낚이는데, 굵은 씨알을 낚으려면 미꾸라지와 참붕어만을 미끼로 쓰는 것이 좋다. 수달의 출몰에도 주의해야 한다.

🎣 포인트 안내

- 거군지 동쪽 제방(고흥군 남양면 신흥리 1209-1): 9~10월터, 바다를 등지는 포인트로, 동쪽 제방의 북쪽(산쪽)으로 붙어야 수면에 쉽게 닿을 수 있다. 차 앞 낚시가 가능한 특급 포인트다. 2006. 9월(소짜 1수).

- 거군지 북쪽 산 밑(신흥리 42-2): 9~10월터, 해 질 녘에는 붕어꾼이 대부분 철수하여 자리 잡기가 쉽다. 도로변에 주차하면 된다. 2014. 9월(소짜 1수).

- 거군수로 중류권 다리(신홍리 1211): 수로 폭 20m의 기수역으로, 대낚시가 좋다. 2018. 9월(소짜 3수), 2016. 10월(소짜 1수).

고흥 고흥호

- 장낚 정보: 소~대짜 릴·대낚터, 적기(3~4월, 9~11월), 입질 시간(일몰~23시), 새우·밀어·참붕어·산지렁·청지렁·갯지렁·미꾸라지 미끼.

고흥호는 고흥반도의 서쪽 해안가 210만 평 규모의 초대형 간척호로, 해풍이 강해 이에 대한 대비를 철저히 해야 한다. 고흥호 본류에서는 지렁이 미끼에는 망둥어가, 새우 미끼에는 붕어가 극성을 부리는 경우가 많은데, 이때는 장어 낚시가 힘들어지므로 미끼에 변화를 주어야 한다. 10센티 미만의 미꾸라지나, 굵은 참붕어 또는 엄지 굵기의 대하살 등으로 바꿔 주면 좋다. 장어 낚시 도중 잡고기가 성화가 많으면 장어의 활성도도 높은 상태이므로 긴장을 놓지 말아야 한다.

↳ 포인트 안내

- 우최상류 수로 당두교권(고흥군 풍양면 보천리 1315): 3~11월터, 당두교 하류 양안이 포인트로, 당두교 우하류에 넓은 주차 공간이 있다.

- 우상류(고흥군 도덕면 가야리 3883): 3~11월터, 갈수기를 제외한 사계절 포인트다. 연안 갈대가 많고, 강폭이 300m가 넘어 릴과 대낚시 모두 가능하다.

- 우중류(용동리 1341): 10~11월 릴터, 수초가 삭아 내린 늦가을부터 초겨울 사이에 릴 원투가 좋다.

- 인공습지 본류 방향(고흥군 두원면 학곡리 1620): 3~4월·9~11월터, 고흥호 본류와

인공습지 사이를 지나는 둑방길 포인트로, 미꾸라지나 살아 있는 참붕어가 잘 듣는다. 주변 공사가 있는 경우 차량 진입을 차단하기도 한다.

- 우하류 배수구권(고흥군 도덕면 용동리 1455): 9~11월터, 내림 장어 릴 포인트다. '방조제 공원(용동리 1455)'에 주차하면 된다. 공원 화장실도 있다.

- 방조제 우측부(용동리 1454): 3~11월터, 36칸 이상의 긴 대가 좋고, 20시 후에도 해풍이 불면 밤낚시 입질을 받기 어렵다. 이때는 일찍 철수하는 것이 좋다.

고흥 구암지

- **장낚 정보**: 소~대짜 릴터, 적기(5~8월), 입질 시간(일몰~23시), 새우·산지렁·청지렁·미꾸라지 미끼.

구암지는 고흥반도 남쪽 끝 5만 평 규모의 계곡지로, 해발 150m 내외의 야산을 막아 주변 산세가 수려하며, 오염되지 않은 맑은 물을 담고 있다. 퇴수로는 도화천에 유입되어 남쪽으로 1.2km를 흘러 다도해 해상공원으로 빠져나간다.

주 서식 어종은 장어 외 붕어, 자라, 배스 등으로, 모두 대물급 위주로 낚인다. 장어는 마릿수로는 낚이지 않으나, 잔챙이부터 대물까지 서식하므로 새우, 산·청지렁이, 미꾸라지 등 다양한 미끼를 준비하도록 한다. 새우에는 대물 자라도 잘 낚인다. 좌측 연안으로만 진입로가 나 있으며, 만수위에는 좌·우측 모두 앉을 자리가 없고, 물이 빠져야만 자리가 나오므로 5월 중순 이후에 출조하는 것이 좋다.

↳ 포인트 안내
- 좌하류 골 우상류(고흥군 도화면 구암리 산 23-13): 갈수기터, 진입로가 비포장으로 4륜 SUV가 좋다. 2019. 8월(소짜 1수).

- 제방 우측부(구암리 1420-10): 갈수기터, 5~6월에 물이 빠지면 보조 제방이 드러나며 자리가 편해진다. 무넘기를 넘자마자 주차 공간이 있다.

- 좌하류 골의 좌하류(구암리 산 67-1): 전천후터, 수초가 넓게 발달한 2m 수심대로, 연중 낚시가 잘 된다. 차 앞 낚시가 가능하다.

고흥 개명지

- **장낚 정보**: 중~대짜 릴·대낚터, 적기(8~10월), 입질 시간(일몰~04시), 참붕어·산지렁·청지렁·미꾸라지 미끼.

개명지는 고흥반도로 진입하기 전, 고흥반도의 북서쪽에 위치한 1만 3천 평 규모의 평지지로, 전역에 수초가 많아 수질이 깨끗하게 유지하고 있다. 퇴수로는 남쪽으로 5.4km를 흘러 득량만에 유입되며, 득량만으로부터 소상한 장어 치어가 비스듬하게 누운 댐 벽을 쉽게 기어오른다.

장어 외 서식 어종은 메기, 가물치, 붕어, 잉어, 배스 등이며, 장어는 500g급부터 대물급까지 낚이며, 조황의 기복이 제법 크다. 개명지는 평균 수심이 2~3m로, 전역이 포인트라 할 수 있으며, 둘레 길이 나 있어 포인트 진입이 쉽고, 대부분의 포인트에서 차 앞 낚시가 가능하다.

포인트 안내

- 좌중하류(고흥군 대서면 금마리 산 99-3): 갈수기 차 앞 낚시 포인트다.

- 제방 좌측부(금마리 809-1): 갈수기터, 중짜급 이상이 낚이는 석축 포인트로, 제방 좌측 끝에 주차 후 30~40m 도보 진입하면 된다.

- 제방 우측 끝(금마리 485-3): 전천후터, 수초가 알맞게 분포한 차 앞 낚시 포인트다. '금마리 484-1'의 북쪽 비포장 길로 진입해 남쪽으로 90m가량 내려오면 주차 공간이 나온다.

고흥 계매지(침교지)

- **장낚 정보**: 소~대짜 마릿수터, 적기(3~4월, 9~11월), 입질 시간(일몰~23시), 새우 · 참붕어 · 산지 렁 · 청지렁 · 미꾸라지 미끼.

계매지는 3면이 석축 제방인 11만 평 규모의 평지지로, 퇴수로가 기수역인 대강천과 연결되어 장어 자원의 유입이 쉽다. 뻘이 깊고, 수초의 성장이 왕성해 장어 시즌에는 릴 원투가 어렵지만, 자원 보호는 잘되어 있다.

석축 제방 3면은 전역이 장어 포인트로, 한적한 곳을 찾아 공략하면 기본 조황은 확보되며, 보트를 타고 남쪽 산 밑으로 진입하면 대물 장어를 낚을 확률이 더 높아진다. 계매지는 블루길의 성화를 극복하는 것이 최대의 관건으로, 초저녁에는 참붕어나 미꾸라지를 달고, 심야 시간에 새우나 지렁이로 바꿔 주면 좋다.

↳ 포인트 안내

- 우상류 새 물부(고흥군 동강면 노동리 1058-66): 3~4월터, 대강천이 유입되는 포인트로, 물골을 노리면 좋다. 농로 주변에 주차하면 된다.

- 우하류 무넘기부(노동리 211-2): 9~11월터, 계매지의 물이 대강천으로 빠져나가는 지점으로, 농로 상의 교차로에 주차 후 30~40m 도보 진입한다.

- 동쪽 제방(고흥군 남양면 침교리 1341): 9~11월터, 길이가 460m나 되는 제방은 전역이 석축 포인트로, 릴꾼에게 인기가 있다. 제방 밑에 주차 공간이 있다.

- 서쪽 제방의 남쪽 끝 새 물부(침교리 925-2): 3~4월터, 농수로에서 새 물이 유입되는 곳으로, 초봄과 오름 수위에 좋다. 제방 위에 주차 공간이 있다.

고흥 남성3지

- **장낚 정보**: 소~대짜 마릿수 터, 적기(6~9월), 입질 시간(밀물·일몰~05시), 새우·참붕어·산지렁·청지렁·미꾸라지 미끼.

남성3지는 4만 평 규모의 계곡지로, 고흥반도의 동남쪽 맨 끝, '나로1교'를 건너기 직전 바닷가에 붙어 있다. 'ㄱ'자 모양의 제방으로, 한겨울에도 얼지 않아 사계절 물 낚시가 가능하며, 바다에 인접해 있어 장어와 참게의 유입이 많고, 조황은 바다 물때의 영향을 많이 받는다.

서식 어종은 장어, 가물치, 동자개, 참게, 붕어, 잉어, 외래종, 참붕어, 새우 등이며, 대물 장어가 서식하는 만큼 미꾸라지나 굵은 참붕어 미끼를 쓰는 것이 좋고, 새우는 여러 마리를 꿰어 주면 좋다.

↳ 포인트 안내

- 우최상류 코너(고흥군 포두면 남성리 200-3): 만수위터, 주차장 앞 1~2m 수심대 로, 40칸 이내의 짧은 대가 좋다. 포인트 뒤에 주차장이 넓다.

- 제방 좌측부(남성리 1390-2): 6~8월터, 석축권 포인트로 좌대나 받침틀이 필요하며, 릴과 대낚시가 가능하다. 제방 도로에 주차하면 된다.

- 제방 중앙 만곡부(남성리 1377-6): 6~8월 릴·대낚터, 석축권 포인트로 좌대나 받침틀이 필요하다. 도로변에 주차하면 된다.

고흥 내대지(오월지)

- **장낚 정보**: 중~대짜 릴터, 적기(4~11월), 입질 시간(일몰~04시), 새우·납자루·참붕어·징거미·산지렁·청지렁·미꾸라지 미끼.

내대지는 육지에서 고흥반도로 진입하기 전, 고흥반도의 북동쪽 동강면 사무소로부터 3.5km 동쪽에 있다. 상류에서 하류로 길쭉한 모양의 14만 평 규모의 계곡지로, 야산이 주변을 둘러싸고 있어 수려한 산세를 갖고 있다. 퇴수로는 2km 남쪽의 대강천으로 흘러들며, 대강천을 통해 장어 자원이 유입된다.

내대지는 한겨울에도 얼지 않아, 1~2월 물 낚시에도 허리급 붕어가 잘 낚이나, 장어 낚시는 4~11월 사이가 제철이다. 장어 외 서식 어종은 가물치, 동자개, 붕어, 잉어, 블루길, 납자루, 새우 등이며, 블루길의 성화가 많은 편으로, 납자루나 징거미를 미끼로 쓰는 것이 좋다.

↳ 포인트 안내

- 좌중류 돌출부(고흥군 동강면 오월리 산 162-3): 갈수위터, 2~3m 수심대로, 릴과 대낚시가 가능하다. 도로변에 주차하면 된다.

- 좌중류 홈통 상류(오월리 232-1): 만수위·오름 수위터, 마름과 수몰 나무가 분포한 곳으로, 오름 수위에 1~2m 수심을 노리면 좋다. 도로변에 주차하면 된다.

- 좌하류 홈통 상류(오월리 산 198-1): 만수위·오름 수위터, 마름이 발달한 1~2m 수심대로, 도로변에 주차 공간이 있다.

고흥 내로1제

- **장낚 정보**: 소~대짜 릴·대낚터, 적기(5~11월), 입질 시간(일몰~02시), 새우·참붕어·산지렁·청지렁·미꾸라지 미끼.

내로1제는 고흥반도의 서북단에 위치한 2천 평 규모의 평지지다. 득량만과 500m밖에 떨어져 있지 않아 장어 자원이 풍부하게 유입되며, 5월부터 초겨울까지 장어가 낚인다. 새우나 지렁이 미끼에는 잔챙이 붕어의 성화가 많은데, 이때는 굵은 참붕어나 미꾸라지로 갈아 준 뒤 중짜급 이상의 씨알을 노리는 것이 좋다.

↳ 포인트 안내

- 제방 중앙(고흥군 과역면 노일리 698-1): 전천후터, 제방 위에 주차할 수 있다. 2016. 9월(중짜 1수).

고흥 내봉지

- **장낚 정보**: 대짜 릴터, 적기(3~11월), 입질 시간(24~05시), 새우·참붕어·산지렁·청지렁·미꾸라지 미끼.

내봉지는 고흥반도 서남단에 위치한 12만 평 규모의 평지지로, 동쪽 200m 부근의 오마수로에서 물을 퍼 올리는 양수형 저수지다. 오마수로는 거금도 앞바다로 흘러드는 기수역으로, 이 수로를 통해 장어 자원이 유입된다. 주 서식 어종은 장어, 가물치, 붕어, 참붕어, 새우 등이며, 대물 붕어터로 많이 알려져 있다.

내봉지는 양수형 저수지로 배수기에도 강하고, 겨울에도 얼지 않아 사철 붕어꾼이 붐비나, 장어 낚시는 3~11월까지가 좋다. 해풍이 많은 지역으로, 수면에 도착하자마자 바람을 등지는 포인트를 찾는 것이 급선무다. 반경 2.5km 안에 봉암지, 오마수로, 축두지, 매곡지

등의 장어터가 많아 포인트 이동이 용이하다.

↪ 포인트 안내

- 동쪽 양수장 앞 석축(고흥군 도덕면 봉덕리 1608): 갈수기터, 대낚시 40칸 이하가 좋다. 제방 밑에 주차 공간이 있다.

- 북서쪽 작은골 앞 홈통(봉덕리 181-1): 만수위 · 오름 수위터, 수몰 나무가 발달한 포인트로, 도로변에 주차하면 된다.

고흥 도덕지(학동지)

- **장낚 정보**: 소~중짜 마릿수터, 적기(4~11월), 입질 시간(일몰~05시), 참붕어 · 새우 · 산지렁 · 청지렁 미끼.

도덕면사무소 남쪽에 가깝게 붙어 있는 도덕지는 2만 평 규모의 준 계곡지로, 퇴수로가 4.3km 남쪽의 만제도 앞바다로 빠져나간다. 도덕지 수면이 바다와 다소 떨어져 있는 듯하나, 장어 치어가 잘 올라붙어 개체 수는 많은 편이다. 도덕지는 만수위가 되면 연안 접근이 상당히 어렵다. 연안에 뗏장과 마름이 넓게 띠를 이루어 긴 대를 펴더라도 본바닥에 닿기가 어렵다. 이런 불편함으로 인해 낚시인들이 출조를 꺼리게 되지만, 대신 자원이 잘 보호되는 장점이 있다. 보트 낚시를 하면 포인트 공략이 쉬운 편이나, 연안 낚시를 하기 위해서는 가슴 장화를 신고 들어가 수초 구멍을 여는 수고를 해야 한다. 그러나 이도 저도 귀찮으면, 수위가 50~60% 빠진 배수기에 무릎 장화를 신고 진입하면 수초 구멍을 여는 고생은 하지 않을 수 있다. 장어 미끼는 참붕어와 새우가 좋은데, 현장 채집이 안 될 때를 대비하여 꽃지렁이와 청지렁이 각 두 통씩은 챙겨 가도록 한다.

- 최상류(고흥군 도덕면 도덕리 32-3): 마을 앞 포인트로, 밤낚시에도 마을 불빛이 훤하다. 도로변에 주차하면 된다.

- 좌하류 도덕우체국 앞(도덕리 748-1): 만수 시에는 연안 수초가 두껍게 띠를 이루어, 수초 제거기와 장화를 지참해야 한다. 도로변에 주차하면 된다.

고흥 두원천(운대지 퇴수로)

- **장낚 정보**: 기수역 소짜 마릿수터, 적기(7~11월), 입질 시간(일몰~23시), 새우·산지렁·청지렁 미끼.

두원천은 운대지의 퇴수로로, 운대지의 무넘기에서 북쪽으로 약 5.3km를 흘러 득량만에 유입되는 기수역이다. 두원천의 좌하류권에는 점암지의 퇴수로인 사정천이 유입되며, 이 두 개의 하천에서 인근 9개의 저수지로 장어 치어가 유입된다. 운대지, 점암지, 안행지, 금오지, 상신지, 연봉1지, 대춘지, 상림지, 사정지 등이 그곳으로, 모두 반경 5km 내에 있어 5~10분이면 닿을 수 있다. 두원천에서는 소짜급 장어가 마릿수로 낚이며, 대물은 만나기 어렵다. 우기가 아닌 경우 23시면 입질이 끊긴다.

ↄ 포인트 안내

- 우하류(고흥군 두원면 용반리 1447-8): 수로 폭 10m권의 대낚시 포인트다. 진입로가 협소하여 둑방 길에 개구리 주차를 해야 한다.

- 동촌교 좌하류 보(용반리 1684-3): 큰비 후에 조황이 좋다. 동촌교의 양쪽 끝에 주차 후 둑방 길을 따라 약 100m 걸어가면 된다.

고흥 대가수로

- **장낚 정보**: 소~대짜 릴·대낚 마릿수터, 적기(7~11월), 입질 시간(일몰~23시), 참붕어·산지렁·청지렁·미꾸라지 미끼.

내봉지의 동쪽 200m 지점에 붙어 흐르는 오마수로의 상류권을 대가수로라 한다. 대가수로의 500m 하류에 수문이 있는데, 장마 후에는 수문을 닫아 배동바지(추수 전 논에 마지막 물대기)까지는 안정된 수량을 유지하는데, 이때부터 장어, 가물치, 메기, 붕어, 동자개 등이 잘 낚인다.

ꙮ 포인트 안내

• 둠벙형 수로(고흥군 풍양면 고옥리 1862-15): 수로 폭이 20m로 이어져 오다가 갑자기 70~80m로 넓어지는 곳이다. 수로 폭 20m권에서 대낚시로 공략하는 것이 좋다. 둑방 길에 주차하면 된다.

고흥 대강천(죽암수로)

- **장낚 정보**: 소~대짜 마릿수터, 적기(4월, 9~11월), 입질 시간(일몰~01시), 새우·산지렁·청지렁·미꾸라지 미끼.

지도상에 대강천으로 표시되는 죽암수로는 15만 평 규모의 간척지 수로로, 상류권에서 두 개의 물길로 갈라지는데, 우측 물길을 '대강천', 좌측 물길을 '계매수로'라 한다. 또 우하류권으로는 오월지의 퇴수로인 '와우천'이 유입되고 있다. 이들 수로는 본수로와 가지 수로 모두 훌륭한 장어 포인트로, 큰비 후 탁수가 되면 한 자 수심에서도 장어가 낚인다. 새우 미끼에 장어 입질이 빠르나 잡고기 성화도 많다. 돔침 5~6호에 새우를 5~10마리 정도 꿰어 주면 잡어 성화를 견딜 만하다. 수달이 떼를 지어 다닐 만큼 자원이 많고, 낚시 자리도 광활하다.

- 우하류 와우천 합수부(고흥군 동강면 죽암리 545-16): 릴이나 대낚시로 합수부 물골에서 발 앞쪽까지 구간을 노리면 좋다. 차 앞 낚시가 가능하다.

- 계매수로 우중류(노동리 1136-8): 70cm~1m 수심에, 수로 폭이 20m로 대낚시 긴 대가 좋다. 둑방 길에 주차하면 된다.

- 계매수로 합수부권 돌출부(노동리 1140-5): 80cm 미만 수심으로, 장어와 붕어 대낚시 특급 포인트다. 4륜 SUV만 진입하는 것이 좋다.

- 방조제 우측부(죽암리 526-36): 1~2m 수심대로, 제방의 북쪽으로 갈수록 수초가 많다. 방조제 길에 개구리 주차를 하면 된다.

고흥 대곡수로

- **장낚 정보**: 중~대짜 릴·대낚 마릿수 터, 적기(3~11월), 입질 시간(밀물·일몰~23시), 참붕어·산지렁·청지렁·갯지렁·미꾸라지 미끼.

대곡수로는 육지에서 고흥반도로 진입하는 길목의 15번 국도 서쪽에 붙어 있으며, 득량만에 유입되는 기수역 수로다. 수로 폭 10~20m에 길이는 1.3km에 불과한 소규모 수로로, 대곡교 상·하류 각 100m 구간이 주 포인트다.

낚시터라기보다는 도랑 수준에 불과한 규모지만, 중짜급 장어와 4짜급 붕어가 대량으로 낚이는 등 어자원이 풍부하다. 장어 미끼에는 가물치와 망둥어가 함께 낚이는데, 굵은 장어를 낚기 위해서는 미꾸라지만 쓰는 것이 좋다.

- 대곡교 우하류(고흥군 남양면 대곡리 1296-22): 15번 국도상의 대곡교 하류 100m 구간이 포인트로 릴과 대낚시가 가능하다. 대곡교 우하류권에 주차하면 된다.

- 대곡교 좌상류(대곡리 1319-3): 부들이 찌든 포인트로, 부들밭과 맹탕 지역의 경계점을 노리면 좋다. 대곡교 쪽이나 도로변에 주차하면 된다.

고흥 대금지(샛별지)

- **장낚 정보**: 중~대짜 릴터, 적기(5~7월), 입질 시간(일몰~23시), 새우·참붕어·산지렁·청지렁·미꾸라지 미끼.

대금지는 고흥반도의 서북단 851번 지방도로 서쪽에 위치한 3천 8백 평 규모의 소류지로, 상류에는 뗏장이, 중하류에는 마름이 발달해 있다. 주 서식 어종은 장어, 가물치, 붕어, 잉어, 참붕어 등이며, 갈수기에도 기본 조황은 유지되나, 첫 장마 후 오름 수위에 조황이 더욱 좋아진다. 장어 미끼는 새우, 참붕어, 지렁이가 좋은데, 한 자급 가물치와 4짜급 붕어가 함께 낚인다. 새우는 현장 채집이 잘 안 되므로 외부에서 미리 구입해 가야 한다.

↳ 포인트 안내

- 좌하류(고흥군 두원면 대금리 47-5): 제방의 남쪽 끝부분에 주차하면 된다.

- 좌상류(대금리 51): 1m 수심의 뗏장권 포인트다. 진입로 끝에 주차 후 30~40m 걸어가면 된다.

고흥 매곡지

- **장낚 정보**: 중~대짜 릴·대낚터, 적기(4~11월), 입질 시간(일몰~23시), 새우·참붕어·피라미·산
  지렁·청지렁·미꾸라지 미끼.

　매곡지는 고흥반도 서남단, 해발 200m의 팔봉산 중턱을 막은 3만 6천 평 규모의 계곡지
로 팔봉산 계곡에서 내려오는 청정수를 담고 있다. 퇴수로는 1.3km 하류의 오마수로에
유입되며, 오마수로의 장어 자원이 유입된다.

　매곡지는 12월에서 익년 2월까지 떼 붕어가 낚이는 겨울 물 낚시터로 유명하며, 장어터
로는 거의 알려지지 않았다. 서식 어종은 장어, 가물치, 동자개, 붕어, 잉어, 피라미, 빙어,
참붕어, 새우 등이며, 외래종은 아직 보이지 않는다. 피라미가 많아 이를 잡아 대물 장어
미끼로 쓰기도 하며, 그 외 자생 새우와 참붕어, 지렁이도 많이 쓴다.

⌓ 포인트 안내

- 우상류(고흥군 풍양면 매곡리 507-2): 오름 수위터, 큰비 후 새물이 유입되는 포인트
  로, 바람을 타지 않아 아늑하다. 도로변에 주차하면 된다.

- 우중류 홈통(매곡리 534): 6~7월 장마터, 장마 후 새물이 유입되는 1m 수심대로, 흙
  탕물이 유입될 때 좋다. 진입로에 주차 공간이 넓다.

- 좌하류 골 상류 밭 앞(매곡리 496-2): 갈대와 뗏장, 수몰 나무 등이 발달한 1m 수심대
  로 붕어꾼도 많이 찾는다. 진입로에 주차 공간이 많다.

- 제방 중앙부(매곡리 912): 전천후터, 3m 수심대로 릴과 대낚시 모두 가능하다. 12
  월부터는 현지 꾼의 붕어터로 바뀌므로, 장어 낚시는 11월까지만 가능하다. 대낚시
  32~50칸이 적당하며, 제방 밑에 주차하면 된다.

고흥 방내지

- **장낚 정보**: 중~대짜 릴·대낚터, 적기(4~5월, 10~11월), 입질 시간(일몰~23시), 새우·참붕어·산지렁·청지렁·미꾸라지 미끼.

  고흥반도 북동쪽 해안가에 위치한 방내지는 6천 평 규모의 계곡지로, 여자만에 유입되는 퇴수로는 길이가 400m 정도로 짧아 장어 치어의 유입이 쉽다. 퇴수로 끝에는 600평 규모의 유수지가 있는데 이곳에서도 소짜급 장어가 낚인다.

  방내지의 남서쪽 1km 지점에는 잔챙이 장어터인 강산수로가 있다. 방내지는 강산수로에 비해 개체 수는 적지만, 배수기나 여름철에 대물 장어가 출몰한다. 방내지는 양안이 산으로 막혀 깊은 계곡지처럼 보이나, 전역에 수초가 많은 평지형에 가깝고, 여름에는 마름이 수면을 덮어 낚시가 불가능할 정도다. 수초가 번성하기 전인 봄과 수초가 삭아 내리는 가을에 출조하면 좋다.

ᵾ 포인트 안내

- 좌상류(고흥군 점암면 여호리 524-1): 만수위터, 갈대와 부들이 발달한 1m 수심대로, 도로변에 주차하면 된다.

- 좌중하류(여호리 산 214): 갈수기 릴·대낚터, 도로변에 주차하면 된다.

- 제방(여호리 715): 11~12월 터, 제방 좌하류권에 주차하면 된다.

고흥 봉계지(동백제)

- **장낚 정보**: 소~대짜 릴·대낚터, 적기(4~11월), 입질 시간(일몰~24시), 산지렁·청지렁·갯지렁·미꾸라지 미끼.

봉계지는 고흥반도로 진입하기 전 서쪽 대서면에 위치한 5만 3천 평 규모의 해안가 평지지로, 봉계지의 동쪽 140m 지점의 마륜천의 물을 퍼 올리는 양수지다. 마륜천은 남쪽으로 2km를 흘러 득량만으로 빠져나가며, 마륜천의 자원이 유입된다.

주 서식 어종은 장어, 붕어, 외래종 등이며, 농번기에도 배수를 거의 하지 않아 연중 안정된 수위를 유지한다. 최근에는 블루길이 많이 줄었으나, 일몰 시점의 지렁이 미끼에는 아직도 블루길이 덤벼든다. 초저녁에는 미꾸라지를 미끼로 쓰고, 21시부터 지렁이를 곁들이면 좋다.

ᘖ 포인트 안내

- 우상류 산 앞(고흥군 대서면 안남리 산 1-8): 갈수기터, 2m 수심의 갈수기 포인트로, 연안 경사가 급해 좌대가 필요하다. 도로변에 주차하면 된다.

- 최상류 제방 맞은편(안남리 2051-3): 만수위터, 1~2m 수심의 수초권 포인트다. 농로의 T자형 교차로 부근에 1~2대 주차할 수 있다.

- 제방 중앙(화산리 2053-1): 만수위터, 제방 밑 진입로에 주차하면 된다.

고흥 봉암지(백옥지)

- **장늬 정보**: 중~대짜 릴·대낚터, 적기(4~11월), 입질 시간(일몰~03시), 새우·징거미·참붕어·산지렁·청지렁·미꾸라지 미끼.

봉암지는 고흥반도의 서남단 끝에 위치한 12만 평 규모의 평지지로, 3면이 석축 제방으로 되어 있다. 남쪽 제방 밑을 흐르는 오마수로의 물의 퍼 올리는 양수지로, 오마수로의 자원이 유입된다. 봉암지는 대물 장어까지 서식하지만, 12월~3월 사이 한겨울 붕어 물 낚시터로 더 유명하다. 3개 제방의 각 코너 부분이 인기 포인트로, 2월부터 산란기 붕어꾼이 코너 쪽으로 모여드는데, 장어 낚시는 이들과 좀 더 떨어져 조용한 곳에 자리하는 것이 좋다.

　제방에서 캐스팅할 때는 연안에서 15m 전방의 보조 제방이 끝나는 지점을 넘겨 쳐야만 장어가 다니는 본바닥에 미끼를 안착시킬 수 있다. 보조 제방이 끝나는 지점은 수심이 갑자기 깊어지므로 채비 투척 시 쉽게 인지할 수 있다. 새우와 참붕어 미끼에 장어와 4짜 붕어가 낚이며, 엄지 굵기의 징거미를 잡아 장어 미끼로 써도 좋다.

⎣ 포인트 안내

- 북동쪽 산밑 코너(고흥군 도덕면 도덕리 1418-31): 5~11월터, '도덕리 2881-1' 부근의 제방 위에 주차하면 된다.

- 남쪽 제방 코너(도덕리 2570-7): 양수 시 포인트, '도덕리 2570-3'의 북쪽 진입로에 주차하면 된다.

- 서쪽 제방(도덕리 2379-1): 전천후터, 1m 수심, 제방 위에 주차하면 된다.

고흥 사정천

- 장낚 정보: 소~중짜 릴·대낚 마릿수터, 적기(6~9월), 입질 시간(밀물·일몰~04시), 산지렁·청지렁·갯지렁·미꾸라지 미끼.

　사정천은 고흥반도의 서북단 해안가에 위치한 기수역 하천으로, 점암면 소재 사정저수지의 제방에서 서쪽으로 5km를 흘러 점암지의 북쪽 제방을 지나, 서쪽으로 3km를 더 흘러 득량만에 유입된다. 사정천은 전역의 보 포인트에서 장어가 낚이며, 큰비 후에 장어 입질이 활발해진다. 사정천은 배스꾼들이 간혹 찾을 뿐 외지인은 거의 찾지 않아 장어 자원이 잘 보호되어 있다.

- 최하류 첫째 다리 좌상류(고흥군 과역면 노일리 1827-7): 수로 폭이 40~70m로, 수심 편차가 크다. 다리 위에 주차하면 된다.

- 둘째 다리 좌하류(노일리 1840-1): 첫째 다리의 700m 상류권으로, 사정천 북쪽의 호곡회관 쪽(노일리 1834-1)에서 농로를 따라 진입해야 한다.

- 셋째 다리 좌하류(점암면 신안리 1715-18): 둘째 다리의 1km 상류권이자, 점암지의 하류 180m 지점이다. 다리 인근에 주차하면 된다.

- 대룡리 1보 우상류(고흥군 점암면 대룡리 968-1): 점암지의 900m 상류권으로, 큰비 후 조황이 좋다. 둑방 길에 주차하면 된다.

- 대룡리 3보 우중류(대룡리 1115): 점암지의 2km 상류권으로, 큰비 후 조황이 좋다. 둑방 길에 주차하면 된다.

고흥 성리지

- **장낚 정보**: 소~대짜 대낚터, 적기(3~11월), 입질 시간(일몰~24시), 새우·참붕어·산지렁·청지렁·미꾸라지 미끼.

성리지는 고흥반도의 북서쪽에 위치한 해안가 늪지로, 6천 평가량의 면적 중에 3분의 2가 수초밭으로, 채비를 드리울 수 있는 수면은 약 2천 평 정도다. 그나마도 한여름에는 말풀과 마름까지 자라 올라 간신히 들어뽕만 가능하다. 수초가 삭아 드는 늦가을부터 12월까지와, 이듬해 2월 말에서 4월까지가 채비 투척이 쉽다.

퇴수로는 성리지 북쪽 제방 밑을 지나는 소하천에 합류되며, 소하천은 다시 동쪽으로

360m를 더 흘러 우도 남쪽 바다로 유입된다. 주 어종은 장어, 가물치, 붕어, 잉어, 참붕어, 새우 등으로, 새우와 참붕어에 장어 입질이 좋다. 포인트는 830번 지방도와 가까운 성리지의 남쪽 연안 일부로 제한되며, 들어뽕 채비를 미리 여러 대 만들어서 출조하는 것이 좋다.

↳ 포인트 안내

- 좌하류(고흥군 두원면 성두리 1217-1): 2012. 10월(새우, 소짜 1수).

고흥 신양지

- **장낚 정보**: 대짜 릴 · 대낚터, 적기(3~11월), 입질 시간(일몰~05시), 새우 · 참붕어 · 밀어 · 징거미 · 산지렁 · 청지렁 · 미꾸라지 미끼.

　신양지는 고흥반도의 서쪽 끝자락에 위치한 8만 평 규모의 양수지로, 3면이 제방으로 되어 있다. 전역이 1~2m 수심에, 마름, 뗏장, 갈대 등의 수초가 많다. 퇴수로는 고흥호의 최상류로 유입되어 고흥호의 자원이 유입된다.

　신양지는 빵 좋은 4짜 붕어가 잘 낚이는데, 붕어 미끼로 밀어, 참붕어, 새우를 달면 간혹 대물 장어가 낚이기도 한다. 장어만을 골라 낚으려면 지렁이, 징거미, 새우, 참붕어 등이 좋다. 신양지는 모든 연안이 석축으로, 석축 바로 앞을 노리면 좋다. 둘레길이 나 있어 연안 진입과 주차가 쉽고, 전역에서 차 앞 낚시가 가능하다.

↳ 포인트 안내

- 우하류(고흥군 도덕면 가야리 1615-5): 뗏장권 1.5~2m 수심대로, 사계절 내내 대낚시가 가능하다.

- 우중류(가야리 2052): 연안으로 후미져 들어 온 2m 수심대로, 수초가 많아 대낚시가 유용하다.

- 우상류(신양리 2372): 퇴수로에서 가장 멀리 떨어져 있는 포인트로, 2m 수심대의 대낚시 포인트다.

고흥 신양지(거금도)

- **장낚 정보**: 중~대짜 릴·대낚 마릿수터, 적기(4~11월), 입질 시간(일몰~04시), 새우·참붕어·산지렁·청지렁·미꾸라지 미끼.

이곳의 신양지는 고흥반도 서남쪽에 위치한 섬 거금도 내의 신양지를 말한다. 3면이 석축 제방인 3만 6천 평 규모의 양수지로, 거금도에서 가장 큰 저수지다. 남쪽 제방 밑을 흐르는 수로의 물을 퍼 올려 저장하기 때문에 갈수기에도 물이 마르지 않고, 장어를 비롯해 향어, 붕어 등 대물 자원이 많이 서식한다. 수심은 대부분 1m 이내로 얕고, 전역에 부들과 뗏장이 산발적으로 분포하며, 한여름에는 마름이 전역을 덮어 낚시가 어려워진다.

신양지는 10여 년 전부터 6치~미터급 향어가 참붕어와 새우 미끼에 잘 낚이는데, 향어가 신양지의 생태계에 잘 적응하여 자연 번식을 하고 있는 것으로 추정된다. 또 신양지 내에 장어 자원이 많아지면, 간혹 마을 주민들이 일괄 포획하기도 하므로, 동네 어르신으로부터 정보 입수가 중요하다. 현장 미끼가 채집되지 않을 경우를 대비하여 외부에서 미끼를 미리 구입 후 진입하는 것이 좋다. 석축 제방 위로 순회로가 나 있어 진입이 수월하다.

포인트 안내
- 좌상류(고흥군 금산면 대흥리 1046-1): 봄·가을터, 수초의 세력이 약한 봄·가을이 좋다.

고흥 세동지(차동지·신촌지)

- **장뉘 정보**: 소~대짜 마릿수 터, 적기(4~11월), 입질 시간(일몰~05시), 새우·참붕어·산지렁·청지렁·미꾸라지 미끼.

18만 평 규모의 세동지는 고흥반도 남단에 위치한 해안지로, 퇴수로가 해창만수로에 유입된다. 세동지 좌안의 넓은 수초밭에는 2월 말부터 붕어꾼이 모여든다. 붕어 산란이 시작되기 때문인데, 장어 낚시는 붕어 산란기가 끝난 4월과 수초가 삭아 드는 9~11월이 좋다. 연안 밤낚시는 제방 양쪽 끝부분이 좋으며, 붕어 보트 낚시에 꽃지렁이 10미 정도 꿰어 수초밭에 던지면 대낮에도 굵은 장어가 붙는다.

↳ 포인트 안내

- 우상류(고흥군 포두면 세동리 971): 진입로가 협소해 4륜 SUV로 진입하는 것이 좋고, 승용차는 입구에 주차하고 140m가량 도보 진입해야 한다.

- 좌상류 홈통(차동리 1388): 연안 수초 띠가 넓어 보트 낚시가 좋다.

- 제방(세동리 1348): 제방 밑에 나 있는 진입로를 통해 제방 좌측 끝단과 우측 끝단으로 진입할 수 있다.

고흥 양사리 방죽

- **장뉘 정보**: 소~대짜 기수역 마릿수터, 적기(4~11월), 입질 시간(일몰~22시), 새우·산지렁·청지렁·갯지렁·미꾸라지 미끼.

양사리 방죽은 고흥반도의 동쪽 끝 해안가에 위치한 삼각형 모양의 방죽으로, 여자만과 붙어 있어 장어 자원의 유입이 많은 곳이다. 총 5천 평 규모의 수면적에 절반은 갈대 군락이 차지하고 있어 연안에서 대낚시로만 공략할 수 있다.

산지렁이나 새우 미끼에 잔챙이 장어가 잘 붙는데, 중짜급 이상의 씨알을 낚기 위해서는 미꾸라지나 굵은 청지렁이를 쓰는 것이 좋다. 수심이 50~60cm로 얕아 찌가 깜빡거리며 좌우로 끌고 다니다 잠수하는 입질 형태를 보인다.

↳ 포인트 안내

- 좌상류(고흥군 영남면 양사리 836): 전역이 포인트다. 2019. 7월(소~중짜 3수), 2014. 11월(대낚, 청지렁, 소~중짜 6수), 2014. 8월(대낚, 미꾸라지, 21시 대짜 1수).

고흥 여호지

- **장낚 정보**: 소~대짜 대낚 마릿수 터, 적기(4~11월), 입질 시간(밀물·일몰~24시), 새우·참붕어·산지렁·청지렁·갯지렁이·미꾸라지 미끼.

여호지는 고흥반도의 동쪽 끝 바닷가에 위치해 있으며, 원주도라는 섬을 마주 보고 있다. 3만 평 규모의 늪지로, 바다와 붙어 있어 장어 자원의 유입이 많다. 수면적의 절반 이상이 수초로 덮여 있고, 수면이 열린 면적은 3분의 1정도밖에 안된다. 좌하류 수문권에서만 연안 대낚시가 가능하고, 보트 낚시를 하면 좀 더 나은 조황을 기대할 수 있다. 자생 새우나 참붕어 미끼에 장어와 4짜 붕어가 함께 낚이며, 장어만을 노리기 위해서는 미꾸라지나 굵은 지렁이를 쓰면 좋다. 만조 시에 입질이 활발하다.

↳ 포인트 안내

- 좌하류 수문권(고흥군 점암면 여호리 730): 경사가 급해 좌대를 설치해야 좋다. 차 앞 낚시가 가능하다. 2010. 6월(참붕어, 중짜 1수).

- 여호수로 1: 위 수문권 포인트에서 동쪽으로 530m 더 가면, 또 다른 수문을 만난다. 이 수문 앞 1백 평짜리 수면과 수문의 남쪽 협수로가 포인트다.

- 여호수로 2: 전천후터, 여호수로 1의 남쪽에 농로를 사이에 두고 'ㄴ' 자로 꺾인 협수로 포인트다. 진입로 옆에 주차하면 된다.

고흥 용정지

- **장낚 정보**: 중~대짜 릴·대낚터, 적기(5~8월), 입질 시간(일몰~24시), 새우·참붕어·산지렁·청지렁·미꾸라지 미끼.

1만 평 규모의 용정지는 고흥반도 서남단의 산속 계곡지로, 외진 곳에 있어 찾는 이가 거의 없다. 상류에는 오염원이 될 만한 민가도 전혀 없고, 수중 말풀이 물을 잘 정화시켜 물속이 훤히 들여다보일 정도로 맑다. 퇴수로는 남쪽으로 3km를 흘러 녹동항 앞바다로 유입되며, 장어의 유입 경로가 되어 준다. 주 서식 어종은 장어, 철갑붕어, 잉어, 가물치, 배스 등이며, 장어 미끼는 자생 새우와 참붕어, 지렁이류가 잘 듣는다.

용정지는 주변이 산으로 둘러싸여 만수 시에는 앉을 자리가 없고, 물이 빠져야만 자리가 나온다. 갈수기에 진입해 오름 수위를 만나면, 활동성이 높아진 대물 장어와 4짜 붕어의 입질을 받을 수 있다.

ᘓ 포인트 안내

- 우상류 새 물부(고흥군 도양읍 용정리 1564): 만수위터, 계곡수가 유입되는 1m 수심대다. 진입로 끝에 협소한 주차 공간이 있다.

- 우중류 도로 밑(용정리 1470): 말풀이 자라는 5~6월 배수기 포인트로, 1.5~2m 수심을 보인다. 도로변에 주차 후 20m 내려가면 수면이다.

- 우하류(용정리 1530): 배수기 포인트로, 주차 공간이 양호하다.

고흥 우산지

- **장낚 정보**: 소~대짜 대낚터, 적기(9~11월), 입질 시간(일몰~04시), 새우·참붕어·산지렁·청지렁·미꾸라지 미끼.

우산지는 고흥반도의 동남쪽 바닷가에 위치하며, 4만 평 규모인 우산1지와 1만 평 규모인 우산2지가 서로 붙어 있다. 우산1지는 동쪽과 서쪽에 위치한 야산들이 해풍을 막아 주어 아늑한 분위기를 연출해 내지만, 전역이 뗏장과 부들로 덮여 있고, 진입로가 불편해 드나드는 꾼이 거의 없다. 덕분에 어자원이 잘 보존되어 있으며, 장어, 가물치, 메기, 외래종, 붕어, 잉어, 새우, 참붕어 등의 개체 수가 많다.

장어 미끼는 자생 새우와 참붕어를 많이 쓰나, 붕어나 블루길의 성화가 심하면 미꾸라지를 꿰어 주는 것이 좋다. 두 개의 저수지 모두 들어뽕이 편리하며, 보트를 타고 부들밭 구석구석을 탐색하면 더 나은 조과를 기대할 수 있다.

포인트 안내

- 우산1지 제방 좌측부(고흥군 포두면 옥강리 1086-1): 제방의 좌측 끝에서 중앙부 쪽으로 70m 지점이 좋다. 제방 밑으로 난 진입로에 주차하면 된다.

- 우산1지 좌상류 물골(옥강리 1511): 둑방과 본류 부들밭 사이, 폭 15m의 물골 포인트다. 2~3대 주차할 수 있다.

- 우산1지 북쪽 150m 지점 쪽수로(옥강리 160-1): 수로 폭 10m에, 수면적 1,500평 규모의 쪽수로가 있다. 장어 마릿수 포인트로, 도보 진입만 가능하다.

- 우산2지 제방 중앙부(옥강리 148-4): 1만 평 규모의 늪지형 부들밭으로, 제방에서만 낚시를 할 수 있다. 연안 수심은 1~1.5m 정도 나온다.

고흥 우천지

- **장낚 정보**: 대물 릴터, 적기(5~8월), 입질 시간(20~02시), 새우·산지렁·청지렁·미꾸라지 미끼.

우천지는 고흥반도 동쪽 끝 진등산의 동쪽 계곡을 막은 9천 평 규모의 계곡지로, 좌우안이 모두 자연 휴양림으로 둘러싸여 있다. 수려한 풍광과 휴양림에서 흘러내린 청정수를 담고 있어 한여름 피서터로 좋다. 퇴수로는 4km 동쪽의 여자만에 유입되며, 여자만에서 유입된 장어 치어가 대물급으로 성장해 있다. 장어, 붕어, 잉어, 피라미 등이 서식하며, 낮에는 멍텅구리 채비로 갈겨니를 잡아 천렵을 하고, 밤에는 릴이나 대낚시로 장어 낚시를 하면 좋다.

만수 시에는 우상류 일부에만 앉을 자리가 나오고, 배수기에 물이 빠지면 우안에 많은 포인트가 드러난다. 상류 3km 지점에 '팔영산 자연 휴양림'이 있어 시원한 계곡물에 발을 담글 수도 있다.

↳ 포인트 안내

- 우측 연안(고흥군 영남면 우천리 산 350-40): 만수위에는 우상류권에 2~3석이 나오고, 배수 후에는 우안 전역에 자리가 나온다.

고흥 월포제(거금도)

- **장낚 정보**: 소~대짜 마릿수 터, 적기(5~10월), 입질 시간(일몰~23시), 새우·참붕어·산지렁·청지렁·미꾸라지 미끼.

월포제는 고흥반도 서남쪽 거금도 내의 저수지로, 거금도의 북동쪽 해안가 5천 평 규모의 평지지다. 2면이 제방으로 된 각지이며, 섬 주민이 낮에만 잠시 대를 드리울 뿐 외지 꾼은 찾아볼 수 없다. 월포제의 남쪽 제방에는 왕복 2차선 도로가 지나고, 둘레길까지 나 있어 진입이 편리하다. 바다를 등진 북쪽 제방이 좀 더 아늑하며, 일몰 후 대낚시 새우 미끼에 400~500g대의 장어를 마릿수로 낚을 수 있다.

↳ 포인트 안내

- 북쪽 제방(고흥군 금산면 신평리 1223-6): 2020. 6월(중짜 1수).

고흥 장수지

- **장낚 정보**: 소~대짜 마릿수 터, 적기(5~10월), 입질 시간(20~04시), 새우 · 산지렁 · 청지렁 · 미꾸라지 · 참붕어 미끼.

장수지는 30만 평 규모의 계곡지로, 수질이 좋고 풍광이 수려하다. 수면적이 넓은 만큼 포인트도 많아 계절별로 최적의 포인트를 알아 두면 좋다. 장수지는 대물 붕어가 잘 낚여 붕어꾼이 많이 찾고 장어꾼은 별로 없지만, 5~6월 배수기가 되면 우중류권에 장어 포인트가 많아진다. 장어 미끼는 새우, 참붕어, 지렁이를 많이 쓰며, 이들 미끼에 장어와 메기, 자라 등이 잘 낚인다. 상류 방향 차량 5분 거리에 고흥읍이 있어 편리하다.

↳ 포인트 안내

- 고흥천 동촌교 우상류(고흥군 고흥읍 호형리 1025): 만수위터, 수로 폭 20m로, 붕어 산란기를 지나, 36칸 이상으로 물골을 노리면 좋다. 차 앞 낚시가 가능하다.

- 우중류 석축권(호형리 산 87-4): 갈수기터, 장어와 메기 포인트다. 도로변에 주차하면 된다.

- 우중류 골프연습장 우상류(고흥군 포두면 장수리 산 13-3): 갈수기터, 급심 지역으로, 도로변에 주차 후 약 30m 내려가면 수면이다.

- 좌하류 돌출부(장수리 산 53-5): 갈수기터, 진입이 쉽고, 차 앞 낚시가 가능하다.

고흥 점암지

- **장낚 정보**: 소~대짜 마릿수터, 적기(4~11월, 6~9월 피크), 입질 시간(20~04시), 꽃지렁·산지렁·새우 미끼.

14만 평 규모의 점암지는 고흥반도의 북서쪽 과역면 소재지 인근에 위치해 있으며, 3면이 석축 제방으로 된 평지형 저수지로, 전역에 말풀이 많다. 퇴수로인 사정천이 서쪽 2km 지점의 득량만에 유입되는 기수역으로, 사정천을 통해 자원이 유입된다. 장어 미끼는 새우와 지렁이가 좋은데, 새우는 제방 석축권에서만 소량 채집되나, 씨알이 잘아 장어 미끼로 쓰기에는 턱없이 부족하므로, 외부에서 넉넉히 구입해서 들어가야 한다.

ʋ 포인트 안내

- 퇴수로 좌중류(고흥군 과역면 노일리 1833-10): 장어 마릿수 포인트다. 6월부터는 연안 수풀이 무성해져 진입이 불편하고, 3~5월과 10~11월에 찾으면 좋다. 다리나 양수장 인근에 주차하면 된다.

- 동쪽 제방 중간 지점(고흥군 점암면 연봉리 920-1): 말풀밭 포인트로, 농로의 'T'자형 교차로에 주차해야 한다. 2011. 9월(01시 새우 중짜 1수), 2009. 7월(소짜 1수).

- 북쪽 제방 중간 지점: '점암면 신안리 1715-26'에서 북쪽 제방으로 진입하며, 북쪽 제방 중간 부분 50m 못 미친 지점이 좋다.

- 서쪽 제방 중간 지점(신안리 1716-22): 2m 수심의 여름 포인트로, 제방 밑 진입로에 주차하면 된다.

고흥 주교수로

- **장낚 정보**: 소~중짜 기수역 마릿수터, 적기(3~11월), 입질 시간(일몰~01시), 미꾸라지 · 청지렁 · 참붕어 미끼.

주교수로는 고흥반도 북동쪽에 위치한 2만 평 규모의 해안가 수로로, 방조제 하나를 사이에 두고 여자만과 붙어 있다. 붕어꾼이 많고 장어꾼은 적은 편이지만, 해수가 넘나드는 기수역으로 붕어 못지않게 장어 자원이 많다. 장어 미끼로 새우나 산지렁이를 쓰면 잡고기의 성화가 심한 편으로, 굵은 미꾸라지나 참붕어를 꿰어 잡고기의 성화를 줄이고 중짜급 씨알을 노리는 방향으로 접근하는 것이 좋다.

↻ 포인트 안내
- 좌상류 새물부(고흥군 남양면 망주리 1891-2): 북쪽으로 갈수록 긴 대가 유리하며, 릴은 15~20m 단타가 좋다. 차 앞 낚시가 가능하다.

고흥 축두지(풍도지)

- **장낚 정보**: 중~대짜 릴터, 적기(3~12월), 입질 시간(일몰~04시), 새우 · 참붕어 · 산지렁 · 청지렁 · 미꾸라지 미끼.

축두지는 고흥반도 서남단 5만 평 규모의 계곡지로, 제방이 두 개다. 바닥에서 샘이 솟아 겨울에도 얼지 않기 때문에 겨울철 물 낚시터로 이름이 나 있다. 퇴수로는 기수역인 오마수로와 연결되어, 오마수로의 자원이 유입된다. 바닥에서 솟는 샘물은 고온의 탁수 상태로 분출되어, 겨울에는 낚시에 좋은 영향을 주지만, 여름에는 수온이 높아져 녹조가 많아지고 조황도 떨어지는 단점이 있다.

축두지의 주 어종은 장어, 가물치, 메기, 붕어, 잉어, 새우, 참붕어 등이며, 장어는 소짜에서 대물급까지 서식하고 있다. 장어 포인트는 2.5~3m 수심대의 북쪽 제방과 서쪽 제방이 인기가 있고, 미끼는 자생 새우와 참붕어를 기본으로 한다. 새우에는 붕어 성화가 심해, 감성돔 6호 침에 새우를 5~10마리가량 꿰어 주던지, 굵은 참붕어를 쓰면 좋다.

포인트 안내

- 북쪽 제방 중앙부(고흥군 풍양면 고옥리 1813): 2~3m 수심의 사계절 릴 포인트다. 제방 위에 주차할 수 있다.

- 서쪽 제방 중앙부(고옥리 1802): 2~3m 수심의 사계절 릴 포인트다. 제방의 남쪽 끝 또는 제방 위에 주차할 수 있다.

- 좌상류 산 앞(고옥리 574-2): 2~3m 수심의 갈수기 포인트로, 도로변에 주차하면 된다.

- 좌중류 산 앞 돌출부(고옥리 산 6-1): 2~3m 수심의 5~8월 포인트다. 도로변에 주차 후 40m가량 걸어 들어가야 한다.

고흥 팔영지(능가사지)

- **장낚 정보**: 중~대짜 릴·대낚터, 적기(4~10월), 입질 시간(일몰~02시), 새우·참붕어·산지렁·청지렁·미꾸라지 미끼.

팔영지는 고흥반도 동쪽 팔영산의 서쪽 기슭을 막은 2만 5천 평 규모의 계곡지로, 주변 경관이 수려하고 물이 맑다. 수면적은 작으나 제방이 높아 저수량이 많으며, 퇴수로가 동쪽 5km 지점의 강산수로와 연결된다. 2~3월경 상류권에서 붕어 산란기 낚시가 시작되는데, 수심이 1m도 안 되는 곳에서 붕어 채비의 새우 미끼에 중짜급 이상의 장어가 자주 낚인다.

---

৬ 포인트 안내

- 좌하류(고흥군 점암면 성기리 산 128-42): 갈수기터, 대낚시 40칸 이상으로 수중 턱을 노리면 좋다. 포인트 북쪽 20m 부근에 주차 공간이 있다.

- 최상류(성기리 806): 4~8월터, 수심 1m 미만의 붕어 산란기 포인트로, 2월부터 붕어꾼이 몰리는데, 장어 낚시는 붕어 산란기가 지난 4월부터 진입하면 좋다. 주차 공간이 넓다.

- 우중류(성기리 843-3): 갈수기터, 한적한 포인트다. 우천 시에는 4륜 SUV만 진입하는 것이 좋다.

고흥 풍천지

- **장낚 정보**: 소~대짜 릴·대낚터, 적기(4~11월), 입질 시간(일몰~24시), 새우·참붕어·산지렁·청지렁·미꾸라지 미끼.

풍천지는 고흥반도로 진입하기 전 서쪽 해안가 3천 평 규모의 준계곡지로, 뗏장과 마름이 발달해 있다. 퇴수로는 남쪽으로 1.5km 흘러 득량만에 유입된다. 자생 새우와 참붕어를 미끼로 한 붕어 낚시에 4월부터 대물 장어가 낚일 정도로 자원이 많다. 잡어로는 동자개와 붕어가 있다.

- 제방 밑 주차장(고흥군 대서면 상남리 1243-2): 풍천지의 유일한 포인트다. 제방 외엔 차량이 진입할 수 있는 포인트가 없다. 2010. 4월(새우, 대짜 1수).

고흥 호덕지

- **장낚 정보**: 소~대짜 릴터, 적기(4~8월), 입질 시간(일몰~04시), 새우·징거미·참붕어·산지렁·청지렁·미꾸라지 미끼.

호덕지는 고흥반도의 북동쪽 해안가 3만 평 규모의 평지지로, 퇴수로가 북동쪽 1.3km 지점에서 여자만에 연결되어 장어 자원의 유입이 많다. 매년 2월부터 대물 붕어가 잘 낚여 장어터보다는 붕어터로 더 많이 알려져 있다.

호덕지와 퇴수로에는 소짜에서 대물 장어까지 서식하며, 장어 시즌은 4월부터 8월 사이가 좋고, 9월부터는 다시 붕어꾼이 많아져 장어 낚시가 어려워진다. 장어 미끼는 자생 새우와 참붕어를 써도 되나 붕어가 함께 낚이므로, 장어만을 골라잡기 위해서는 미꾸라지나 지렁이 굵은 놈을 쓰는 것이 좋다.

ᘦ 포인트 안내

- 최상류 수로(고흥군 과역면 호덕리 507): 큰비터, 큰비 후 새 물이 유입되면 특급 포인트로 변한다. 수로 남쪽의 둑방 길에 주차하면 된다.

- 좌중류 밭 앞(호덕리 307-2): 만수위터, 긴 대로 뗏장을 넘겨 쳐야 한다. '호덕리 309'의 서쪽 비포장 길로 진입해 60m가량 더 가면 수면에 닿는다.

- 제방 우측부(호덕리 산 43-262): 갈수기터, 1.5~2m 수심대로 긴 대가 유용하며, 대물 붕어도 함께 낚인다. 제방 밑으로 진입로가 나 있다.

- 우중류 산 밑(호덕리 291-2): 만수위터, 2m 수심대로, 붕어 산란기가 지난 4월부터 진입하면 좋다. 차 앞 낚시가 가능하다.

- 퇴수로(호덕리 677-8): 호덕지에 붕어꾼이 많은 경우는 퇴수로도 좋다. 수로 폭은 좁으나 소짜에서 중짜급 장어가 하루 1~2수씩 낚인다.

고흥 화천지

- **장낚 정보**: 대물 릴터, 적기(11월), 입질 시간(일몰~24시), 참붕어·새우·산지렁·청지렁·미꾸라지 미끼.

화천지는 고흥반도로 진입하기 전 서쪽 산기슭에 자리한 4천 평 규모의 계곡지로, 퇴수로는 남쪽으로 3km를 흘러 득량만에 유입된다. 화천지는 11월경에 대물 장어가 자주 출몰하는 곳으로, 만수위에는 낚시 자리가 제방권으로만 한정된다. 차량은 제방을 지나 우중·하류까지도 진입이 가능하나 연안이 급경사여서 낚시 자리가 나오지 않는다. 좌상류권은 진입로가 없어 물이 빠진 뒤에 도보로만 진입할 수 있다.

화천지는 외진 산속의 나홀로 저수지로 장어꾼은커녕 붕어꾼도 만나기 어렵고, 주변에 민가도 한 채 없어 밤이 되면 칠흑 같은 어둠 속에서 낚시를 해야 한다. 독조보다 동반 출조가 좋다.

↻ 포인트 안내

- 제방 중앙(고흥군 대서면 안남리 1053): 11월 릴·대낚터, 제방 밑으로 진입로가 있으나 주차 공간이 없다. 제방 좌·우측 끝에 주차할 수 있다.

곡성군 5선

곡성 구성지

- **장낚 정보**: 소~대짜 릴·대낚 마릿수터, 적기(6~8월), 입질 시간(일몰~03시), 새우·참붕어·미꾸라지·산지렁 미끼.

　구성지는 산으로 둘러싸인 10만 평 규모의 중형급 계곡지로, 한여름에도 모기가 없을 만큼 서늘하여 피서터로 좋다. 퇴수로는 약 4km 동쪽의 섬진강과 연결되어, 섬진강의 자원이 유입된다. 만수위에는 상류권 일부를 제외하고 앉을 자리가 나오지 않으며, 5~6월 배수기에 물이 빠져야만 자리가 나온다. 배수기에 물이 빠진다 해도 연안 경사가 심해 좌대를 설치해 안전을 도모하는 것이 좋다.

　주 서식 어종은 장어, 붕어, 외래종, 자라 등으로, 배스와 대물 붕어터로 많이 알려져 있으나, 장마철이 되면 장어와 자라가 마릿수로 낚일 만큼 자원이 많다. 차량 진입로는 제방 우하류에서 상류를 돌아 좌상류까지 연결되며, 포인트는 차량 진입로를 따라 형성되어 있다. 좌중하류권은 산으로 막혀 진입할 수 없다.

↳ 포인트 안내

- 우하류 홈통 산장 앞(곡성군 오곡면 구성리 60-6): 6~7월터, 배수기에 물이 빠져야만 앉을 자리가 나오며, 도로변에 주차하면 된다.

- 우상류(구성리 산 127-2): 6~8월터, 물골 포인트로 대낚시가 좋다. 산 밑에 주차 공간

이 있다.

- 좌상류(구성리 104): 6~8월터, 연안 둔치가 넓다. 릴로 50~60m 원투하면 좋다. 도로변에 주차할 수 있다.

곡성 금단지

- **장낚 정보**: 대짜 릴·대낚터, 적기(6~10월), 입질 시간(일몰~01시), 새우·참붕어·산지렁·청지렁·미꾸라지 미끼.

금단지는 3만 6천 평 규모의 평지지로, 상류의 방금산 계곡에서 유입되는 수원이 풍부해 가뭄에 강하다. 퇴수로는 옥과천에 합류된 뒤 북동쪽으로 약 10km를 흘러 섬진강에 유입된다. 금단지는 배스꾼과 붕어꾼이 주로 드나들 뿐 장어터로는 거의 알려져 있지 않다. 하지만, 붕어 대낚시에 새우나 지렁이를 달면, 늦은 밤에 대물 장어가 낚여 혼쭐이 나기도 한다.

동네 분들의 말씀에 의하면, 금단지의 퇴수로인 옥과천은 수질이 좋고, 수량도 풍부하여 예부터 장어가 많이 서식했다고 하는데, 이 옥과천의 자원이 금단지로 상당량 유입되고 있는 것으로 보인다. 제방 우안은 산으로 막혀 진입로가 없고 좌안으로만 차량 진입이 가능한데, 좌안에는 릴과 대낚시 포인트가 즐비하다.

⏾ 포인트 안내

- 좌중류 돌출부(곡성군 오산면 운곡리 184-1): 6~7월 릴·대낚터, 맞은편 산 쪽을 향해 80~90m 장타를 치면 좋다. 차 앞 낚시가 가능하다.

- 좌하류 돌출부(운곡리 190-1): 6~7월 릴·대낚터, 오름 수위에는 대낚시로, 갈수기나 만수위에는 릴로 20~30m 원투하여 우측 홈통의 길목을 노리면 좋다. 도로변에 주차

하면 된다. 2019. 7월(새우, 대짜 1수).

곡성 대황강(보성강)

- **장낚 정보**: 대짜 릴·대낚터, 적기(6~10월), 입질 시간(일몰~24시), 새우·산지렁·청지렁·미꾸라
지 미끼.

  곡성 지방에서는 보성강을 대황강이라 부른다. 아래 안내된 세 곳의 포인트는 대황강이
주암댐에서부터 섬진강의 좌중류권에 합류되는 28km 구간 내에 위치해 있다. 장마 후 대
물 장어가 출몰하는 이름난 장어 포인트다.

↳ 포인트 안내

- 목사동 2교 좌하류(곡성군 목사동면 공북리 468-5): 6~9월터, 큰비 후 교각치기에 대
물 장어가 출몰하는 포인트다. 도로변에 주차 후 약 40m 도보 진입해야 한다.

- 대황강 자연휴식공원 앞(곡성군 석곡면 유정리 1): 6~9월 큰비 후 대물이 출몰하는
릴 포인트로, 위 '목사동 2교' 포인트의 건너편이다. 줄풀과 마름이 발달해 있으며, 공
원 내에 화장실이 있어 좋다. 둔치 또는 둑방 길에 주차하면 된다.

- 강변 캠핑장 좌하류(곡성군 죽곡면 태평리 408): 6~9월터, 목사동 2교 포인트의
9.5km 하류권으로, 강폭이 40~50m로 좁고 유속이 세다. 큰비 후 대물 장어가 출몰
하는 유명 포인트다. 캠핑장으로 가는 둔치 길로 동남쪽으로 진입한다.

곡성 섬진강

- **장낚 정보**: 중~대짜 릴·대낚터, 적기(6~10월), 입질 시간(일몰~24시), 산지렁·청지렁·미꾸라지 미끼.

섬진강은 전북 진안군 소재 선각산과 장수군 소재 봉황산 사이의 계곡에서 발원해, 서남쪽 방향으로 약 200km를 흘러 광양 앞바다로 빠져나간다. 섬진강의 물길은 운암댐(옥정호)을 기준으로 운암댐 상류권 물길이 약 60km, 운암댐 하류권 물길이 140km가량 된다. 장어 낚시는 운암댐의 하류 구간에서 성행한다.

ᨒ 포인트 안내

- 위생매립장 우하류 보(곡성읍 신리 135-4): 7~8월터, 섬진강의 하류권으로, 요천과 수지천이 합류되는 곳에서 약 3.5km 하류로 내려온 지점이다. 갈수기에도 수량이 많은 포인트로, 연안에서 80m 이내로 원투하면 좋다. 둑방 길에 주차하면 된다.

- 동산수중보 좌상류 샛강(곡성읍 장선리 529-1): 6~10월 릴·대낚터, 위 위생매립장 포인트의 4.7km 상류권 샛강으로, 길이 1.2km 강폭 30~40m의 규모다. 매년 7월경 장어와 혹부리 대물 붕어가 잘 낚인다. 유속에 대비한 무거운 채비가 좋다. 둑방 길에 주차하면 된다.

곡성 흑석지

- **장낚 정보**: 대물 릴터, 적기(4월, 큰비 후), 입질 시간(20~05시), 미꾸라지·참붕어·새우·산지렁 미끼.

흑석지는 3만 평 규모의 계곡지로, 퇴수로가 북쪽 4.4km 지점의 섬진강에 합류되며, 큰비 후 섬진강의 자원이 유입된다. 흑석지의 좌·우측 상류에는 맑은 개울이 흘러들어 여름철 피서터로 좋다. 흑석지의 장어 낚시는 연안 대낚시보다 릴 원투낚시로 대물 장어를 노리는 것이 좋다. 대물 장어 미끼는 지렁이보다 참붕어와 미꾸라지를 더 많이 쓴다.

⨼ 포인트 안내

- 좌하류(곡성군 입면 약천리 산 153-3): 배수기터, 수심이 깊고, 연안이 가팔라 좌대를 설치해야 안전하다. 차 앞 낚시가 가능하다.

- 좌상류(약천리 142-1): 만수위·오름 수위터, 릴과 대낚시로 물골을 노리는 것이 좋다. 진입로 끝에 주차하고, 차 앞 낚시가 가능하다.

- 제방 중앙부(흑석리 231): 배수기 릴터, 제방 위로 차량 진입이 가능하다.

광양시 5선

광양 백운지

- **장낚 정보**: 소~대짜 릴·대낚터, 적기(4~10월), 입질 시간(20~03시), 미꾸라지·청지렁·산지렁·새우 미끼.

백운지는 32만 평 규모의 대형 계곡지로, 상류 계곡으로부터 차가운 계곡수가 흘러들며, 백운산 1,200m 고지로부터 이어지는 능선을 따라 수려한 풍광이 펼쳐진다. 퇴수로는 남쪽 7.5km 지점의 광양만에 합류되며, 광양만의 자원이 유입된다. 서식 어종은 장어, 가물치, 붕어, 잉어, 누치, 살치, 외래종 등으로, 배스가 유입된 후에는 장어보다는 대물 붕어가 더 잘 낚인다.

장어 낚시는 6월 말부터 9월까지 성행하는데, 백운지의 수온이 낮아 장어 시즌이 짧게 형성된다. 지렁이 미끼에는 외래종의 성화가 심해 낚시가 어렵고, 미꾸라지를 써야만 장어 입질을 기대할 수 있다.

포인트 안내

- 최상류 밭 앞 돌출부(광양시 봉강면 봉당리 381): 만수위터, 1m 수심대의 석축 연안으로, 좌대를 펴면 좋다. 도로변에 주차 후 차 앞 낚시도 가능하다.

- 좌최상류 당저교 좌하류(봉당리 349-4): 오름 수위터, 광양서천이 유입되는 백운지의 최상류 수로권으로, 백운지의 특급 포인트다. 큰비 후 오름 수위에 대물급 장어와 붕

어가 낚인다. 차 앞 낚시가 가능하다.

- 우상류 골 하류(봉당리 16): 만수위·오름 수위터, 수몰 나무와 수초가 어우러진 1~2m 수심대로, 6월 말 이후 큰비가 내려 탁수로 바뀌면서 대물 장어가 연안으로 붙는다. 차 앞 낚시가 가능하다.

- 우상류 골 최상류 다리 동쪽(봉당리 15-1): 만수위·오름 수위터, 다리의 동쪽 끝에 주차 후 다리 밑에서의 교각치기나, 다리의 약 10m 하류에서 육초와 수몰 나무 사이를 노려도 좋다. 차 앞 낚시가 가능하다.

광양 수어천(진상수로)

- **장낚 정보**: 소~중짜 마릿수터, 적기(4~10월), 입질 시간(일몰~02시), 새우·은어·산지렁·미꾸라지·청지렁 미끼.

수어천은 광양시 동곡리 소재 백운산의 동쪽 계곡에서 발원해, 남쪽으로 12km가량 흘러 수어지에 유입되며, 수어지의 제방에서 남쪽으로 10km를 더 흘러 광양만에 합류되는 기수역으로, 수질이 좋고 장어 자원이 풍부하다.

수어지의 퇴수로 구간은 기수역으로, 10km 구간 내에 세 개의 보가 있는데, 최상류권 보는 수량이 적어 장마철이 아니면 낚시를 할 수 없고, 하류권 용계마을 앞 보와 진상교권 보가 수량이 풍부하고, 자원도 많다.

포인트 안내

- 용계 마을회관 앞 보(광양시 진상면 섬거리 144-3): 수어지의 제방에서 우하류 900m를 내려온 지점으로, 70~80m의 강폭에 수질이 좋다. '섬거리 152-1'에 주차 후 하류로 약 70m를 걸어 내려가 수초 군락을 끼고 자리하면 된다.

- 진상교 우하류 50m 지점(섬거리 332): 퇴수로의 상류권임에도 강폭이 90m나 된다. 릴과 대낚시 모두 가능하다. 둑방 길에 주차하면 된다.

광양 신금지

- **장낚 정보**: 소~대짜 대낚터, 적기(6월·10월), 입질 시간(22~03시), 새우·참붕어·산지렁·청지렁·미꾸라지 미끼.

신금지는 2만 평 규모의 준계곡지로, 신금지의 북쪽 약 130m 지점에는 기수역인 옥곡천이 흐르는데, 옥곡천의 자원이 신금지로 유입된다. 신금지는 봄부터 말풀과 청태 등의 수초가 많아, 릴낚시는 불편하고 대낚시가 편리하다. 봄철 상류권에서 대를 펴기 위해서는 말풀과 청태를 긁어내야 하는데, 갈고리 모양의 수초 제거기로 말풀과 청태를 동시에 제거하면 편리하다.

주 어종은 장어, 가물치. 붕어, 잉어, 외래종, 참게 등으로, 외래종이 서식하고 있음에도 아직 어자원이 풍부한 편이다. 장어 생미끼에는 참게와 블루길의 성화가 있으므로, 철심 목줄로 채비하고 미끼를 넉넉히 준비해야 한다. 신금지는 몽리 농지가 적어 농번기에도 낚시에 적합한 수위가 유지되며, 5월 말부터는 말풀의 세력도 약해져 대를 드리우기 좋다. 9월 말부터는 마름도 삭아 들어 10월 한 달 동안 굵은 장어를 만나기 쉽다.

↳ 포인트 안내

- 좌하류(광양시 옥곡면 신금리 921): 좌하류 861번 도로 쪽 포인트로, 마름이 자라는 1~2m 수심대다. 도로변에 주차하면 된다.

- 우최하류(장동리 561-1): 3~4m 수심대로, 제방 우측 끝에 주차 후 40~50m 걸어 들어가야 한다.

- 우최상류(신금리 847-1): 수상골프장의 상류 70m권으로, 1~2m 수심의 수초대 포인트다. 진입로 가에 주차하면 된다.

광양 월길리수로(신원수로)

- **장낚 정보**: 소~중짜 릴·대낚 마릿수터, 적기(3~5월, 10~11월), 입질 시간(일몰~24시), 새우·참붕어·산지렁·청지렁·미꾸라지 미끼.

월길리수로는 섬진강의 좌하류권 지천으로 섬진강대교 좌상류 470m 지점에 있다. 수로의 상류로 올라가면서 물줄기가 세 갈래로 갈라지는데, 가장 긴 물줄기가 2.4km가량 된다. 수로 전역에 부들과 줄풀, 뗏장, 말풀, 마름 등이 많아 한여름에는 낚시가 어렵고, 수초의 세력이 약한 3~5월과 10~11월에만 장어 낚시를 할 수 있다.

주 어종은 장어, 가물치, 붕어, 잉어, 살치, 외래종 등으로, 규모는 적지만 자원이 많은 편이다. 2~3월 이른 시기에도 수초 더미 속에서 40~50cm급 장어가 낚이는데, 수초 더미에 박혀 겨울을 나는 듯하다.

ᘁ 포인트 안내

- 월길리수로 좌하류(광양시 진월면 송금리 495): 수로의 중상류권은 폭이 20~30m로 좁으나, 하류권은 둠벙 모양의 수면이 6천 평이나 되며, 수로 폭도 100m나 된다. 수초가 많고, 지렁이에 입질이 좋다. 수문 좌측 끝에 주차하면 된다.

- 월길리수로 우하류(월길리 9-2): 수문 우측 끝에 주차하면 된다.

- 신원수로(광양시 다압면 신원리 12-4): 3~5월터, 월길리수로의 우측 물줄기 최상류권으로, 강폭 20~30m에 길이 370m로 양안이 모두 포인트다. 수온이 일찍 올라 봄철에 장어와 대물 붕어가 잘 낚이며, 6~9월에는 수초가 수면을 덮어 낚시가 어려워진다.

양안 둑방에 주차하면 된다.

광양 차사지(차동지)

- **장뉴 정보**: 소~대짜 릴터, 적기(5~10월), 입질 시간(일몰~04시), 새우 · 징거미 · 참붕어 · 산지렁 · 청지렁 · 미꾸라지 미끼.

차사지는 2만 5천 평 규모의 계곡지로, 퇴수로가 남쪽으로 4km가량 흘러 섬진강 하구언으로 유입되며, 이 하구언을 통해 광양만의 자원이 유입된다. 주 서식 어종은 장어, 메기, 가물치, 동자개, 붕어, 잉어, 배스, 새우 등으로, 배스가 유입된 이후 먹이 고기가 많이 줄어들고, 대물 붕어터로 변했지만, 아직은 생미끼 낚시가 가능하다.

차사지는 만수위에는 앉을 자리가 없기 때문에 배수 후에 진입하는 것이 좋다. 장어 낚시는 5월 초 배수가 시작되면서부터 장마 후 오름 수위를 거쳐 만수가 되기 전까지가 좋고, 미끼는 자생 새우와 참붕어, 지렁이가 잘 든다.

포인트 안내

• 최상류 마을회관 앞(광양시 진월면 차사리 408-3): 오름 수위터, 마을회관 앞에 주차하면 된다.

• 좌상류 돌출부(차사리 371-2): 갈수기터, 60~70% 수위가 되면 연안에 바위가 드러나며, 바닥이 자갈과 바위로 되어 있다. 도로변에 주차하면 된다.

• 우중하류 돌출부(차사리 67): 갈수기터, 큰 정자나무가 있는 연안이다. 낚시 자리가 넉넉하고 도로변에 주차하면 된다.

광주시 2선

광주 광주호

- **장낚 정보**: 대짜 릴·대낚터, 적기(6~9월), 입질 시간(일몰~04시), 새우·징거미·산지렁·청지렁·미꾸라지 미끼.

　무등산의 북쪽 계곡에 축조된 광주호는 56만 평 규모의 인공호로, 행정 구역은 담양군에 속하나 이미 담양호로 명명된 호수가 있고, 댐의 서쪽 15분 거리에 광주시가 가까이 있어 광주호로 명명된 듯하다. 광주호의 서쪽에는 해발 400m의 덕봉산이 있고, 동쪽에는 해발 300m의 장원봉이, 최상류인 남동쪽에는 7만 평 규모의 생태공원이 조성되어 있어 주변 경치가 매우 수려하다.

　광주호는 장마철 한때만 대물 장어가 출몰할 정도로 터가 세 장어터로는 별 인기가 없고, 장어 조과보다는 수려한 산세와 생태공원에서의 힐링을 목적으로 찾는 것이 좋다. 그러나, 4월 한 달은 상류권에서 대물 붕어가 잘 낚여 광주 시민의 안방터 역할을 톡톡히 해주고 있다.

↻ 포인트 안내

- 우상류 홈통 수선사 앞(광주시 북구 덕의동 291-3): 7~9월터, 수몰 나무권 오름 수위 포인트로, 36칸 이상의 긴 대가 좋다. 4월 만수위에 대물 붕어가 잘 낚이며, 장어 낚시는 장마철인 6월 말부터 진입하는 것이 좋다. 위 주소에서 북쪽 비포장 길로 들어서 120m가량 가면 넓은 주차 공간과 약 100m 길이의 연안 포인트가 나온다.

- 우상류 홈통 입구 돌출부(덕의동 산 113-2): 갈수기 릴터, '덕의동 179'를 찍고 진입로 끝까지 가서 산 앞 돌출부에 자리하면 된다. 릴 원투 포인트다.

- 좌최상류 충효교 우상류(충효동 429-3): 큰비 후 탁수가 내려오면 미꾸라지나 지렁이에 대물 장어가 출몰한다. 진입로 끝에 주차하면 된다.

광주 황룡강

- **장낚 정보**: 중~대짜 릴·대낚터, 적기(6~10월), 입질 시간(일몰~04시), 산지렁·청지렁·미꾸라지·간고등어 미끼.

　장성군의 입암산 계곡에서 발원한 황룡강은, 영산강의 제1 지천으로, 총연장이 60km에 이른다. 황룡강의 물길은 장성댐을 기준으로 상·하류권으로 나뉘는데, 장성댐의 상류권 구간이 약 22km, 하류 구간이 38km가량 된다. 황룡강의 장어 낚시는 장성댐의 하류권에서 많이 행해지는데, 장성댐 하류권 물길은 장성군을 지나 광주시 평동 일원에서 영산강의 좌상류권으로 합류된다.

　황룡강은 예부터 어자원이 풍부한 곳으로, 지금도 황룡강에서는 장어, 메기, 동자개, 붕어, 잉어, 외래종 등이 잘 낚인다. 장어 미끼는 외래종의 성화를 피해 미꾸라지를 많이 쓰며, 지렁이를 곁들이기도 한다.

　황룡강의 장어 포인트는 장성군에 8개소, 광주시에 5개소가 있다. 장성군의 8개소는 장성군 목차에서 안내하고, 이번에는 광주시 5개소만 안내한다.

ᶘ 포인트 안내

- 송산공원 양안(서쪽 연안: 광주시 광산구 송산동 166, 동쪽 연안: 박호동 611-2): 황룡강의 수면 한가운데 자리한 송산공원의 동·서쪽 연안이 포인트다. 서쪽 연안은 대낚시만 가능하며, 동쪽 연안은 80~90m가량 원투가 가능하다. 동네 꾼들은 간고등어 미

끼로 장어, 메기 낚시를 많이 하는데, 지렁이 미끼보다 조과는 신통치 않다. 양안 모두 도로변에 주차하면 된다.

- 송산공원 우상류 900m(박호동 634-1): 30~40m 전방의 갈대 섬을 노리면 좋다. 4월부터 장어, 메기, 4짜 붕어 등이 잘 낚인다. 진입로에 주차하면 된다.

- 송산공원 좌상류 1.3km(남산동 1-3): 왕동천이 합수되는 곳으로, 황계4교권이 포인트다. 30m 전방의 갈대 섬을 공략하면 좋다. 진입로에 주차하면 된다.

- 송산공원 좌하류 600m(광산구 서봉동 485-16): 강폭이 120m나 되어 원투가 가능하다. 주차 공간도 넉넉하며, 차 앞 낚시도 가능하다.

- 송산공원 우상류 10km 풍월가든 앞(광산구 광산동 641): 추석 후 초겨울 사이에 수초 군락 사이로 원투하면 좋다. 또, 140m 상류 위치한 세월교의 우상류권(광산동 327-1)도 가을철에 장어와 대물 붕어가 잘 낚인다.

구례군 3선

구례 방광지

- **장낚 정보**: 소~대짜 릴·대낚터, 적기(9~10월), 입질 시간(일몰~03시), 새우·참붕어·돌고기·산
지렁·청지렁 미끼.

방광지는 노고단 남서쪽 7.5km 능선에 위치한 3만 평 규모의 계곡지로, 화창한 가을날 제방에 앉아 북동쪽으로 노고단을 바라보면 붉게 물든 단풍에 시선을 빼앗길 수밖에 없는 절경의 낚시터다. 퇴수로는 2.3km 남서쪽의 서시천에 합류되며, 서시천은 다시 남동쪽으로 6.3km를 흘러 섬진강에 유입된다.

주 어종은 장어, 메기, 가물치, 자라, 동자개, 붕어, 잉어, 향어, 참붕어, 새우 등이며, 돌고기와 피라미 등 계류 어종도 많다. 장어 낚시는 9~10월이 피크 시즌으로, 이때는 녹조도 옅어지고 드물게 킬로급 장어가 출몰하기도 한다. 미끼는 자생 새우, 참붕어, 돌고기, 지렁이가 좋다. 방광지는 규모는 작은 편이나 포인트가 많이 나온다. 갈수기 때 물이 빠지면 연안 포인트가 더 많이 드러나 다양한 포인트에 골라 앉을 수 있다.

↳ 포인트 안내

- 우상류 정자 앞 돌출부(구례군 광의면 방광리 226): 1m 수심의 릴과 대낚시 포인트로, 조용한 여건에서만 입질을 받을 수 있다. 정자 옆에 주차하면 된다.

- 우최하류(수월리 604-5): 갈수기 릴·대낚터, 제방 우측 끝에 주차할 수 있다.

- 제방 중앙(방광리 212-1): 갈수기 릴 · 대낚터, 제방 밑에 주차하면 된다.

- 좌상류(방광리 750-10): 육초대 포인트로, 만수위나 오름 수위에만 낚시가 가능하다. 외딴집 앞에 주차하면 된다.

- 좌중상류(방광리 751-2): 갈수기 터, 2~3m 수심대로 주차 공간이 넉넉한 인기 포인트다.

구례 백련지

- **장낚 정보**: 소~대짜 마릿수터, 적기(5~10월), 입질 시간(일몰~04시), 새우 · 산지렁 · 청지렁 미끼.

백련지는 1만 3천 평 규모의 계곡지로, 동쪽 5분 거리에 구례읍이 있어 구례읍의 동네 낚시터 역할을 하는 곳이다. 퇴수로는 서시천을 통해 약 4km 하류의 섬진강 봉서리권으로 유입된다.

서식 어종은 장어, 메기, 가물치, 동자개, 자라, 붕어, 잉어, 향어 등으로, 갈수기에 물이 빠진 뒤부터 장마철 오름 수위 동안에 마릿수 장어가 낚인다. 미끼는 새우와 지렁이가 좋다. 백련지는 몽리 농지가 거의 없어 5~6월 배수기에도 소량의 물만 빠지는데, 이로 인해 연중 안정된 조황이 유지된다.

포인트 안내

- 좌하류 홈통(구례읍 백련리 산 10): 1800평 규모의 홈통으로, 3~4m 수심에 연안 잡목이 많아 휴대용 소형 톱을 가져가면 매우 유용하다. 차 앞 낚시가 가능하다.

- 우상류 홈통(백련리 476-1): 홈통 포인트와 돌출부 포인트가 혼재한 곳으로, 릴과 대낚시가 가능하다. 진입로에 주차하면 된다.

구례 섬진강 봉서리 보

- **장늬 정보**: 소~중짜 마릿수터, 적기(7~9월), 입질 시간(일몰~24시), 새우·참붕어·납자루·산지렁·청지렁 미끼.

섬진강 봉서리 보는 섬진강 중류권의 보 낚시터로, 섬진강 물길은 이곳 봉서리 보에서 남쪽으로 49km를 더 흘러 광양만에 합류된다. 봉서리권 보는 봉서리 문척교를 기준으로 상·하류에 보가 한 개씩 있는데, 여기서 안내하는 보 낚시터는 문척교 좌하류 1.2km 지점의 보 낚시터다. 이곳에는 뗏장, 마름, 말풀 등의 수초가 발달해 있고, 수심이 1~4m로 수심 편차가 매우 크다.

주 어종은 장어, 메기, 가물치, 붕어, 잉어, 외래종, 참붕어, 새우 등으로, 2016년에는 2천 미 이상의 장어 치어를 방류하기도 했다. 봉서리 보는 연중 낚시가 잘되지만, 장어 낚시는 장마 후부터 9월까지가 피크로, 이 시기에 물이 많아지면 약한 유속이 생기는데 추를 무겁게 하여 갓낚시를 하면 좋다.

장어 미끼는 산지렁이와 청지렁이가 1순위, 자생 새우와 참붕어가 2순위로 잘 먹힌다. 다. 7~9월에는 마릿수 장어와 준·월척 붕어가 무더기로 낚이기도 한다.

↳ 포인트 안내

• 문척교 좌하류 1.2km(구례읍 봉서리 9-70): 7~9월터, 좌측 주소 앞 150m 구간이 포인트로, 강폭이 340m나 된다. 파라솔이나 텐트를 챙겨 가야 하며, 연안이 시멘트 블록으로 좌대나 받침틀도 챙겨야 한다. 차 앞 낚시가 가능하다.

나주시 9선

나주 나주호 마산리·방산리·판촌리

- **장낚 정보**: 소~대짜 릴·대낚터, 적기(7~10월), 입질 시간(일몰~04시), 산지렁·청지렁·거머리·미꾸라지 미끼.

나주호는 1976년 영산강의 지류천인 대초천의 상류권에 축조된 인공 댐으로, 236만 평 규모의 수면적을 갖고 있다. 나주호의 물길은 우하류권의 큰 골과 좌안의 긴 골로 이루어져 있으며, 좌안과 우안 모두 물이 맑고 주변 산세가 수려하여 전역이 관광지화되어 있다. 대형 위락시설은 좌하류권에 집중되어 있고, 장어 낚시 주 포인트는 좌안 긴 골의 상류권에 많이 분포되어 있다.

↳ 포인트 안내

- 마산리권(나주시 다도면 마산리 224, 마산리 445, 마산리 504-3): 마산리권에는 장어 릴 포인트가 많다. 위 세 곳의 주소 모두 장어 릴 포인트로, 도로 가까이에 있어 진출입도 용이하다. '마산리 445' 포인트의 서쪽 130m 지점에는 연안으로 후미져 들어온 홈통이 있는데, 수몰 나무가 알맞게 분포하여 오름 수위에 떼 붕어를 만날 수 있다. 단, 장어는 이곳까지 올라오지 않고 '마산리 445' 포인트에서 본류에서 홈통으로 들어오는 홈통 입구 쪽 수심 10~20m권을 노리는 것이 좋다.

- 방산리권(나주시 다도면 방산리 3105): 릴터, 하마산 앞 돌출부 포인트로, 주변에 민

가가 없는 외진 곳이다. 차 앞 낚시가 가능하다.

나주 도천지

- **장낚 정보**: 소~대짜 대낚터, 적기(7~9월), 입질 시간(일몰~04시), 산지렁·청지렁·참붕어·미꾸라
지 미끼.

도천지는 8천 평 규모의 평지지로, 전역에 연, 뗏장, 말풀 등의 수초가 많고, 퇴수로는 남
쪽으로 2.5km를 흘러 영산강에 유입된다. 주 서식 어종은 장어, 동자개, 붕어, 참붕어 등
이며, 큰비 후 탁수 상태가 되면 지렁이 미끼에 장어가 잘 낚인다.

↳ 포인트 안내

- 우하류(나주시 노안면 도산리 249): 1~2m 수심의 수초권으로, 대낚시 32칸 이상이
좋다. 2~3대가량 주차할 수 있는 공간이 있으며, 차 앞 낚시도 가능하다.

- 제방 우측 끝(도산리 806): 대낚시 40칸 이상으로 뗏장을 넘겨 치면 좋다. 제방 우측
끝에 주차하면 된다. 차 앞 낚시가 가능하다.

- 좌중류(도산리 670): 말풀, 연 등이 자라며, 큰비 후 탁수가 유입되면 지렁이에 장어
가 잘 낚인다. 좌측 제방 끝에 주차 후 80~90m 걸어가야 한다. 2014. 9월(소짜 1수).

나주 대초천

- **장낚 정보**: 중~대짜 릴·대낚터, 적기(7~10월), 입질 시간(일몰~23시), 산지렁·청지렁·미꾸라지
미끼.

대초천은 나주호의 수문에서 북쪽으로 약 7km를 흘러 영산강의 지천인 지석천에 합류하는 하천으로, 나주호의 물을 주 수원으로 하기 때문에 수질이 매우 좋다. 나주호의 방류량이 많아지면 영산강과 지석천의 자원이 올라붙어 대초천 전역의 조황이 좋아진다.

대초천에서는 주로 영산강 계의 어종이 낚이나, 꾼들에게는 장어와 4짜 붕어, 자라 등이 인기가 있다. 장어 시즌은 통상 7월에 시작되어 10월까지 이어진다.

↳ 포인트 안내

- 대초천 판촌리 둠벙(나주시 다도면 판촌리 326-17): 나주호 제방 밑 4천 평 규모의 말풀 둠벙이다. 장마나 태풍이 지나간 후, 나주호의 방류로 인해 대초천이 범람하면 장어를 비롯해 대물급 강고기가 낚인다.

- 고마교 우하류 보(나주시 남평읍 우산리 1909-12): 나주댐의 하류 2.5km 지점으로, 강폭 50~60m의 보 낚시터다. 대낚시는 32칸 이상이 좋고, 릴은 건너편 수초대를 노리면 좋다. 개구리 주차를 하면 된다.

- 우산리 보(우산리 2413-93): 위 고마교 포인트의 1.2km 하류권으로, 보의 좌상류 370m까지가 포인트다. 수초가 많아 대낚시가 편리하며, 산지렁이를 쓰면 장어와 4짜 붕어가 낚인다. 둑방 길에 주차하면 된다.

나주 만봉천

- 장낚 정보: 중~대짜 대낚터, 적기(6~10월), 입질 시간(일몰~24시), 산지렁·청지렁·미꾸라지 미끼.

만봉천은 영암군 계천산의 동쪽 계곡에서 발원해, 나주시 운곡동 부근에서 영산강에 합류된다. 총연장이 24km에 불과하고, 수계 전역에 보 낚시터 두 개가 있다. 장어 낚시는 6~9월 사이 큰비 후 탁수가 형성되는 시기가 피크 시즌으로, 이때는 지렁이 미끼에 장어 입질이 좋다. 이 시기에는 장어 외 4짜 붕어도 잘 낚여 지역 붕어꾼도 많이 찾는다. 붕어가 낚이는 시간은 초저녁과 새벽으로 한정되어 장어꾼과는 부딪치지 않는다.

ꪍ 포인트 안내

- 죽동리 보 송축교권(나주시 세지면 죽동리 31-94): 9~10월터, 1m 수심의 뗏장권으로, 송축교 양쪽 끝에 주차하면 된다.

- 송제리 보 우하류(송제리 343-24): 6월터, 금천이 합류되는 지점으로, 강폭이 160m나 되지만 30m 이내로 투척해야 수심이 깊게 먹는다. 보의 우상류 50m권에 농로와 연결되는 T자형 교차로에 주차하면 된다.

나주 문평천

- **장낚 정보**: 소~중짜 대낚터, 적기(4~9월), 입질 시간(20~02시), 산지렁 · 청지렁 · 미꾸라지 미끼.

문평천은 영산강의 좌중류권 지천으로, 큰비 후 탁수가 유입될 때 산지렁이나 청지렁이를 꿰어 석축 가까이 던져 놓으면 굵은 장어가 입질한다. 한밤중에는 입질이 끊기므로 23시 이전에 승부를 거는 것이 좋다. 지렁이 미끼에는 강고기의 성화가 심하기 때문에 미꾸라지 미끼 한 가지만 고수하는 것이 좋다. 3~4월 붕어 산란기에는 붕어꾼도 많이 찾는데, 장어 낚시는 5월부터 진입하여, 붕어꾼을 피해 뗏장 포인트 반대편 연안에 자리하는 것이 좋다.

ꪍ 포인트 안내

- 최하류권 다리 좌하류(나주시 다시면 가흥리 185-55): 문평천의 최하류권 석축 포인트로, 30칸 내외로 석축 앞을 노리면 좋다. 둑방 길에 주차하면 된다.

나주 영산강변 석산수로와 강변 저류지

- **장낚 정보**: 소~대짜 대낚터, 적기(6~10월), 입질 시간(일몰~23시), 새우·산지렁·청지렁·미꾸라지 미끼.

나주 시내를 흐르는 영산강이 영산대교를 지나며, 대교의 남단에서 봉황천이 합류되는데, 이 합류 지점에서 봉황천을 따라 약 220m 상류권에서 석산수로가 분기된다. 석산수로는 강폭이 10~15m로 좁아 큰비 후에 영산강의 오름 장어가 잘 유입된다. 석산수로의 장어 미끼는 산지렁이와 청지렁이가 좋은데, 이들 미끼에는 장어 외에 대물 붕어도 잘 낚여, 10월에서 12월까지 붕어 낚시가 또 한차례 시즌을 맞기도 한다. 석산수로의 150m 북쪽에는 4만 5천 평 규모의 강변 저류지가 있다. 영산강이 범람하면 이곳까지 자원이 유입되어 한바탕 강고기 사태가 벌어진다.

⌁ 포인트 안내

- 석산수로 배수장권(나주시 영산동 967): 배수장에서 상류 500m 구간이 포인트로, 둑방 하나를 두고 봉황천과 나란히 붙어 흐른다. 배수장 서쪽에 주차할 수 있으며, 석산수로의 조황이 신통치 않을 때는 봉황천에 앉아도 된다.

- 강변 저류지 공원 앞(영산동 752-3): 영산강 둔치의 야구장 4개 중에서 제일 서쪽 편 야구장 앞에 위치한 포인트로, 차 앞 낚시가 가능하다.

나주 신포지

- **장낚 정보**: 소~대짜 릴·대낚터, 적기(5~10월), 입질 시간(일몰~03시), 새우·참붕어·산지렁·청지렁·미꾸라지 미끼.

신포지는 2만 7천 평 규모의 준 계곡지로, 영산강과 600m 거리로 가까워 큰비가 오면 영산강의 자원이 유입된다. 신포지에는 대물 장어가 서식하나, 장어 낚시를 목적으로 찾는 이는 거의 없고, 겨울철 붕어 물 낚시터로 많이 찾는다. 장어 낚시는 4월부터 시작하여 11월까지도 가능하지만, 붕어꾼이 몰리는 3~4월과 11월 이후를 피해 5~10월 사이에 출조하면 가장 적당하다. 주 미끼는 지렁이가 좋다.

↳ 포인트 안내

- 제방 우측부(나주시 왕곡면 신포리 395-1): 5~6월터, 무넘기의 동쪽 제방으로, 릴과 대낚시가 가능한 3m 수심이다. 제방 우측 끝에 주차하면 된다.

- 우중류 돌출(신포리 403-6): 만수위터, 돌출부임에도 수심이 1~1.5m에 불과하다. 릴과 대낚시가 가능하며, 릴로 30~40m 중타를 치면 좋다.

- 좌하류(신포리 389-6): 5~7월터, 연안 수심이 2~3m로, 릴과 대낚시가 가능하다. 차앞 낚시가 가능하다.

나주 지석천 풍림리권

- **장낚 정보**: 소~대짜 릴·대낚터, 적기(6~8월), 입질 시간(일몰~04시), 산지렁·청지렁·미꾸라지 미끼.

지석천은 보성군 온수산의 북쪽 계곡에서 발원해, 북서쪽으로 약 51km를 흘러 영산강에 합류된다. 영산강에 합류되기 전에 화순천과 나주호의 퇴수로 등 6개의 하천이 유입되지만 수량이 그리 넉넉하지는 않다. 붕어 낚시는 지석천 수계의 보 낚시터 서너 곳에서 추석 무렵까지 이어지나, 장어 낚시는 큰물이 지나간 뒤에만 잠시 피크를 이룬다.

- 수중보 좌하류(나주시 남평읍 풍림리 744): 6~8월 릴·대낚터, 둑방 길에 주차하면 된다.

나주 화지제

- **장낚 정보**: 중~대짜 대낚터, 적기(4~12월), 입질 시간(일몰~24시), 새우·산지렁·청지렁·미꾸라지 미끼.

화지제는 3만 평 규모의 홍련밭으로, 5월 말부터는 홍련이 수면을 덮어 제방권에서만 겨우 낚시를 할 수 있다. 퇴수로는 영산강의 지류인 지석천에 합류되어 영산강의 자원이 유입되며, 장어 낚시에는 주로 중짜급 이상의 씨알이 낚인다. 화지제의 7~8월은 붉게 핀 홍련꽃이 장관을 이루어 사진 촬영지로도 인기가 많다. 낮에는 사진 동호회 사람들과 홍련꽃 관광객들로 인해 소란스럽지만, 밤에는 조용해지므로 장어 낚시에 지장은 없다.

↳ 포인트 안내

- 제방 우측부(나주시 산포면 화지리 339-3): 전천후터, 제방에는 항상 꾼들이 있다. 제방 위에 주차하고, 차 앞 낚시를 할 수 있다.

담양군 4선

담양 담양호

- **장낚 정보**: 소~대짜 릴 마릿수터, 적기(7~8월), 입질 시간(일몰~04시), 산지렁·청지렁·피라미·미꾸라지 미끼.

수면적 1백 2십만 평의 담양호는 영산강 본류 최북단의 인공 댐으로, 영산강의 발원지인 용추산 용소계곡에서 내려오는 청정수를 담고 있다. 담양군과 농촌공사가 매년 장어 치어를 방류하고 있으며, 오래전부터 대물 장어가 낚이는 곳으로 알려져 있다. 담양호는 국민관광단지와 펜션 단지, 풍광이 수려한 호반도로, 금성산성 등 다양한 관광 자원을 품고 있어 가족을 동반한 힐링터로도 좋다.

포인트 안내

- 상류 펜션 단지 앞(담양군 용면 월계리 203): 마사토 바닥으로, 밑걸림이 없고, 70% 수위에서 30m 이내의 단타에 소~대짜급 장어가 잘 낚인다. 펜션 단지 앞 주차장에 수십 대 주차할 수 있다.

- 국민관광단지 앞 옛길 아래(월계리 169): 물이 빠지면 드러나는 옛길에 주차하고, 수면까지 걸어 들어가면 된다. 릴 다대편성이 가능한 자리가 3~4석 나오며, 소~중짜급 씨알이 잘 낚인다.

- 좌최상류 용연리(용연리 산 158-8): 오름 수위에 수몰 나무와 육초가 잠길 때, 대물 장어와 대물 붕어가 출몰한다. 도로변에 주차하면 된다.

담양 영산강 봉산수로

- 장낚 정보 : 소~대짜 릴·대낚터, 적기(6월 말~11월), 입질 시간(일몰~24시), 산지렁·청지렁·미꾸라지 미끼.

봉산수로는 영산강의 상류권 포인트로, 증암천이 영산강에 합류되는 지점의 보 낚시터다. 연안에는 뗏장과 마름이 알맞게 분포하며, 큰비 후에는 대물 장어와 대물 돌붕어가 출몰하는 지역으로 릴과 대낚시 모두 가능하다.

장어 미끼는 미꾸라지, 산지렁이, 청지렁이가 좋고, 추석부터 11월 사이에 굵게 낚인다. 영산강 상류권 낚시터들은 지렁이 미끼에 입질이 좋다. 지렁이에는 가물치와 외래종의 성화가 있긴 하나, 꾸준히 지렁이를 투입하면 좋은 조황을 올릴 수 있다.

↳ 포인트 안내
- 삼지교 우하류 1.7km 보(담양군 수북면 황금리 363-6): 50칸 이상의 대낚시로 마름 주변을 노리면 좋다. 도로변에 주차하면 된다.

담양 오례천

- 장낚 정보: 소~대짜 릴·대낚터, 적기(8~10월), 입질 시간(22~04시), 산지렁·청지렁·미꾸라지 미끼.

오례천은 영산강의 우최상류권 지천으로, 담양군 금산리 부근에서 발원해 북서쪽으로 21km를 흘러, 봉산면 제월리 부근에서 영산강에 합류된다. 오례천 연안에는 갈대와 줄풀이, 수중에는 말풀이 자라며, 장마 후에 대물 장어와 대물 돌붕어 등 영산강의 자원이 대거 유입된다.

장어 미끼는 주로 산지렁이나 청지렁이를 쓰는데, 대물 돌붕어도 함께 입질한다. 돌붕어는 대를 차는 힘이 강해 후킹 후에 옆 대를 휘감는 경우가 많다. 채비가 한 번 엉키면 장어 낚시의 초저녁 피크 타임을 놓치게 되므로 채비가 엉키지 않도록 조심해야 한다. 흙탕물이 유입되는 장마철에는 소주병 굵기의 장어도 출몰하므로, 릴 채비에 굵은 미꾸라지를 꿰어 줘도 좋다.

↳ 포인트 안내

- 마항교 우하류(담양군 봉산면 대추리 1122-4): 7~10월터, 제월리수로라 불리는 곳으로, 마항교 서쪽 끝에서 하류 460m 구간이 포인트다. 큰비 후 탁수일 때, 대물 장어와 대물 돌붕어가 낚인다. 둑방 길에 주차하면 된다.

- 오례강교 우하류(담양읍 반룡리 736-3): 6월 말~8월터, 위 마항교 포인트의 좌상류 2km 지점이다. 큰비 후에 장어와 돌붕어가 잘 낚인다.

담양 증암천

- **장낚 정보**: 소~대짜 릴·대낚터, 적기(3~10월), 입질 시간(일몰~23시), 산지렁·청지렁·미꾸라지·징거미·납자루 미끼.

증암천은 무등산의 북쪽 계곡에서 발원해, 북쪽으로 16km를 흘러 영산강에 합류하는 하천으로 광주호의 퇴수로이기도 하다. 증암천의 장어 포인트는 증암천 둠벙과 영산강 합수부 포인트가 있다. 증암천 둠벙은 광주호의 하류 5km 지점에 위치하며, 석곡천이 합류되는 지점으로, 동네 분들이 '고서냇가'라 부르는 1만 평 규모의 둠벙형 수로다. 증암천 둠벙 포인트는 2016~2017년 산란철에 4~5짜 붕어가 많이 낚여 하루아침에 명낚시터로 등

극했으나, 그 후 5짜 붕어는 소강상태로 접어들었고 4짜 붕어는 아직도 잘 낚인다. 영산강 합수부 포인트는 증암천의 최하류권으로, 추석 이후에 굵은 내림 장어가 출몰한다. 증암천에서는 장어 외 가물치, 메기, 동사리, 붕어, 잉어, 외래어 등, 영산강의 어종이 낚이며, 증암천이 범람하거나, 광주호의 방류가 시작되면 영산강 자원이 유입되어 10월까지 시즌이 이어진다.

↳ 포인트 안내

- 증암천 둠벙(담양군 고서면 주산리 44-7): 1~2m 수심에 강폭 90m권으로, 40~60칸 이상의 대낚시나 릴 채비로 물골을 노리는 것이 좋다. 3~4월에는 붕어꾼으로 넘쳐나므로, 장어 낚시는 5월부터 출조하는 것이 좋다. 차 앞 낚시가 가능하다.

- 영산강 합수부권(담양군 봉산면 삼지리 226-28): 위 증암천 둠벙의 5km 하류권으로, 강폭이 100m에 이른다. 6월 말부터 10월까지 장어 입질이 좋으며, 추석 이후에 씨알이 굵다. 차 앞 낚시가 가능하다.

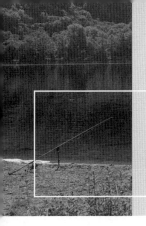

무안군 6선

무안 영산강 구정리·의산리 수로

- **장낚 정보**: 소~중짜 릴·대낚터, 적기(4~9월), 입질 시간(일몰~24시), 새우·산지렁·청지렁·미꾸라지 미끼.

  구정리수로와 의산리수로는 영산강 좌하류권의 가지 수로로, 두 수로는 서로 3km가량 떨어져 있다. 구정리수로는 7만 평 규모의 수로형 둠벙으로, 영산강과의 사이에 수문으로 막혀있어 큰비 후나 필요시에만 영산강 본류와 통수된다.

  의산리수로는 구정리수로의 3km 상류에 있으며, 의산리수로의 영산강 합류 지점 1.5km 상류에 하수처리장이 운영 중인데, 여기서 배출되는 온수가 영산강 합수부까지 흘러와 겨울에도 얼지 않는다.

  두 수로는 부들과 마름이 많고, 매년 영산강의 자원이 풍부하게 유입되며, 매년 10월에서 익년 3월까지 붕어 물 낚시꾼이 꾸준히 드나들며, 장어 낚시는 이 시기를 피해 4월에서 9월 사이에 출조하면 좋다.

포인트 안내

- 구정리수로 최상류 다리(무안군 일로읍 구정리 739): 부들과 마름이 많은 1m 수심대로, 40칸 이상의 긴 대가 좋다. 다리 주변에 주차하면 된다.

- 구정리수로 좌중하류(구정리 산 50-2): 위 포인트의 우하류 900m권으로, 뗏장이 분

포한 1.5m 수심대다. 차 앞 낚시가 가능하다.

- 구정리수로 좌최하류(구정리 551-2): 2m 수심대로, 릴이나 대낚시 40칸 이상의 긴 대가 좋다. 주차 공간이 넉넉하다.

- 의산리수로 하수처리장 앞(의산리 1622): 하수처리장에서 온수가 내려와 이른 봄과 초겨울에도 장어가 출몰한다. 교량 주변에 주차하면 된다.

- 의산리수로 좌최하류(의산리 1472): 영산강 합수부 인근으로, 수로 폭이 40m로 이어져 오다가 갑자기 130m로 넓어지는 곳으로, 수로 폭이 40m로 이어져 오는 부분의 최말단에 자리하면 좋다. 진입 농로에 주차하면 된다.

무안 신기지

- **장낚 정보**: 소~대짜 대낚 마릿수터, 적기(4~11월), 입질 시간(일몰~24시), 새우·참붕어·납자루·산지렁·청지렁·미꾸라지 미끼.

신기지는 1만 6천 평 규모의 평지지로, 퇴수로가 남쪽 3km 지점의 기수역 수로와 연결되며, 이 수로를 통해 장어가 유입된다. 주 서식 어종은 장어 외 동자개, 붕어, 배스, 납자루, 참붕어 등이며, 장어 미끼는 자생 새우와 지렁이가 잘 든다. 새우와 지렁이 미끼에 잡고기의 성화가 심할 때는 참붕어, 납자루, 미꾸라지로 대체하면 좋다.

전역에는 연, 뗏장, 물수세미, 말풀 등의 수초가 많은데, 여름철 서너 달은 수초가 전 수면을 덮어, 상류권 일부를 제외하고는 채비 투입이 어렵게 되므로 수초 제거기를 반드시 지참해야 한다.

- 제방(무안군 운남면 동암리 1216-1): 말풀이 밀생한 포인트로, 목줄을 30cm가량 길게 매어 준 뒤 말풀 위에 대충 걸쳐 놓아도 장어 입질을 받을 수 있다. 제방 아래의 농로와 제방의 남쪽 끝에 주차 공간이 있다.

- 좌상류(동암리 632): 새물이 유입되는 포인트로, 수초로 덮인 수면에 일부 열린 길이 나 있는데, 이곳을 따라 새물이 유입된다. 여름철 밤낚시 특급 포인트로, 농로 가에 주차하면 된다.

무안 용흥지

- **장낚 정보**: 중~대짜 릴·대낚터, 적기(4~10월), 입질 시간(일몰~24시), 새우·참붕어·산지렁·청지렁·미꾸라지 미끼.

용흥지는 8천 평이 갓 넘는 계곡지로, 수면적은 적으나 수심이 깊은 만큼 상당량의 저수량을 확보하고 있다. 용흥지는 붕어 자원이 많아 붕어터로는 제법 알려져 있으나, 장어터로는 거의 알려지지 않았다. 하지만, 남쪽 바다와의 거리가 1.5km밖에 안 되어 장어 자원이 풍부하게 유입되며, 대물 자원도 서식하고 있다.

장어 미끼는 새우와 지렁이가 좋은데, 잡고기의 성화가 심하면 참붕어나 미꾸라지 또는 청지렁이 큰 놈으로 교체해 주고, 초저녁부터 24시까지 집중하는 것이 좋다. 계곡지인 만큼 연안 경사가 심해 좌대를 설치해야 안전하며, 모든 포인트는 진입로 갓길에 주차할 수 있다.

ᕼ **포인트 안내**

- 좌상류(무안군 해제면 석룡리 137-1): 1~2m 수심의 릴과 대낚시 포인트다.

- 좌하류(석룡리 138-2): 수심 3~4m의 배수기 포인트다.

- 우상류(석룡리 155-1): 뗏장권 2~3m 수심대로, 차 앞 낚시가 가능하다.

- 우중류(석룡리 151-1): 수심 2.5~5m권의 배수기 포인트다. 수심 편차가 큰 곳으로, 릴 원투가 유리하다.

- 제방 중앙(석룡리 149): 3~4m 수심대로, 제방 위에 주차하면 된다.

무안 유당호

- 장낚 정보: 소~대짜 릴·대낚터, 적기(4~10월), 입질 시간(만조·일몰~23시), 산지렁·청지렁·갯지렁·미꾸라지 미끼.

유당호는 74만 평 규모의 간척호로, 방조제 하나 사이로 바다와 붙어 있다. 연안에는 농경지와 수풀이 많아 수면까지 진입할 수 있는 길이 없고, 주로 톱머리 방조제와 우상류권의 유당수로를 중심으로 낚시가 이루어진다. 장어 미끼는 지렁이를 우선으로 쓰고, 망둥어의 성화가 심할 경우 미꾸라지로 바꿔 주는 것이 좋다. 간조 시에는 입질이 저조하고 만조 시에 입질이 활발해진다.

ᘁ 포인트 안내

- 방조제의 북서쪽 끝부분(무안군 망운면 피서리 913-4): 대낚시 32칸 이하로 석축권을 노리거나, 릴 채비로 60~70m 중타를 치면 좋다. 위 주소에서 비포장 길로 진입한 뒤 우회전해 약 80m 가면 주차 공간이 나온다.

- 방조제의 남쪽 끝부분(무안군 청계면 도대리 815-20): 대낚시는 32칸 이하로 석축 앞

을 노리거나, 릴은 80m 이내로 원투하면 좋다. 위 주소에서 비포장 길을 따라 북쪽으로 80m가량 올라가면 방조제의 남쪽 끝부분에 닿는다.

- 유당수로 제방(서호리 927-2): 유당호의 우상류권 수로 포인트로, 유당지와 유당수로 사이 제방 위에 주차하고 낚시를 할 수 있다. 2~3m 수심대로, 장어는 여름이, 붕어는 11월이 피크 시즌이다.

- 유당수로 우중하류(서호리 955-12): 7~9월터, 대낚시 포인트로, 다리 부근에 주차하면 된다.

- 유당수로 좌하류 배수장권(무안읍 신학리 1204): 배수장에서 상류 1km 구간이 포인트로, 갈대를 끼고 자리하면 좋다.

무안 지도수로

- **장낚 정보**: 소~대짜 기수역 릴·대낚 마릿수 터, 적기(4~10월), 입질 시간(밀물·일몰~04시), 새우·참붕어·산지렁·청지렁·미꾸라지 미끼.

지도수로는 해제면과 지도읍 사이를 남북으로 가르는 대형 수로로, 지도수로 전역이 포인트가 되나, 양월리권과 천장리권을 많이 찾는다. 조황은 바다 물때에 따라 영향을 받는데, 조금 무렵에는 중·하류권에, 사리 무렵에는 중·상류권에 앉는 것이 좋다.

지렁이 미끼에는 잡고기의 성화가 심해, 미꾸라지나 참붕어를 쓰는 것이 좋다. 해제면 안에서는 민물낚시 미끼를 구하기 어려우므로, 해제면으로 진입하기 전 목포 시내쯤에서 미리 구입해 진입하는 것이 좋다.

- 양월리수로 우하류(무안군 해제면 양월리 776): 지도수로의 우하류권 원투 포인트로, 진입로에 주차하면 된다. 2020. 9월(릴, 미꾸라지, 23시 소짜 1수).

- 양월리수로 제방 도로 동쪽(양월리 859-1): 제방 도로의 동쪽 부분이 주 포인트로, 2~3m 수심의 대낚시 포인트다. 제방 도로 한쪽에 주차하면 된다.

- 천장리수로 우하류 다리권(양월리 821-9): 4~10월터, 지도수로의 우중류권 가지수로로, 다리 남단에 넓은 주차 공간이 있다.

- 천장리수로 좌최상류(천장리 936-13): 갈대가 밀생한 포인트로, 봄과 늦가을에 좋다. 진입 농로 주변에 주차하면 된다.

- 천장리수로 우하류 본류 합수부권(양월리 819-7): 진입로 폭이 협소해 진입 시 주의해야 한다. 합수부 끝부분과 진입로 상에 한두 대씩 주차할 수 있다.

무안 해제수로(금산수로)

- **장낚 정보**: 소~중짜 기수역 마릿수 터, 적기(4~8월, 장마 전), 입질 시간(밀물·일몰~04시), 참붕어·새우·산지렁 미끼.

해제수로는 지도수로에서 약 5km 동쪽에 위치한 기수역 수로로, 지도수로의 조황이 신통치 않을 때, 손쉽게 갈아탈 수 있다. 해제수로는 지도수로보다 물색이 탁하며, 낚시도 더 잘된다.

- 제방권 유수지(무안군 해제면 용학리 542): 수량이 적으면 3월 말부터 녹조가 끼나, 장어는 잘 낚인다. 2018. 4월(중짜 1수), 2016. 5월(소짜 1수), 2015. 8월(1수), 2014. 6월(대짜 1수).

- 우최상류 수로 좌중류권(천장리 889-56): 수초가 많은 대낚시 포인트로, 차 앞 낚시가 가능하다.

- 우최상류 수로 좌하류권(천장리 890-38): 수초가 많은 릴과 대낚시 포인트다. 차 앞 낚시가 가능하다.

- 좌최하류(천장리 902-13): 차 앞 낚시가 가능하다.

보성군 10선

보성 덕산지(예당지)

- **장낚 정보**: 소~대짜 릴 · 대낚터, 적기(4~11월), 입질 시간(일몰~04시), 새우 · 참붕어 · 산지렁 · 청지렁 · 미꾸라지 미끼.

덕산지는 8만 평 규모의 계곡지로, 퇴수로가 4km 하류의 득량호에 유입된다. 득량호는 득량만의 갯벌을 막은 간척호로 자연산 장어가 풍부하며, 이 자원이 덕산지로 유입된다. 덕산지에는 장어, 가물치, 메기, 동자개, 붕어, 외래종 등이 서식하며, 최근에는 수년 전에 방류한 토종 붕어의 개체 수가 급증하는 추세에 있다.

붕어 낚시에 외래종의 성화를 피해 식물성 미끼만 사용하다 보니 장어가 낚일 일이 없어 덕산지는 장어가 없는 곳으로 알려져 있다. 외래종 덕분에 장어 자원이 잘 보호되고 있는 셈이다.

↳ 포인트 안내

- 우최상류 제방 맞은편(보성군 득량면 예당리 1408-20): 만수위 3~4m 수심대로, 릴과 대낚시 포인트다. 도로변에 주차하면 된다.

- 우상류 도로 앞(예당리 1404-4): 6~8월터, 2m 수심대로 진 · 출입과 주차가 쉽다.

- 우중류 도로 앞 새물부(예당리 1083-4): 7~8월 릴 · 대낚터, 1~2m 수심대로, 한여름에

장어와 대물 잉어가 낚인다. 주차가 편리하다.

- 우중하류 예당사거리 앞 돌출부(예당리 1072-1): 6~7월 릴·대낚터, 1~2m 수심대로, 도로변에 주차하면 된다.

- 우하류 취수탑권(예당리 1057-2): 갈수기 릴·대낚터, 제방 우측 끝단 포인트로 2~3m 수심이 나온다. 물이 빠진 뒤에만 진입할 수 있고, 연안 경사가 급해 안전에 유의해야 한다. 도로변에 5~6대가량 주차할 수 있다.

- 좌하류 무넘기 옆(예당리 산 97-24): 6월 릴·대낚터, 제방 좌측 끝단의 2~3m 수심대로, 도로변에 주차하면 된다.

보성 덕촌지(사초지)

- **장낚 정보**: 소~대짜 릴·대낚터, 적기(6~9월), 입질 시간(일몰~24시), 새우·참붕어·산지렁 미끼.

덕촌지는 득량호의 우상류 3.5km 지점에 위치한 8천 평 규모의 계곡지로, 덕촌지의 북쪽과 서쪽이 석축 제방으로 된 2면 각지다. 주 서식 어종은 장어, 쏘가리, 가물치, 자라, 붕어, 잉어, 참게, 피라미, 납자루, 참붕어, 새우 등이며, 수초는 적은 편으로 상류권 일부에만 갈대가 자란다.

장어 미끼는 새우가 1순위, 산지렁이, 청지렁이가 2순위이며, 배수기에 잡고기의 성화를 줄이기 위해서는 참붕어, 납자루, 피라미, 미꾸라지 등을 쓰기도 한다. 참붕어와 새우 미끼에는 대물 붕어와 가물치, 자라 등이 함께 낚인다.

↳ 포인트 안내
- 서쪽 제방의 남쪽 끝부분(보성군 조성면 매현리 14-2): 전천후터, 수심이 3~6m로 편

차가 크며, 북쪽으로 갈수록 깊다. 2019. 6월(중짜 1수).

- 북쪽 제방 중앙부(은곡리 1066-18): 갈수위터, 3~7m 수심대로, 40칸 이상 또는 릴로 제방 석축 앞을 노리면 좋다. 2018. 9월(중짜 1수).

보성 득량호

- **장뉴 정보**: 소~대짜 기수역 마릿수터, 적기(9~11월), 입질 시간(일몰~23시), 새우·참붕어·산지렁·청지렁·미꾸라지 미끼.

득량호는 득량만의 해수가 드나들던 갯벌을 막은 80만 평 규모의 간척호로, 바다 방조제의 길이만 4.5km나 된다. 드넓은 수면에도 불구하고 인기 포인트는 서너 곳으로 압축되는데, 득량호 동쪽의 조성천수로와, 조성천수로의 서남쪽 1.2km 지점의 예당천수로, 예당천수로의 서남쪽 1.8km 지점의 득량천수로가 그곳이다.

득량호에는 득량만으로부터 다량의 장어 자원이 유입되며, 장어 외에도 가물치, 붕어, 잉어, 자라, 외래종, 망둥어 등이 많다. 득량천수로에서는 특별히 주의해야 할 것이 하나 있다. 낚시 도중 갑자기 큰 폭의 수위 변동이 발생하는 경우가 있는데, 미리 대비하지 않으면 낭패를 당하기 쉽다. 인근 보성강의 발전수가 유입되면 득량천수로의 수위가 70~80cm 급격히 오르고, 다시 물을 빼면 수위가 급격히 낮아지므로 수위 상승 폭을 감안해서 자리해야 한다.

↳ 포인트 안내

- 조성천수로 하류 용전배수장권(보성군 조성면 덕산리 1950-13): 9~11월터, 대낚시 40칸이면 맞은편 갈대 벽에 벽치기를 할 수 있다. 차 앞 낚시가 가능하다.

- 조성천수로 하류 돌출부(용전리 2521-8): 물길이 세 갈래로 나뉘는 곳이다. 물골을

노려도 좋고, 건너편 수초 벽치기도 좋다. 차 앞 낚시가 가능하다.

- 득량천수로 우하류 수문권(보성군 득량면 해평리 2416-1): 9~11월터, 들어뽕 포인트 와 수초 벽치기 포인트가 있다. 보성강 발전수의 급격한 유입이 있는 곳이므로, 지대 가 높은 곳이나 후퇴가 쉬운 곳에 앉도록 한다.

- 예당천수로 좌하류(예당리 3031-1): 9~11월터, 마름과 갈대가 발달한 포인트로, 장어 미끼는 참붕어와 새우가 좋다. 차 앞 낚시가 가능하다.

보성 벌교천 전동리 보

- **장낚 정보**: 소~중짜 기수역 마릿수터, 적기(6~9월), 입질 시간(일몰~23시), 참붕어·산지렁·청지 렁·미꾸라지 미끼.

벌교천은 벌교읍 백이산의 서남단에서 발원해, 남쪽으로 10km를 흘러 여자만에 유입되 며, 여자만과의 사이에 수문이 없어 장어를 비롯한 기수역 어종이 자유롭게 드나든다. 주 서식 어종은 장어 외 참붕어, 미꾸라지, 붕어, 피라미, 돌고기 등으로, 장어의 먹이가 되는 어종이 많다.

전동리 보 포인트는 벌교천의 최하류권으로, 장어 낚시는 6월 말~9월이 피크를 이룬다. 자생 참붕어와 미꾸라지를 미끼로 쓰면 좋다.

ᘓ 포인트 안내

- 전동리 보 좌상류 190m(보성군 벌교읍 전동리 164-4): 6~9월터, 좌상류에서 농수로 가 유입되는 포인트다. 장마기에는 유속이 강해 릴낚시가 좋다.

보성 배산지

- **장낚 정보**: 소~중짜 대낚 마릿수터, 적기(4~5월, 9~11월), 입질 시간(일몰~04시), 새우·참붕어·산지렁·청지렁·미꾸라지 미끼.

배산지는 1만 2천 평 규모의 해안가 연밭으로, 4면이 제방인 직사각형 형태를 하고 있다. 바닷가 농경지의 한가운데에 위치해 있으나, 여자만과 가까워 장어 자원이 풍부하게 유입된다. 주 어종은 장어, 메기, 가물치, 동자개, 붕어, 잉어 등이며, 장어는 중짜급 이하, 붕어는 4짜, 가물치는 미터급까지 낚여 순천·광양 꾼들에게 인기가 많다. 전역에 연, 갈대, 부들이 많아 어느 곳이나 포인트가 되어 주며, 각 제방 코너 부분에 주차 후 원하는 곳에 자리하면 된다.

포인트 안내

- 상류권 북쪽 제방(보성군 벌교읍 장양리 1475-6): 4~5월터.

- 우하류 배수구권(장양리 1460-18): 갈수기터.

- 좌하류(장양리 1459-2): 전천후터.

보성 영천지

- **장낚 정보**: 소~대짜 릴·대낚 마릿수터, 적기(4~9월), 입질 시간(일몰~05시), 새우·참붕어·산지렁·청지렁·미꾸라지 미끼.

영천지는 13만 평 규모의 계곡지로, 물이 맑고 경관이 수려하며, 녹차 재배지인 보성다원과 함께 관광지로 많이 알려져 있다. 퇴수로는 3.5km 하류의 득량만에 유입되며, 퇴수로를 통해 유입된 장어와 인공 방류한 자원까지 더해 300g 이상급 장어가 자주 낚인다.

장어 외 메기, 동자개, 자라, 붕어, 잉어, 가물치, 피라미, 새우, 참붕어 등이 서식하며, 동자개가 유난히 많다. 외래종은 아직 없는듯하나 5짜에 육박하는 대물 붕어까지 출몰한다. 장어 미끼는 새우, 참붕어, 지렁이가 좋으나 잡고기 성화가 심해 일몰 시점부터 22시까지는 미꾸라지나 굵은 참붕어 위주로 꿰어 주는 것이 좋다. 여름철 장어 낚시는 하류권에서 많이 하지만, 날씨가 흐리거나 큰비 후에는 좌상류 영천마을 앞에도 장어꾼이 많다.

↳ 포인트 안내

- 우최상류(보성군 회천면 영천리 253-2): 만수위터, 2.5m 수심의 말풀권으로, 차 앞 낚시가 가능하다.

- 좌상류 영천마을 앞(영천리 414-1): 만수위터, 2~3m 수심의 수초권으로, 4월과 7월 중순 이후에 좋다. 차 앞 낚시가 가능하다. 2020. 4월(뗏장권, 중짜 1수), 2016. 7월 (소~중짜 2수), 2016. 10월(대짜 1수).

보성 오봉지

- **장낚 정보**: 소~대짜 대낚터, 적기(4~11월), 입질 시간(일몰~04시), 새우 · 참붕어 · 납자루 · 산지렁 · 청지렁 · 미꾸라지 미끼.

오봉지는 1천 5백 평에 불과한 소형 방죽으로, 퇴수로가 득량호의 좌상류 천인 득량천과 이어지며, 장어와 가물치, 붕어, 동자개, 참붕어, 새우 등이 서식하고 있다. 2010년 초부터 장어와 4짜 붕어가 잘 낚여 많은 꾼이 다녀갔으나, 그 후 입질이 더 예민해지고, 소란스러운 상태에서는 입질이 아예 끊기는 낚시터로 변했다. 붕어꾼이 많은 날은 미련 없이 다른 곳으로 이동하는 것이 좋다.

장어 미끼는 새우, 참붕어, 납자루를 많이 쓴다. 참붕어와 납자루는 충분한 양이 채집되나, 새우는 채집량이 적어 외부에서 준비해 가는 것이 좋다.

포인트 안내

- 좌상류(보성군 득량면 오봉리 983-1): 수심 1.5m의 수초권으로, 대낚시 30칸 내외가 좋다. 진입로 초입에 주차하면 된다.

- 도로 앞 제방(오봉리 1014-1): 2m 수심의 수초권으로, 26칸 이하가 깊게 먹는다. 차 앞 낚시가 가능하다.

보성 일봉제

- **장낚 정보**: 대물 릴터, 적기(6~8월), 입질 시간(일몰~03시), 새우·징거미·참붕어·산지렁·청지렁·미꾸라지 미끼.

일봉제는 2만 평 규모의 계곡지로, 물이 맑고 경치가 좋아 여름 피서터로 좋다. 퇴수로는 보성호와 주암호를 잇는 구간의 보성강 수계와 연결된다. 좌안은 산으로 막혀 진입로가 없고, 우상류권과 최상류권에만 차량 진입이 가능하다. 터가 매우 센 낚시터로 배수기에 최저 수위로 있다가, 첫 장마로 인해 오름 수위가 될 때 대물 위주로 낚시를 해야 한다.

포인트 안내

- 우상류 새물 유입부(보성군 복내면 일봉리 752-2): 6~7월터, 대낚시나 릴로 수면 중간을 지나는 물골을 노리면 좋다. 차 앞 낚시가 가능하다.

보성 화동지

- **장낚 정보**: 소~중짜 대낚 마릿수터, 적기(4월, 9~11월), 입질 시간(일몰~04시), 새우·참붕어·산지렁·청지렁·미꾸라지 미끼.

화동지는 약 4천 평 규모의 평지지로, 득량만에서 1.5km가량 떨어진 해안가 저수지다. 주 서식 어종은 장어, 붕어, 배스, 참게 등이며, 득량만으로부터 장어와 참게가 다량 유입된다. 6월부터 8월까지는 온통 마름밭으로 변해 낚시가 어려워지므로, 마름이 올라오기 전인 4월과 마름이 삭아 드는 9~11월 사이에 찾는 것이 좋다. 가을에는 참게에 대비하여 철심 목줄로 채비하는 것도 잊지 말아야 한다. 화동지는 수면이 작아 소란스러우면 빈작 가능성이 높다. 꾼이 많으면, 초저녁 시간은 쉬고 24시~03시 사이의 심야 시간대에 집중하는 것이 좋다.

↳ 포인트 안내

- 우상류 새물 유입부(보성군 회천면 군농리 293): 1m 수심의 모래톱 포인트로, 화동지 최고의 포인트다. 차 앞 낚시가 가능하다.

- 좌하류 무넘기 부(군농리 280-2): 9~11월터, 주차 공간이 넉넉하다.

- 제방 우측 끝단(군농리 292-1): 9~11월터, 주차 공간이 넉넉하다.

보성 해평지

- **장낚 정보**: 대짜 릴터, 적기(5~8월), 입질 시간(일몰~02시), 새우·산지렁·청지렁 미끼.

해평지는 보성군 오봉산의 북쪽 계곡에 자리한 7만 평 규모의 계곡지로, 쪽빛 물색과 함께 어우러진 주변 풍광이 매우 수려하다. V자형으로 나뉜 좌우 골은 크기가 서로 비슷하나 좌측 골이 더 인기가 있으며, 좌측 골 중에서도 고사목 주변이 좋은 포인트가 되어 준다. 주 서식 어종은 장어, 메기, 가물치, 동자개, 붕어, 잉어, 피라미, 새우 등이며, 장어 미끼는 새우와 지렁이가 좋으나 동자개와 붕어가 붙어 성가시다. 피라미를 달면 메기와 가물치도 잘 낚이는데, 계곡지답게 당길 힘이 상당하므로 채비를 강하게 해 주어야 한다. 새우는 현장 채집이 잘 안 되므로 외부에서 미리 준비해야 한다.

해평지의 좌상류에는 용주골 계곡이 있으며, 해평지를 중심으로 '수변 산책길'이 4km가량 조성되어 있어 가벼운 운동도 가능하다. 산책길 입구에는 화장실도 있다.

↳ 포인트 안내

- 좌상류 고사목 포인트(보성군 득량면 해평리 산 76-2): 5~7월터, 물이 빠져야 드러나는 포인트로, 나무 그늘이 있어 여름철 피서터로 좋다.

- 좌중류 홈통(해평리 산 74-2): 6~9월터, 수심이 2~3m로 깊고, 앉을 자리가 완만해서 좋다. 도로변에 주차하면 된다.

- 우하류 산 앞 돌출부(해평리 산 88): 갈수기 릴터, 수심이 깊고 연안 경사가 급해 안전에 유의해야 한다. 도로변에 주차하면 된다.

순천시 6선

순천 금동제

- 장낚 정보: 대짜 릴터, 적기(5~7월), 입질 시간(일몰~04시), 산지렁·청지렁·미꾸라지 미끼.

금동제는 2만 4천 평 규모의 협곡지로, 포인트와 주차 여건이 나빠 낚시꾼이 잘 찾지 않는다. 반면 수질이 좋고, 어자원 보호가 잘되어 있어 대물 자원이 많다. 좌안은 산으로 막혀 앉을 자리가 없고, 우안도 최상류 일부에만 앉을 자리가 나오며, 어느 정도 물이 빠져야만 앉을 자리가 나온다.

주 서식 어종은 장어, 붕어, 외래종 등이며, 장어 낚시는 대물 아니면 꽝을 각오해야 할 만큼 터가 세다. 미끼는 미꾸라지와 굵은 지렁이가 좋다.

↳ 포인트 안내

• 최상류(순천시 별량면 금치리 947-3): 2~3m 수심대로, 오름 수위에 20m 전방의 물골을 노리면 좋다. 진입 농로에 개구리 주차를 해야 한다.

• 우하류(금치리 669-4): 갈수위터, 제방 우측 끝에 주차하면 된다.

순천 대곡지

- **장낚 정보**: 소~대짜 마릿수터, 적기(4~11월), 입질 시간(일몰~04시), 새우·참붕어·산지렁·청지렁 미끼.

대곡지는 대곡리 마을 앞 9천 평 규모의 계곡지로, 5km 하류의 여자만으로부터 장어 자원이 유입된다. 주 어종은 장어, 가물치, 메기, 동자개, 붕어, 잉어, 참붕어, 새우 등으로, 장어 미끼는 새우와 참붕어가 좋다. 채비를 말풀에 밀착해야 잦은 입질을 받을 수 있고, 장어의 활성도가 높은 날에는 소~중짜급 씨알을 마릿수로 낚을 수 있다.

ᘠ **포인트 안내**

- 최상류 새물 유입부(순천시 별량면 대곡리 314-1): 대낚시로 물골을 노려야 하는 포인트다. 진입로에 주차 공간이 있다.

- 좌하류(대곡리 55-1): 3m 수심의 갈수기 포인트로, 제방 동쪽 끝(대곡리 44-1)에 주차하면 된다.

- 무넘기 동쪽 제방(대곡리 319-1): 제방 석축이 끝나는 수중이나, 주변보다 수심이 얕은 수중 턱 위에 채비를 올려놓으면 좋다. 제방 동쪽 끝에 주차하면 된다.

순천 용두지

- **장낚 정보**: 소~대짜 마릿수터, 적기(4~11월), 입질 시간(일몰~04시), 새우·참붕어·산지렁·청지렁·미꾸라지 미끼.

용두지는 6천 5백 평 규모의 소형 계곡지로, 둥근 정사각형 모양을 하고 있다. 여자만과

900m 거리로 붙어 있는 해안지로, 여자만을 통해 유입되는 자원이 많아 장어 전문 꾼이 찾을 만큼 조과가 좋다.

장어 외 메기, 가물치, 동자개, 붕어, 잉어, 배스 등이 서식하며, 웬만한 가뭄에도 바닥을 보이지 않아 어종별로 대물 자원이 많다. 제방 우측은 산으로 막혀 진입할 수 없고, 좌안 진입로를 중심으로 포인트가 형성되어 있다.

↳ 포인트 안내

- 좌상류(순천시 별량면 구룡리 208-1): 전천후터, 1~2m 수심대로, 대낚시 긴 대가 좋다. 차 앞 낚시가 가능하다.

- 좌중류(구룡리 207): 갈수기터, 수초가 많은 포인트로 긴 대가 편리하다. 5~7월 사이 물이 빠진 뒤에 진입하면 좋다.

- 제방 우측부(구룡리 203-1): 갈수기터, 2~3m 수심대로, 릴과 대낚시 모두 가능하다. 제방의 서쪽 끝에 주차 후 동쪽으로 80m가량 도보 진입하면 된다.

순천 용전지

- **장낚 정보**: 소~대짜 마릿수터, 적기(4~11월), 입질 시간(일몰~04시), 새우·참붕어·산지렁·청지렁·미꾸라지 미끼.

용전지는 순천만 갈대습지공원의 동쪽 3km 지점에 위치한 9천 평 규모의 계곡지로, 수초가 거의 없고, 농번기에도 배수하지 않아 연중 일정 수위가 유지된다. 서식 어종은 장어, 메기, 가물치, 동자개, 붕어, 잉어 등으로, 장어 미끼는 새우와 참붕어가 잘 든다.

만수위에는 전체 연안이 급경사로 자리하기가 힘들지만, 만수위에 조황이 좋은 곳이므로 좌대를 지참하여 안전과 편리함을 함께 도모하는 것이 좋다. 짧은 대와 긴 대를 섞어

퍼도록 한다.

ᘰ **포인트 안내**

- 우상류 주차장 앞(순천시 해룡면 용전리 409-11): 만수위터, 넓은 주차 공간이 있어 차 앞 낚시에 좋다.

- 제방의 북쪽 끝(용전리 219): 갈수기터, 4~6m 수심대로, 큰비 후 물이 뒤집히면 간혹 떼 고기 조황이 터진다. 제방의 북쪽 끝에 주차하면 된다.

순천 운천지

- **장낚 정보**: 대짜 릴·대낚터, 적기(5~10월), 입질 시간(일몰~04시), 새우·산지렁·청지렁·미꾸라지 미끼.

운천지는 7만 평 규모의 계곡지로, 풍광이 수려하고 수질이 좋다. 퇴수로는 5km 하류의 여자만에 연결되어 여자만의 자원이 유입된다. 주 서식 어종은 장어, 메기, 동자개, 붕어, 잉어, 외래종, 새우 등으로, 대물 붕어의 출현이 잦아 붕어꾼이 많이 드나들며, 장어 낚시는 대물 아니면 꽝이 다반사로 상당한 인내심을 필요로 한다.

장어 미끼는 새우 여러 마리 꿰기와 산지렁이, 청지렁이를 굵게 쓰는 것이 좋다. 새우는 소량만 채집되므로 외부에서 미리 준비해 가는 것이 좋다.

ᘰ **포인트 안내**

- 좌상류(순천시 별량면 운천리 232-1): 오름 수위터, 릴로 20~30m 앞의 물골을 노리면 좋다. '운천리 231-2'에 주차 후 약 60m 도보 진입해야 한다.

- 좌하류 홈통(봉림리 399): 만수위·오름 수위터, 영암과 순천을 잇는 남해고속도로의

남쪽 자리로, 1~2m 수심대의 수몰나무권 포인트다. 도로변에 주차하면 된다.

- 좌하류(봉림리 산 51-1): 갈수기 릴터, 포인트 바로 뒤에 남해고속도로가 있어 차량 소음이 있으나, 차 앞 낚시가 가능하다.

순천 칠동지

- **장낚 정보**: 소~대짜 마릿수터, 적기(4~11월), 입질 시간(일몰~04시), 참붕어 · 산지렁 · 청지렁 · 미꾸라지 미끼.

칠동지는 6천 평 규모의 평지지로, 여자만과 연결된 서동천과 가까워 서동천의 자원이 유입된다. 주 어종은 장어, 메기, 가물치, 동자개, 붕어, 잉어, 참붕어 등이며, 참붕어를 꿰어 뗏장 주변에 던져두면 장어와 가물치가 곧잘 낚인다. 전역이 비슷한 포인트 여건으로, 주차가 편한 곳이나 조용한 곳에 자리하면 된다.

포인트 안내

- 제방의 남쪽 부분(순천시 별량면 두고리 166-2): 제방으로 차량 진입이 가능하나 주차가 힘들다. 제방의 남쪽 끝에 주차 후 50~60m 도보 진입하는 것이 좋다.

- 좌상류 정자나무 앞(두고리 177-1): 물이 빠져야 낚시 자리가 편해진다. 도로변에 주차하면 된다.

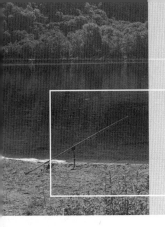

신안군 19선

신안 안좌도 내호리 둠벙촌

- **장낚 정보:** 소~대짜 마릿수터, 적기(9~11월), 입질 시간(일몰~04시), 새우·참붕어·산지렁·청지
렁·미꾸라지 미끼.

신안군은 군내 13개 읍·면 지역을 순서대로 돌아가며, 1년간(1월 1일~12월 31일)만 낚
시를 허락한다. 한 개의 읍·면이 12년간의 휴식기를 갖게 되는 셈이다. 2023년 현재 지역
별로 낚시가 허락되는 기간은 아래와 같다.

자은면 2023년, 암태면 2024년, 안좌면 2025년, 팔금면 2026년, 비금면 2027년, 도초면
2028년, 하의면 2029년, 신의면 2030년, 장산면 2031년, 압해읍 2032년, 임자면 2033년.

여기서는 도선으로 진입하는 섬은 제외하고, 연륙교를 통해 차량으로 진입할 수 있는 섬
낚시터만을 안내한다. 2025년에 해금되는 안좌도의 내호리 둠벙촌은 안좌도의 서쪽 끝
해안가에 위치해 있다. 안좌도를 남북으로 관통하는 805번 도로에서 서쪽으로 6km를 더
들어가야 하는 외진 곳으로, 매니아가 아니라면 평생에 한 번 출조하기도 어렵다.

내호리 둠벙촌에는 수로형과, 각지형 둠벙이 10여 개 이상 흩어져 있는데, 가을철에 장어
와 붕어, 가물치 등이 잘 낚인다. 모든 둠벙에서 새우와 참붕어가 채집되며, 산지렁이나 청
지렁이를 곁들여 장어 미끼로 쓰면 된다. 새우와 참붕어에는 4짜 붕어와 가물치도 낚인다.

- 남쪽 사각 둠벙(신안군 안좌면 내호리 331): 5천 3백 평 규모의 둠벙으로, 1~2m 수심에, 부들과 말풀이 많다. 대물 장어와 대물 붕어가 낚인다.

- 서쪽 내호리수로 중류 다리권(내호리 474-9): 9~11월터, 길이 500m, 폭 15m의 수로형 둠벙으로, 9월 이후 미꾸라지에 중짜급 이상의 장어가 낚인다.

신안 안좌도 마명지

- **장낚 정보**: 대물터, 적기(3~5월, 9~10월), 입질 시간(일몰~04시), 새우·참붕어·산지렁·청지렁·미꾸라지 미끼.

마명지는 안좌도의 중앙부 남쪽 해안가 1천 평 규모의 늪지로, 6월부터는 낚시가 어려울 만큼 수초가 밀생하여 장어와 붕어 등 대물 자원이 잘 보존되어 있다. 수초가 수면을 덮는 6~8월을 피해 출조하면 좋다.

↳ 포인트 안내

- 좌중류(신안군 안좌면 마명리 445): 전천후터, 진입로에 주차하면 된다.

- 최상류(마명리 446-1): 뗏장 주변을 공략하면 좋다. 주차 공간이 넓다.

신안 안좌도 산두지·산두수로

- **장낚 정보**: 중~대짜 릴·대낚터, 적기(7~11월), 입질 시간(일몰~04시), 새우·참붕어·산지렁·청지렁·미꾸라지 미끼.

산두지는 안좌도의 동쪽 끝 해안과 200m 거리로 붙어 있다. 산두수로의 물을 퍼 올려 저장하는 양수지로, 수면적은 3만 평이 약간 넘는다. 전역이 수초권 1~3m 수심에, 3면이 석축 제방으로 어느 곳에 앉아도 낚시가 잘되지만, 북쪽 제방과 서쪽 산 앞 포인트가 인기 포인트다. 서쪽의 산 앞 포인트를 제외한 3면의 석축 제방은 석축 앞 15m 지점에 수심이 갑자기 깊어지는 경계점이 있는데, 이 경계점 안쪽에 채비를 놓아야 입질을 받는 때가 있고, 이 경계점을 넘겨 깊이 넣어야 입질을 받는 때가 있으므로, 이 경계점을 중심으로 탐색 낚시를 하는 것이 좋다.

장어 미끼는 새우와 참붕어가 좋은데, 가물치와 잔챙이 붕어가 성가시게 한다. 자생 새우는 씨알이 잘아 돔침 5호에 6~7마리를 꿰어도 부족해, 외부에서 굵은 새우를 구입해 가는 것이 편리하다. 참붕어도 굵은 개체만을 꿰어 주고, 심야 시간에 굵은 지렁이를 곁들이면 좋다.

↵ **포인트 안내**

- 서쪽 산 앞(신안군 안좌면 산두리 39-1): 갈수위터, 50~60cm 물이 빠지면 호황을 보인다. 진입로 변에 개구리 주차를 하면 된다.

- 북쪽 제방 및 산두수로(주소 없음): '산두리 39-1'을 지나 100m를 더 가서 우회전하면 1.5m 수심의 북쪽 제방을 만난다. 등 바로 뒤가 산두수로로, 산두수로에서 낚시를 해도 되며, 일몰~23시 사이에 입질이 좋다. 제방 위에 주차할 수 있다.

신안 안좌도 신촌지(치동지)

- **장낚 정보**: 중~대짜 릴·대낚터, 적기(9~11월), 입질 시간(일몰~04시), 새우·참붕어·산지렁·청지렁·미꾸라지 미끼.

신촌지는 안좌도의 중앙부에 위치한 6만 평 규모의 계곡지로, 900m 하류의 기수역 수로를 통해 자원이 유입되며, 안좌도의 대표 터라 할 만큼 자원이 많다. 전역에 마름과 말풀이 가득 차 있어 대물급 자원이 서식하기에 좋으며, 붕어, 잉어, 가물치 등도 대물급이 잘 낚인다.

둘레길이 나 있어 포인트 진입이 수월하며, 중·하류권은 물이 빠져야 자리가 나오므로 물이 많을 때는 상류권 위주로 자리하면 된다. 퇴수로 또한 장어가 많은 곳으로, 7~8cm 크기의 미꾸라지를 꿰면 중짜급 이상의 장어와 메기가 잘 낚인다.

ᔕ **포인트 안내**

- 좌최상류(신안군 안좌면 읍동리 743-1): 만수위터, 차 앞 낚시가 가능하다.

- 우상류(읍동리 683): 만수위 터, 약 50m 원투하면 물골을 노릴 수 있다. 진입로가 험해 4륜 SUV만 수면까지 진입하는 것이 좋다.

- 퇴수로 중류권(읍동리 1702-12): 농수로가 합수되며, 부들이 많은 기수역으로, 수로 건너편 부들에 채비를 붙이면 좋다. 여름에서 초겨울까지 장어가 잘 낚이며, 미꾸라지를 쓰면 굵게 낚인다. 다리 주변에 주차하면 된다.

신안 안좌도 읍동지(마진제)

- **장낚 정보**: 대물 릴터, 적기(5~11월), 입질 시간(일몰~24시), 참붕어·새우·산지렁·청지렁·미꾸라지 미끼.

읍동지는 안좌도의 북쪽 해안가 7천 평 규모의 계곡지로, 퇴수로가 북서쪽으로 1.4km를 흘러 바다로 유입되며, 퇴수로를 통해 장어 자원이 유입된다. 읍동지는 만수위에서 1m가량 물이 빠진 배수기와 장마 후 오름 수위 기간, 그리고 마름이 삭아 드는 가을 시즌에 대물 장어가 출몰한다. 미끼는 참붕어와 산지렁이가 1순위, 새우가 2순위다.

포인트 안내

- 제방 우측부(신안군 안좌면 읍동리 1263-1): 갈수기 포인트로 40칸 이상이 좋다. 제방 우측 끝에 주차하면 된다.

- 우중류(읍동리 1268): 갈수기터, 40칸 이상이 좋다. 농로에 주차하면 된다.

- 좌상류(읍동리 1210): 만수위터, 2~3m 수심대로 진입로에 주차하면 된다.

신안 압해도 분매리 둠벙

- **장낚 정보**: 소~대짜 마릿수터, 적기(6~11월), 입질 시간(일몰~24시), 새우·참붕어·산지렁·청지렁·미꾸라지 미끼.

분매리수로의 남쪽에는 6~7천 평 규모의 둠벙 3개가 서쪽에서 동쪽으로 나란히 붙어 있다. 서쪽 둠벙은 약 7천 5백 평, 가운데 둠벙은 7천 4백 평, 동쪽 둠벙은 6천 평 규모다. 이들 둠벙은 기수역 수초밭으로, 1~2m의 연안 수심에, 마름과 갈대, 부들이 많다. 주 어종은 장어, 가물치, 붕어, 새우, 참붕어 등이며, 여름부터 가을까지 씨알 좋은 장어가 낚인다. 압해도는 공식적으로 2032년에 해금된다.

포인트 안내

- 분매리수로 최하류권 다리(신안군 압해읍 분매리 794-6): 가을철 내림 장어 포인트로, 진입로 가에 주차하면 된다.

- 서쪽 둠벙(분매리 134-176): 위 분매리수로 최하류권 다리를 건너 70m 직진 후 우회전해 200m를 더 가면 수면이 나온다. 농로 가에 주차하면 된다.

- 가운데 둠벙(분매리 153-53): 위 분매리수로의 최하류권 나리를 건너자마자 우측 150m 구간이 포인트다. 2018. 7월(소짜 1수).

- 동쪽 둠벙(분매리 801-4): 차 앞 낚시가 가능하다.

신안 압해도 상동지(회룡지)

- **장낚 정보**: 대물 터, 적기(2~11월), 입질 시간(일몰~04시), 새우·징거미·참붕어·산지렁·청지렁·미꾸라지 미끼.

상동지는 압해도의 북쪽 해안가 3만 평 규모의 평지지로, 3면이 석축 제방이며, 상동지 서쪽 회룡수로의 물의 퍼 올리는 양수형 저수지다. 주 서식 어종은 장어, 붕어, 잉어, 가물치, 새우. 징거미, 참붕어 등으로, 철저히 석축 제방권 위주로 공략하는 것이 좋다. 장어가 마릿수로 낚이지는 않으나, 새우나 참붕어 미끼에 2kg이 넘는 씨알도 낚이므로 채비를 강하게 매고 출조하는 것이 좋다.

↳ 포인트 안내
- 북쪽 제방 중앙부: '신안군 압해읍 신용리 580-2'에 주차 후, 서쪽으로 약 80m 도보 진입하면 된다. 1.5m 수심의 석축 앞을 공략한다.

- 서쪽 제방 북쪽 끝(신용리 산 153): 양수장 인근 1.5~2m 수심의 석축 포인트로, 물을 양수될 때 큰 입질이 터진다. 2008. 4월(석축권 대짜 1수).

- 남쪽 제방 서쪽 끝: 네비에 '신용리 834'을 찍고 가면 나오는 제방 밑 농로 주변에 주차하면 된다.

신안 압해도 오호지

- **장낚 정보**: 소~대짜 마릿수터, 적기(4~11월), 입질 시간(일몰~04시), 새우·참붕어·산지렁·청지렁·미꾸라지 미끼.

　오호지는 신안군청의 1.2km 북쪽에 위치한 1만 5천 평 규모의 평지지로, 장어 자원이 많은 편이다. 수초가 삭아 드는 9월 이후에 출조하면 좋다.

ᘔ 포인트 안내

- 좌하류 무넘기 동쪽(신안군 압해읍 신장리 1-974): 압해동초교 동쪽 끝에 있는 길(신장리 522-37)로 진입해, 북쪽으로 500m가량 가면 된다. 무넘기 동쪽에 주차하면 차 앞 낚시가 가능하다.

- 우상류(신장리 539-1): 이 포인트의 북쪽과 남쪽에서 새 물이 유입된다. 진입 농로 변에 주차하면 된다.

- 우하류 돌출부(신장리 1-44) : 농로 변에 주차하면 된다.

신안 임자도 임자수로

- **장낚 정보**: 소~대짜 기수역 마릿수터, 적기(4~11월), 입질 시간(일몰~24시), 새우·참붕어·산지렁·청지렁·미꾸라지 미끼.

　임자수로는 임자도의 중앙부 1백 6십만 평의 농지 사이에 바둑판처럼 만들어진 수십 개의 농수로를 말한다. 이들 농수로 어디에 앉아도 장어가 낚이지만 200g 내외로 씨알이 잘다. 가을로 접어들어 미꾸라지 미끼를 쓰면 약간 더 굵게 낚이는 정도다. 새우 미끼는 대여섯 마리씩 꿰어 붕어 성화에 대비하면 좋다. 3~8월에는 수초가 많고 수로 폭이 좁은 곳이 좋고, 9~12월에는 수로 폭이 넓으면서 수초가 밀생한 감탕질 바닥을 노리는 것이 좋다. 임자도는 공식적으로 2033년에 해금된다.

ᘒ **포인트 안내**

- 임자교회 건너편(신안군 임자면 대기리 3019-9): 1~2m 수심의 뗏장권으로, 초겨울까지 낚시가 된다. 농로 가에 주차하면 된다.

- 장동 샛수로(대기리 3055-5): 장동지의 동남쪽 약 300m 지점의 샛수로로, 갈대가 밀생해 있다. 수심 1m, 수로 폭 15m로 들어뽕 포인트로 좋다.

신안 증도 광암지

- **장낚 정보**: 소~대짜 마릿수터, 적기(5~11월), 입질 시간(일몰~04시), 새우·참붕어·산지렁·청지렁·미꾸라지 미끼.

신안군 사옥도에서 증도대교를 건너면 섬 전체가 도립공원인 증도에 닿는다. 광암지는 증도대교를 건너자마자 도로의 북쪽 약 1.3km 지점에 있다. 3면이 산으로 둘러싸인 광암지는 6천 5백 평 규모의 계곡지로 정사각형 모양을 하고 있다. 퇴수로는 광암지 하류의 증동리수로와 통수되며, 증동리수로에 비해 장어 마릿수는 떨어지나, 씨알은 굵게 낚인다. 증도는 별도의 낚시 금지 기간을 정해 놓지 않아 자유롭게 출조할 수 있다.

ᘒ **포인트 안내**

- 좌최상류(신안군 증도면 증동리 산 88-5): 만수위터, 2~3m 수심대로, 차 앞 낚시가 가능하다.

- 좌상류 코너부(증동리 산 90-1): 만수위터, 2m 수심대로, 차 앞 낚시가 가능하다.

- 우하류(증동리 산 98-2): 갈수기 릴터, 무넘기 인근으로, 진입로 가에 주차하면 된다.

- 퇴수로 최상류(증동리 산 99-3): 만수위터, 무넘기 쪽 제방에서 퇴수로를 따라 40m 내려온 지점이다. 광암지에서 물이 내려오면 큰 조황이 터진다.

신안 증도 대초리수로

- **장낚 정보**: 소~대짜 마릿수터, 적기(9~11월), 입질 시간(일몰~04시), 새우·참붕어·산지렁·청지 렁·미꾸라지 미끼.

증도갯벌생태공원과 붙어 있는 대초리수로는 길이 1.5km, 수로 폭 15m로, 증도의 서쪽 해안가에 위치해 있다. 규모는 작지만 소짜에서 대짜급까지 낚이는 저력 있는 낚시터다. 장어 미끼는 자생 새우가 좋으나 잡고기의 성화가 심한 경우에는 미꾸라지로 바꿔 주는 것이 좋다. 증도갯벌생태공원은 유네스코 생물권 보전 지역으로 지정된 곳으로, 낚시에 제약 사항은 없지만, 주변 청결에만 좀 더 신경 써 주면 된다.

포인트 안내
- 수로 최하류권 진입로 초입(신안군 증도면 대초리 1333-2): 진입로 초입에 주차 공간 이 있다.

- 수로 최하류권 방조제(대초리 1602-1): 방조제 위에 주차할 수 있다.

- 수로 최하류권 돌출부(대초리 1333-1): 'ㄱ' 자로 꺾여 돌출된 곳과, 이곳에서 60m 상 류의 다리권이 좋다.

신안 증도 염산지

- **장낚 정보**: 소~대짜 마릿수 터, 적기(4~11월), 입질 시간(일몰~24시), 새우 · 참붕어 · 산지렁 · 청지렁 · 미꾸라지 미끼.

    염산지는 증도의 북쪽 해안가 1만 1천 평 규모의 평지지로, 정사각형 모양을 하고 있다. 북쪽의 바닷가와 600여 미터 떨어져 있는 해안지로, 감탕질 바닥에 수초가 많아, 장어의 서식 환경이 좋다. 염산지의 서남쪽은 산으로 막혀 진입이 어렵고, 서남쪽을 제외한 3면이 모두 제방으로, 제방 전역이 포인트가 되어 준다. 제방 바로 앞 연안은 준설이 완료되어 수심이 2m로 깊게 나오며 중심부로 갈수록 얕아진다. 대낚시를 다대편성하여 수심이 깊은 곳과 얕은 곳을 동시에 노리는 것이 좋다.

℧ 포인트 안내

- 동쪽 코너부(신안군 증도면 방축리 63-18): 전천후터, 갈대가 많은 포인트로, 진입로 초입이나 제방 밑에 주차하면 된다.

- 남쪽 코너부(방축리 63-4): 전천후터, 제방 밑에 주차하면 된다.

- 서쪽 코너부(방축리 995-11): 전천후터, 뒤편 농로에 주차하면 된다.

- 북쪽 코너부(방축리 993-3): 전천후터, 제방 위에 주차하면 된다.

신안 증도 우전리수로

- **장낚 정보**: 소~대짜 마릿수 터, 적기(4~11월), 입질 시간(일몰~24시), 새우 · 참붕어 · 산지렁 · 청지렁 · 미꾸라지 미끼.

우전리수로는 중도의 남쪽 끝 해안가에 위치한 기수역 수로로, 우전리수로 서쪽의 작은 우전지의 퇴수로를 겸하고 있다. 또 우전리수로 300m 남쪽에는 6천 평 규모의 큰 우전지도 있어 다양한 포인트 선택이 가능하다.

세 곳 모두 장어 자원이 풍부해, 새우나 참붕어, 산지렁이, 청지렁이를 미끼로 쓰면 마릿수 장어를 낚을 수 있다. 특히, 8월경에는 우전리수로의 상류권 1.5m 수심에 앉으면 꽝이 없다.

장어 입질 패턴은 새우와 참붕어 미끼에는 찌를 1목 정도 올렸다가 슬그머니 물속으로 가져가는데, 찌톱이 물에 잠긴 뒤 약 1~2초 후에 챔질하면 된다. 지렁이에는 찌가 깜박거리며 좌우로 왔다 갔다를 반복하다가 찌톱이 잠기고 2~3초 기다리는 중에 찌톱이 재상승하지 않고 잠긴 상태를 유지하면 바로 챔질해 준다.

⎎ 포인트 안내

- 수로 상류(신안군 증도면 우전리 683-7): 6~8월터, 1.5m 수심대로, 농로 가에 주차하면 된다. 2020. 8월(소~중짜 4수), 2013. 8월(소~중짜 3수).

신안 증도 증동리수로(중앙수로)

- **장낚 정보**: 소~중짜 마릿수터, 적기(9~11월, 4~5월), 입질 시간(일몰~04시), 새우 · 참붕어 · 산지렁 · 청지렁 · 미꾸라지 미끼.

증동리수로는 중도의 대표적인 수로 장어터로, 증도대교를 건너 600m를 더 가면, 도로 우측에 폭 15m에 길이 2km가량 도로와 나란히 붙어 있다. 전역에 부들과 갈대가 분포하며, 5월부터는 수초가 수면을 덮어 낚시가 어려워지고, 9월부터 이듬해 4월까지 대를 드리우기 좋은 환경이 된다.

증동리수로는 타 수로와 달리 장어 밤낚시가 잘되는 편으로, 미끼는 새우, 참붕어, 지렁이가 좋다. 도로변 연안은 급경사 지역으로 낚시 자리가 거의 없어 도로 건너편 농로 쪽에 앉는 것이 좋다.

ᶘ 포인트 안내

- 증도대교에서 세 번째 다리(신안군 증도면 증동리 2006-3): 증도대교에서 세 번째 다리와 네 번째 다리 사이가 주 포인트로, 저수온기에 대낚시로 물골을 노리면 좋다. 다리 양 끝에 한두 대씩 주차할 수 있다.

신안 증도 증동지(진북지)

- **장낚 정보**: 소~중짜 마릿수터, 적기(6~7월), 입질 시간(일몰~04시), 새우·참붕어·산지렁·청지 렁·미꾸라지 미끼.

증동지는 1만 평 규모의 계곡지로, 증동리수로의 북쪽 약 300m 지점에 위치해 있다. 증동리수로에 가려 잘 찾지 않는 곳이나, 50~60cm급의 장어가 잘 낚인다. 제방을 제외한 3면이 산으로 둘러싸여, 만수위에는 우하류권 홈통 외에는 자리가 나오지 않는다. 5월 이후 물이 빠져야 포인트 진입이 원활해진다.

ᶘ 포인트 안내

- 좌상류(신안군 증도면 증동리 982-1): 6월터, 진입로 옆에 주차하면 된다.

- 제방 좌측부(증동리 1142-1): 갈수기터, 제방 밑 진입로에 주차하면 된다.

- 제방 우측 끝 홈통(증동리 936-1): 만수위터, 제방 우측에 주차할 수 있다.

신안 증도 증서지

- **장낚 정보**: 소~중짜 마릿수터, 적기(4~11월), 입질 시간(일몰~23시), 새우·참붕어·산지렁·청지
렁·미꾸라지 미끼.

증서지는 증도의 서쪽 해안가에 방조제 하나 사이로 바다와 붙어 있는 6천 5백 평 규모
의 평지지로, 주로 중짜급 이하의 장어가 낚인다. 연안에 뗏장과 부들이 많아 연안 가까이
에서 낚시가 잘 되며, 증서지의 주 어종은 장어, 붕어, 참붕어, 새우 등으로, 장어 미끼는
새우, 산지렁이, 청지렁이 등을 많이 쓴다. 새우는 현장에서 충분한 양이 채집된다.

↳ 포인트 안내

- 방조제 중앙부(신안군 증도면 증동리 1879-5): 6~11월터, 방조제 우측 끝에 주차 후
100m 이상 도보 진입해야 한다.

- 우하류(증동리 1868-1): 도로변에 주차하면 된다.

- 우상류(증동리 1875): 도로변에 주차하면 된다.

신안 지도 봉동지(봉리지)

- **장낚 정보**: 소~대짜 마릿수터, 적기(4~11월), 입질 시간(일몰~04시), 새우·참붕어·산지렁·청지
렁·미꾸라지 미끼.

봉동지는 지도의 북쪽 해안가에 위치한 8만 평 규모의 평지지로, 염전수로라 불리는 퇴
수로가 북쪽으로 900m를 흘러 바다와 만난다. 전역에 뗏장, 갈대, 말풀, 마름 등이 발달해
있고, 풍부한 자원을 품고 있어 사계절 내내 낚시가 이루어진다. 여름철인 6~8월에는 마

름이 수면을 덮기 때문에 마름을 걷어내고 낚시를 해야 한다.

주 서식 어종은 장어, 가물치, 동자개, 붕어, 잉어, 새우, 참붕어, 배스 등이며, 바다와 가까워 장어의 개체 수가 많다. 장어 미끼는 자생 새우와 참붕어, 지렁이를 많이 쓰는데, 장어만을 골라 낚기 위해서는 굵은 지렁이가 좋다. 지도는 별도의 낚시 금지 기간을 정해 놓지 않아 자유롭게 출조할 수 있다.

↳ 포인트 안내

- 최상류 공원 앞(신안군 지도읍 봉리 180-1): 만수위터, 1m 수심의 마름권으로, 진입로 변에 주차 공간이 많다. 2012. 4월(중짜 1수).

- 우중류 골(봉리 319): 만수위터, 1.5m 수심대로, 도로변에 주차하면 된다. 자리가 협소하여 좌대를 펴야 편리하다. 2005. 6월(중짜 1수).

- 제방(봉리 1763-1): 갈수기터, 바람의 영향이 많은 곳으로, 강풍이 부는 날은 피하도록 한다. 제방 밑에 주차하면 된다.

- 퇴수로(봉리 1670-45): 봄·가을터, 1~2m 수심의 수초권으로, 참붕어와 지렁이 미끼가 좋다. 도로변에 주차 공간이 많다.

- 개머리지 우중류 홈통(신안군 지도읍 내양리 1294-1): 봉동지 진입 500m 전 우측에 보이는 저수지로, 이곳 역시 장어 자원이 많다. 도로변에 주차하면 된다.

신안 지도 오룡3지

- **장낚 정보**: 소~대짜 마릿수터, 적기(4~11월), 입질 시간(일몰~04시), 새우·참붕어·산지렁·청지렁·미꾸라지 미끼.

오룡3지는 지도의 남서쪽 농경지 한가운데 자리한 1만 평 규모의 해안 각지로, 바다와 600m 거리로 붙어 있다. 감탕질 바닥으로 심한 가뭄에도 마르지 않으며, 가을부터 초겨울 사이에 굵은 장어가 잘 낚인다.

주 서식 어종은 장어, 가물치, 동자개, 붕어, 참붕어, 새우 등이며, 전역에 다양한 수초가 발달해 있다. 여름철에는 수초가 전역을 덮고, 청태까지 끼어 대를 담그기 어렵다. 수초가 번성하기 전인 4~5월이나, 수초가 삭아 든 9~11월에 출조하는 것이 좋다. 참붕어 미끼에는 붕어의 성화가 심하다. 장어만 골라 낚으려면 새우와 지렁이 위주로 꿰어 주는 것이 좋다. 대부분의 포인트에 차량이 진입할 수 있다.

↳ 포인트 안내

- 우상류(신안군 지도읍 자동리 1722-1): 우중류 홈통권에 주차 후, 북쪽으로 50m가량 도보 진입하면 된다. 갈대밭에서 들어뽕을 하면 좋다.

- 우중류 홈통(자동리 1504): 진입로에서 가장 가깝고, 차 앞 낚시가 가능하다.

- 우하류 돌출부(자동리 1823-1): 뗏장권 대낚시 포인트로, 우중류 홈통권에 주차하고, 60m가량 걸어 들어가면 된다.

신안 지도 백양지

- 장낚 정보: 소~중짜 릴·대낚 마릿수터, 적기(4~11월), 입질 시간(일몰~04시), 참붕어·산지렁·청지렁·미꾸라지 미끼.

백양지는 지도의 서쪽 해안가 5천 5백 평 규모의 평지지로 바다와 300m가량 떨어져 있다. 셋이 출조하면 둘은 장어를 잡는다고 할 만큼 장어 자원이 많다. 주 미끼는 참붕어와 지렁이가 좋다. 전역에 수초가 많아 여름철에는 대낚시 위주로 해야 하며, 릴낚시는 수초의 세력이 약한 4~5월과 9~11월이 좋다.

포인트 안내

- 제방 우측(신안군 지도읍 광정리 581-1): 전천후터, 제방 우측 끝에 주차 공간이 있다.

여수시 11선

여수 덕곡지

- **장낚 정보**: 대짜 릴터, 적기(4~11월), 입질 시간(일몰~02시), 산지렁 · 청지렁 · 미꾸라지 미끼.

여수권 저수지 대부분은 퇴수로가 기수역으로, 퇴수로를 따라 장어 자원이 풍부하게 유입되는 환경을 갖고 있다. 하지만 쌍봉천과 쌍봉천 주변 몇 개의 저수지에서만 장어 낚시가 성행할 뿐, 아직 새로운 장어 낚시터를 추가 개발할 여지가 많다. 또 바다낚시가 주축인 여수권에서는 민물장어 미끼를 구하기 어렵기 때문에, 사전에 외지에서 미리 구입해 가야 하고, 장어를 낚는 즉시 아이스박스에 보관하여 수달의 출몰에도 대비해야 한다.

덕곡지는 6천 평 규모의 계곡지로 중상류권에 수초가 많으며, 퇴수로는 장어가 많기로 유명한 쌍봉천과 연결되어 있다. 쌍봉천도 장어가 잘 낚여 군이 덕곡지까지 올 필요는 없지만, 대물 장어를 목적으로 하는 꾼이라면 그냥 지나칠 수 없는 곳이다. 덕곡지의 주 서식 어종은 장어, 가물치, 메기, 자라, 붕어, 잉어, 외래종 등이며, 장어 미끼는 미꾸라지, 청지렁이, 산지렁이를 많이 쓴다.

↳ 포인트 안내

- 제방의 북쪽 끝(여수시 소라면 덕양리 446-1): 갈수기터, 무넘기 좌 · 우측이 모두 릴 포인트다. 도로변에 주차할 수 있다.

- 제방의 북쪽 부분(덕양리 450): 갈수기터, 3~4m 수심대로, 대낚시 긴 대로 제방 석축

과 바닥의 경계 지점을 노리면 좋다. 제방 밑에 주차하면 된다.

여수 대포지

- 장낚 정보: 소~대짜 마릿수터, 적기(4~12월), 입질 시간(일몰~04시), 새우·청지렁·갯지렁·미꾸라지 미끼.

대포지는 동서로 길게 놓여진 8만 평 규모의 계곡지로, 주변이 산으로 둘러싸여 계절마다 색다른 풍광을 선사한다. 퇴수로는 쌍봉천의 상류 천인 소라천에 유입되며, 쌍봉천의 자원이 유입된다.

장어 외 메기, 동자개, 붕어, 배스, 새우 등이 서식하며, 큰비 후 상류권에 흙탕물이 유입되면 마릿수 장어가 입질한다. 대포지의 물이 넘칠 때는 퇴수로와 연결된 소라천 대포교 부근도 특급 장어터가 된다. 대포지는 배수기가 되면 붕어꾼이 잘 찾지 않는데, 이때는 중하류권의 깊은 수심에서 여유롭게 대물 장어를 노릴 수 있다.

⮎ 포인트 안내

- 좌최상류(여수시 소라면 대포리 산 39-1): 만수위터, 흙탕물 유입 시 인기 포인트로, 붕어꾼도 많으며 대낚시만 가능하다. 도로변에 주차하면 된다.

- 좌상류 돌출부(대포리 산 36-2, 산 35-3): 5~7월터, 2m 수심의 말풀권으로, 물이 빠지면 앉을 자리가 편해진다. 도로변에 주차하면 된다.

- 좌중류(대포리 산 33-2): 갈수기 터, 2m 수심, 도로변에 주차장이 넓다.

- 좌하류(대포리 산 27-4): 갈수기 터, 3m 수심대로 차 앞 낚시가 가능하다.

여수 마상지

- **장낚 정보**: 소~대짜 해안가 마릿수 터, 적기(4~11월), 입질 시간(일몰~04시), 참붕어 · 새우 · 청지렁 · 미꾸라지 미끼.

마상지는 8천 평 규모의 계곡지로, 퇴수로가 서쪽으로 약 500m를 흘러 여자만에 합류되고, 이 퇴수로를 통해 장어 자원이 유입된다. 주 서식 어종은 장어, 가물치, 붕어, 참붕어, 새우 등이며, 외래종은 아직 없다. 진입로와 주차 공간이 협소해 꾼들이 많이 찾지 않아 장어를 비롯한 가물치 자원이 많다.

1m 수심의 수초권에서는 참붕어와 새우 미끼에 가물치와 붕어의 성화가 심한데, 수초에서 1~2m 떨어진 곳에 미끼를 투척하면 잡고기의 성화를 줄일 수 있다. 장어 자원이 많은 곳이므로 미꾸라지만 꿰어 굵은 씨알만 노리는 방법도 좋다.

↳ 포인트 안내

- 우상류(여수시 화양면 옥적리 1662-1): 봄 · 가을터, 밭 앞 포인트로 발판이 편하며, 3~4대 주차할 수 있다.

- 제방 중앙(옥적리 2080): 갈수기 대낚시 포인트로, 차량 진입도 가능하고 좌대를 설치하면 좋다.

여수 산곡지(신풍지)

- **장낚 정보**: 소~대짜 마릿수 터, 적기(5~9월), 입질 시간(일몰~04시), 산지렁 · 청지렁 · 미꾸라지 미끼.

산곡지는 여수공항 서쪽 약 600m 지점 3만 평 규모의 계속지로, 퇴수로가 쌍봉천의 하류권에 합류되며, 쌍봉천의 자원이 유입된다. 산곡지는 3면이 모두 산으로 둘러싸여 우안으로는 진입할 수 없고, 좌안으로만 진입로가 나 있다. 그러나 좌안도 만수 시에는 포인트가 극도로 제한되므로, 물이 빠진 뒤에 진입하는 것이 좋다.

↳ 포인트 안내

- 좌중류 홈통(여수시 율촌면 신풍리 1221-1) : 만수위에는 진입로에 주차 후, 약 130m 가량 걸어 들어가야 앉을 자리가 나온다. 그러나 물이 빠지면 진입로에서 50~70m만 걸어 들어가도 포인트에 닿을 수 있다.

여수 소옥1지

- **장낚 정보**: 소~대짜 릴 · 대낚터, 적기(4~11월), 입질 시간(일몰~04시), 납자루 · 참붕어 · 밀어 · 산지렁 · 청지렁 · 미꾸라지 미끼.

소옥1지는 여수시청 서남쪽 14km 지점에 위치한 2만 평 규모의 계곡지로, 상당히 외진 곳에 있다. 퇴수로는 남쪽으로 2.4km를 흘러 여자만에 유입되며, 여자만의 자원이 유입된다. 주 서식 어종은 장어, 가물치, 붕어, 잉어 등으로, 아직 외래종은 보이지 않는다. 소옥1지는 워낙 외진 곳에 있어 장어꾼을 거의 볼 수가 없다. 덕분에 한적한 분위기에서 나 홀로 장어 낚시를 즐길 수 있다. 장어 미끼는 납자루, 참붕어, 밀어 등이 좋은데, 이들 미끼에는 붕어도 함께 낚이므로 가급적 굵은 개체를 꿰어 주는 것이 좋다. 굵은 미끼에도 붕어가 계속 붙으면, 미꾸라지와 지렁이로 즉시 바꿔 달아 초저녁 입질 타임에 집중하도록 한다.

↳ 포인트 안내

- 우상류 새물부(여수시 화양면 옥적리 920-2): 30~40m 전방에 마름 군락이 있고, 마름 군락의 북쪽에서 새물이 유입된다. 마름 군락과 새물 유입부 사이를 릴 단타로 노려야 한다. 도로변에 주차하면 된다.

- 우중상류(옥적리 924): 2~3m 수심대로, 배수가 진행되는 5~6월 포인트로 좋다. 도로 변에 주차하면 된다.

- 제방의 동남쪽 부분(옥적리 1162): 석축 앞의 수심이 2~3m가 되면 석축 앞에 붙이고, 2m 수심이 안 되면 약 20m 릴 단타를 친다. 제방 위에 주차하면 된다.

여수 조화지(사항지)

- **장낚 정보**: 소~대짜 릴터, 적기(6~8월), 입질 시간(일몰~04시), 산지렁·청지렁·참붕어·미꾸라지 미끼.

조화지는 2만 2천 평 규모의 해안가 평지지로, 4면이 제방인 직사각형 모양을 하고 있 다. 바다와 600m 거리로 가깝고, 조화지의 남쪽 기수역인 율촌천을 통해 장어 자원이 유 입된다. 조화지는 전역이 1~2m 수심의 말풀 밭으로 장어의 서식 여건이 양호하며, 장어 낚시는 6~8월 사이 큰비가 내린 후, 30칸 이하로 제방 석축 앞을 노리는 방법과, 북쪽 제방 공영주차장 앞에서 원투낚시를 하는 방법이 있으나, 말풀이 번성한 시기에는 대낚시가 편 리하다. 장어 미끼는 참붕어와 지렁이가 많이 쓰인다.

↳ 포인트 안내

- 북쪽 제방 공영주차장 앞(여수시 율촌면 조화리 322-3): 6~8월 원투터, 공영주차장에 20~30대 주차할 수 있다.

- 북쪽 제방 동쪽 코너부(조화리 299-2): 6~10월터, 수초권 대낚시 포인트다. 도로변에 주차하면 된다.

- 남쪽 제방 서쪽 코너부(조화리 802): 6~10월터, 배수구 인근의 대낚시 포인트다. 차

앞 낚시가 가능하다.

여수 죽림지(관기지)

- **장낚 정보**: 대물 릴터, 적기(9~11월), 입질 시간(일몰~04시), 고등어살·대하살·새우·산지렁·청지렁·미꾸라지·참붕어 미끼.

죽림지는 7만 3천 평 규모의 평지지로, 전역에 말풀, 연, 부평초 등이 발달해 있다. 여름에는 부평초가 수면 위를 떠다녀 연안 낚시에 불편을 주기도 한다. 퇴수로는 죽림지 서남쪽 2.4km 지점의 가사리생태공원으로 유입되는데, 이 공원은 죽림지와 비슷한 규모로 바다와 맞닿아 있어 장어 자원이 풍부하며, 이 자원이 죽림지로도 유입된다.

주 어종은 장어, 가물치, 동자개, 붕어, 잉어, 외래종 등으로, 죽림지의 장어 낚시는 외래종의 성화를 줄이는 것이 가장 중요하다. 시간대에 따라 미끼 종류를 바꿔 가며 외래종의 성화가 적은 미끼를 쓰도록 한다.

우중·상류권의 골프연습장 앞은 한때 이름난 장어 포인트였으나, 현재는 골프 영업장으로 변해 낚시를 할 수 없으며, 또 골프연습장 동쪽에는 25만 평 규모의 도시 개발이 진행될 예정으로 앞으로도 많은 변화를 겪게 될 전망이다.

↻ 포인트 안내

- 우최상류(여수시 소라면 죽림리 742-2): 만수위터, 1m 수심의 만수위 포인트로, 등 뒤에 22번 국도가 지나고 있어 통행 차량의 소음이 있다. 도로변에 주차하면 된다.

- 제방 중앙(죽림리 1082-1): 9~11월터, 3~4m 수심대의 바람을 등질 수 있는 포인트다. 제방 밑에 진입로가 있다.

- 제방 좌측부(현천리 1139-12): 9~11월터, 수심 2~3m의 수초밭이다. 제방 아래에 진

입로가 있다.

- 제방 우현 무넘기권(죽림리 1085-9): 9~11월터, 1~2m 수심의 수초 밀생 포인트다. 제방 밑에 진입로가 있다.

여수 죽림지 퇴수로(가사리수로)

- **장낚 정보**: 소~중짜 기수역 마릿수터, 적기(3~11월), 입질 시간(일몰~23시), 산지렁 · 청지렁 · 참붕어 미끼.

죽림지의 퇴수로인 가사리수로는 폭 20m, 길이 2.5km의 소형 수로로, 물길이 농지의 중앙을 지나 가사리생태공원에 유입되며, 생태공원에서 다시 바다로 유입되는 기수역 수로다. 장어 낚시는 수로 전역에서 행해지는데, 중 · 상류권은 갈대와 부들이 발달한 1m 수심대이며, 하류권은 수심이 더 깊게 나온다. 둑방과 수면 사이의 경사가 급해, 둑방 위에서 릴 단타도 가능하나, 대낚시를 위해서는 좌대를 펴는 것이 좋다.

↳ 포인트 안내

- 우상류(여수시 소라면 현천리 1145-8): 죽림지의 하류 750m권으로, 큰비 후 산지렁이에 입질이 빠르다. 둑방 길에 주차하면 된다.

- 좌하류(현천리 1153-1): 9~11월터, 수심 1.5m, 수로 폭 20m권으로, 둑방 길에 주차하면 된다.

여수 취적지

- **장낚 정보**: 소~대짜 마릿수터, 적기(3~11월), 입질 시간(일몰~24시), 새우·참붕어·산지렁·청지렁·미꾸라지 미끼.

취적지는 여수공항 북쪽 3.5km 지점 5천 평 규모의 계곡지로, 상류는 좁고 하류가 넓은 호리병 모양을 하고 있다. 제방을 제외한 3면이 산과 맞닿아 경치가 수려하고 수질이 좋다. 퇴수로는 동쪽으로 1.2km 흘러 광양만에 흘러드는 기수역으로, 광양만의 자원이 유입된다. 주 서식 어종은 장어, 메기, 가물치, 동자개, 붕어, 잉어, 참붕어 등으로, 장어 미끼는 참붕어와 지렁이를 쓰며, 중짜급 이하의 장어를 마릿수로 낚을 수 있다.

↳ 포인트 안내

- 좌최상류(여수시 율촌면 취적리 1201-2): 만수위터, 1~2m 수심의 새 물 포인트다. 차앞 낚시가 가능하다.

- 좌상류 돌출부(취적리 1202): 갈수기터, 급심 지역으로 30m 이내의 단타가 좋다. 진입로 옆에 개구리 주차를 하면 된다.

여수 쌍봉천

- **장낚 정보**: 장어 낚시 신병훈련소, 적기(3~12월), 입질 시간(일몰~24시), 산지렁·청지렁·갯지렁·참붕어 미끼.

쌍봉천은 광양만에 유입되는 기수역으로, 장어꾼이라면 꼭 한 번은 다녀가야 하는 장어 낚시 성지 같은 곳이다. 쌍봉천과 같이 개체 수가 많은 곳에서는, 장어 대낚시를 익히는 데 하루면 족하다. 챔질 타이밍을 최대한 늦춰가며, 미끼의 종류마다 찌가 움직이는 양상을 관찰해 보면, 단 하루 만에도 많은 것을 배울 수 있다.

↳ 포인트 안내

- 쌍봉천 우중류(여수시 소라면 대포리 1346-12): 갈수기터, 진입 농로에 개구리 주차를 하면 된다.

- 쌍봉천 우상류(대포리 1386-4): 6말~12월터, 소라천 합수부의 360m 하류권으로, 장마 후 포인트다. 진입 농로에 개구리 주차를 하면 된다.

- 쌍봉천 대평교 우하류 주삼동 보(여수시 주삼동 951-1): 대평교 상·하류권이 장마 후 특급 포인트다. 둑방 길에 주차하면 된다.

- 소라 천 우하류(대포리 1410-3): 쌍봉천의 우상류권 물줄기로, 수초가 많다. 진입로의 커브 길에 주차하면 된다.

여수 화동지

- **장낚 정보**: 대물 릴터, 적기(5~9월), 입질 시간(일몰~04시), 미꾸라지·돌고기·산지렁·청지렁·새우 미끼.

화동지는 산속 오지에 위치한 2만 평 규모의 협곡지로, 수질이 매우 좋다. 퇴수로는 북서쪽으로 2.3km를 흘러 여자만으로 유입되는 기수역이다. 동네 영감님 말씀에 의하면, 화동지는 50여 년간 마른 적이 없고, 여름철 인근 야산에 올라 화동지를 내려다보면 짚단만 한 잉어가 떼를 지어 다니고, 큰비가 오면 대물 장어와 가물치가 출몰한다고 한다.

화동지는 수온이 낮고 물이 맑아, 장어 낚시 도중 각종 계류어를 비롯한 잡고기의 성화가 심하다. 일몰 시점에는 미꾸라지와 돌고기를 꿰어 주면 좋고, 심야 시간에는 지렁이와 새우로 바꿔 주면 좋다. 초대물급 장어가 서식하므로 강한 채비를 갖추어야 한다.

♌ 포인트 안내

- 좌상류 물골(여수시 화양면 화동리 산 251-6): 갈수위터, 수심 2~4m의 돌바닥으로, 도로변에 주차 후 연안 숲을 15m가량 내려가면 앉을 자리가 단 한 곳 나온다. 밑걸림이 있으므로 여분의 채비를 준비해야 한다.

- 좌하류 홈통(화동리 1829-3): 전천후터, 수심이 1~4m로 만수위에도 유일하게 진입할 수 있는 포인트다. 도로변에 주차하면 된다.

영광군 21선

영광 구내지(내남지)

- **장낚 정보**: 소~중짜 대낚 마릿수터, 적기(5~10월), 입질 시간(일몰~24시), 참붕어·새우·산지렁 미끼.

구내지는 4만 5천 평 규모의 해안가 평지지로, 수초가 많아 정수가 잘된 맑은 물을 담고 있다. 퇴수로는 남서쪽으로 1.5km를 흘러 신안 앞바다로 빠져나가며, 신안 앞바다의 자원이 유입된다. 구내지는 바다와 가까워 장어 자원이 풍부함에도 장어꾼이 잘 찾지 않는데, 장어 낚시의 성수기인 여름철에 수초가 밀생하여 채비 투입이 불가능하기 때문이다. 수초가 약해지는 9월부터는 채비 투입이 쉬워지며, 마릿수 장어도 기대할 수 있다.

포인트 안내

- 최상류(영광군 염산면 봉남리 468): 붕어꾼이 많은 곳으로, 붕어꾼들 사이에 앉아 뗏장을 넘겨 쳐야 하는데, 주변이 소란스러우면 장어 입질을 받기 어렵다. 이때는 조용한 곳으로 자리를 옮겨야 한다. 4~5대 주차할 수 있다.

- 우하류(봉남리 363-57): 물이 빠지면 릴 원투 자리가 나온다. 도로변에 10여 대 주차할 수 있다.

영광 길용제

- **장낚 정보**: 소~대짜 릴·대낚터, 적기(5~8월), 입질 시간(일몰~02시), 새우·산지렁·청지렁·미꾸라지 미끼.

길용제는 7만 3천 평 규모의 협곡지로, 수질이 좋고 주변 풍광이 수려해 여름철 피서터로 좋다. 퇴수로는 북동쪽으로 3km를 흘러 와탄천에 유입된다. 주 서식 어종은 장어, 메기, 동자개, 떡붕어, 잉어 등으로, 인공 방류된 떡붕어 자원이 많아 중층 낚시인들에게 인기가 많다.

길용제는 물이 차고 수심이 깊어 5월부터 8월 사이 짧은 기간에만 장어 낚시가 이루어지는데, 2009년부터 200g급 씨알이 낚이기 시작했다. 좌안은 하류에서 상류까지 진입로가 잘 나 있고, 좌안 중상류권 곳곳에 자리가 닦여져 있어 포인트를 잡기가 쉽다.

ᘞ 포인트 안내

- 최상류 돌출부(영광군 백수읍 길용리 649-6): 길용제의 가장 인기 포인트로, 차 앞 낚시가 가능하다. 2009. 5월(소짜 1수).

- 좌상류 돌출부(길용리 산 98-9): 수심 깊은 갈수기 포인트로, 차 앞 낚시가 가능하다.

영광 법성포수로(구암천) 홍농교권

- **장낚 정보**: 소~대짜 마릿수 터, 적기(7~10월), 입질 시간(일몰~24시), 새우·산지렁·청지렁·미꾸라지 미끼.

법성포수로는 고창군의 두암지에서 남서쪽으로 10km를 흘러 법성포 앞바다로 빠져나가는 기수역 수로다. 수로의 길이는 짧으나, 인기 포인트인 홍농교 부근의 강폭은 100m가 넘는다. 기수역 수로인 만큼 다양한 씨알의 장어가 서식하며, 2012년경에는 인근의 장어 양식장이 유실되어 수많은 장어꾼이 몰리기도 했다. 장어 미끼는 새우와 지렁이가 좋은데, 잡고기의 성화가 심한 경우 미꾸라지만을 쓰기도 한다.

৬ 포인트 안내

- 홍농교 좌상류(영광군 홍농읍 상하리 1318): 7~10월터, 홍농교 북단의 둑방 길로 진입하여 1.2km 올라가면 다리가 한 개 나오는데, 홍농교와 이 다리 사이가 주 포인트다. 둑방 길과 상류 다리 주변에 주차 공간이 나온다.

영광 봉덕지

- **장낚 정보**: 소~중짜 마릿수터, 적기(5~11월), 입질 시간(일몰~24시), 새우·참붕어·산지렁·청지렁·미꾸라지 미끼.

봉덕지는 7만 평 규모의 해안가 계곡지로, 퇴수로는 바다와 접해 있는 안강지로 흘러들며, 안강지로부터 자원이 유입된다. 전역이 2m 내외의 수심으로, 5월부터는 마름, 뗏장, 청태 등이 발달해 릴낚시는 불가하고, 대낚시와 보트 낚시가 성행한다.

주 서식 어종은 장어 외 가물치, 메기, 동자개, 붕어, 잉어, 참붕어, 새우, 외래종 등으로, 붕어 낚시에 새우와 참붕어를 쓰면 장어가 심심찮게 낚인다. 미꾸라지나 굵은 참붕어를 꿰면 동자개 등 잡고기의 성화를 줄일 수 있다.

৬ 포인트 안내

- 우중상류(영광군 염산면 상계리 926-3): 5~11월터, 수심 2~3m의 마름권으로, 대낚시 32칸 이상 긴 대가 좋다. 도로변에 주차하면 된다.

- 좌상류 배터(상계리 1220): 만수위·오름 수위터, 마름권 1~2m 수심대로, 차 앞 낚시

가 가능하다.

- 제방의 서쪽 끝(상계리 1341-51): 6~8월터, 2~3m 수심대로, 진입로 가에 주차하면 된다.

영광 봉양지

- **장낚 정보**: 소~대짜 릴·대낚 마릿수터, 적기(5~10월), 입질 시간(일몰~24시), 산지렁·청지렁·미꾸라지 미끼.

봉양지는 3만 5천 평 규모의 해안가 평지지로, 염산면 면소재지 마을 서쪽에 붙어 있어 마을의 편의시설을 이용하기에 좋다. 퇴수로는 1.7km 서쪽의 갯골로 빠져나가며, 이 갯골을 통해 장어 치어가 유입된다. 봉양지는 남쪽과 서쪽의 2면이 제방으로 되어 있으며, 장어 낚시는 남쪽 제방에서 많이 한다. 8월 말부터 11월까지는 퇴수로에서도 마릿수 장어를 낚을 수 있다.

◡ 포인트 안내

- 남쪽 제방과 서쪽 제방이 만나는 코너부(영광군 염산면 봉남리 844): 1~2m 수심의 릴과 대낚시 포인트다. 제방 위에 군데군데 주차 공간이 있다.

- 퇴수로(봉남리 1183-1): 봉양지 무넘기의 하류 850m 지점으로, 수초가 밀생한 대낚시 포인트다. 둑방 길에 주차하면 된다.

영광 불갑지

- **장낚 정보**: 중~대짜 릴터, 적기(6~7월), 입질 시간(일몰~04시), 청지렁·미꾸라지 미끼.

불갑지는 51만 평 규모의 대형 계곡지로, 풍광이 수려하고 수질이 좋다. 3월 말부터 4월까지는 연안 벚꽃길이 아름다워 벚꽃 관광지로도 인기가 많다. 중·하류권에는 수변공원과 수상 스키장이 있어, 낚시는 중·상류권을 중심으로 행해지며, 장어 미끼는 청지렁이와 미꾸라지를 많이 쓴다.

↳ 포인트 안내

- 우측 골 중류(영광군 불갑면 금계리 260): 갈수기터, 수변공원 건너편으로, 차 앞 낚시가 가능하다. 2009. 6월(중짜 1수).

- 좌측 골 최상류 수로(영광군 묘량면 신천리 864-2): 만수위터, 불갑지의 상류에 있는 연암지와 죽림지의 물이 내려오는 곳으로, 수몰 나무가 군데군데 자리하고 있다. 청지렁이 미끼에 장어 외 4~5짜 혹부리 붕어가 낚이기도 한다.

영광 불갑천

- **장낚 정보**: 소~대짜 마릿수터, 적기(5~10월), 입질 시간(일몰~23시), 산지렁·청지렁·갯지렁·미꾸라지 미끼.

불갑지의 퇴수로인 불갑천은 불갑지의 제방에서 서쪽으로 25km를 흘러 법성포 앞바다로 흘러든다. 불갑천은 전 구간에서 중짜급 이하의 장어가 잘 낚이며, 대물급은 만나기 어렵다. 장어 미끼는 지렁이류가 좋은데, 메기와 참게도 함께 입질한다. 불갑천의 하류권에는 풍력발전기가 다수 설치되어 있고, 축사의 오수가 유입되는 곳이 있으므로 중상류권에 자리하는 것이 좋다.

↳ 포인트 안내

- 불갑천 상류 서해고속도로 좌하류(영광군 불갑면 순용리 198-1): 고속도로 밑에서

하류 가오교까지 1km 구간이 포인트로, 불갑천의 남단 둑방 길에 주차하면 된다. 2013. 6월(청지렁, 소짜 2수).

• 불갑천 상류 가오교권(부춘리 281-1): 장마 후 포인트로, 가오교 양안과 가오교 하류 350m까지가 주 포인트다. 둑방 길에 주차하면 된다.

영광 백수수로

- **장낚 정보**: 소~대짜 마릿수터, 적기(5~10월), 입질 시간(일몰~23시), 산지렁·청지렁·미꾸라지 미끼.

백수수로는 불갑천의 북쪽에서 불갑천과 나란히 붙어 흐르는 기수역으로, 중류권 지산 대교에서 하류 수문까지의 구간이 주 포인트다. 이 구간에는 두 개의 다리가 있는데, 지산 대교를 포함해 하류 방향으로 두 개의 다리 주변이 포인트다. 수로 폭이 50m에도 못 미치나, 낚시가 가능한 범위는 남북으로 5km나 된다. 우기에는 지산대교 상류권에서도 장어 가 낚인다.

↻ 포인트 안내
• 지산대교(영광군 백수읍 지산리 36-10): 지산대교 양단에 주차하면 된다. 2016. 7월 (청지렁, 소짜 1수).

• 지산교(지산리 1046-1): 지산교 양단에 주차하면 된다. 2020. 5월(청지렁, 소짜 1수).

영광 송정수로

- **장낚 정보**: 소~중짜 마릿수터, 적기(5~9월), 입질 시간(일몰~04시), 새우·산지렁·청지렁·미꾸라지 미끼.

　송정수로는 저류지형 수로 낚시터로, 방조제 하나를 두고 바다와 붙어 있는데, 수면적은 7천 평이나 되며, 수로 폭도 50~60m에 이른다. 수면이 해변을 따라 남북으로 길게 늘어서 있어 장어 자원의 유입이 쉽고, 수초도 많아 장어의 서식 여건도 좋다.

　4면이 제방으로, 둘레길이 나 있어 포인트 진입도 쉽다. 바다 쪽 방조제는 북쪽 끝단과 남쪽 끝단에 주차가 편리하며, 육지 쪽 제방에는 중간에 한두 대씩 주차할 수 있다.

↳ 포인트 안내

- 동쪽 연안 중류권(영광군 염산면 옥실리 1745-1): 수로 폭 40m권으로, 대낚시 긴 대가 적합하다. 바람을 등지고 자리해야 한다.

영광 안강지(대선지)

- **장낚 정보**: 소~대짜 마릿수터, 적기(4~11월), 입질 시간(일몰~04시, 밀물), 새우·산지렁·청지렁·미꾸라지 미끼.

　안강지는 5만 평 규모의 간척호로, 설도항 방파제를 사이에 두고 바다와 붙어 있다. 안강지 양안에는 뗏장과 갈대, 부들 등의 수초가 많은데, 이들 수초를 끼고 다양한 포인트가 전개된다.

　안강지를 찾는 외지 꾼도 거의 없지만, 바닷고기를 선호하는 주민들도 민물낚시를 하지 않기 때문에 비교적 넉넉한 자원을 보유하고 있다. 만수위에는 찌만 세울 수 있는 곳이면 장어가 낚인다. 중·하류권은 수심이 얕아 원투낚시가 좋고, 상류권은 중·하류권보다 수심이 깊어 대낚시도 가능하다.

<small>⏎ 포인트 안내</small>

- 좌중류 홈통(영광군 염산면 봉남리 1415-8): 전천후터, 농수로가 합류되는 곳으로, 상류권에 수초가 많다. 진입로에 주차하면 된다.

- 우상류 수로(오동리 1683): 만수위터, 상류 오동지에서 내려오는 물이 합수되는 곳으로, 합수부 초입과 수로의 하류권이 주 포인트다. 진입로에 주차하면 된다.

- 우중류(오동리 1692): 전천후터, 1~2m 수심대로, 연안 둔치가 40~80m로 넓다. 4륜차만 수면까지 진입할 수 있다.

영광 야월리수로

- **장낚 정보**: 소~중짜 마릿수터, 적기(5~11월), 입질 시간(일몰~04시), 새우·참붕어·산지렁·청지렁·미꾸라지 미끼.

야월리수로는 염산면 서쪽 해안가 농경지의 중앙에 들어앉은 2천 2백 평 규모의 둠벙형 수로로, 수로 폭이 30m 길이가 200m가량 된다. 장어 자원은 야월리수로의 동쪽 300m 지점의 가음방 간척지로부터 유입된다.

야월리수로는 전역에 수초가 많고, 장어, 메기, 가물치, 붕어 등이 잘 낚인다. 야월리수로 주변에는 10여 개의 둠벙이 산재해 있는데, 이들 둠벙에도 자원이 많아 마음에 드는 곳을 골라 하룻밤 낚시를 할 수도 있다.

<small>⏎ 포인트 안내</small>

- 동쪽 진입로(영광군 염산면 야월리 163-284): 동쪽 진입로가 넓은 편으로, 진입로 가

에 주차하면 된다.

영광 영마제

- **장낚 정보**: 대물 릴터, 적기(5~7월), 입질 시간(일몰~04시), 새우·참붕어·산지렁·청지렁·미꾸라
  지 미끼.

영마제는 2만 4천 평 규모의 계곡지로 연안 수심이 3m 정도로 깊게 나온다. 상류 태청
산 계곡에서 내려오는 차고 맑은 물을 담아, 수초도 자라지 않으며, 만수 시에는 낚시 자리
도 나오지 않는다. 퇴수로인 묘량천은 기수역인 와탄천에 합류되며, 와탄천의 자원이 영
마제로 유입되어 자생 새우와 참붕어 미끼에 대물 장어가 출몰한다. 영마제의 최상류권과
우하류권, 좌중·상류권에는 묘지가 있어 밤낚시 포인트로 인기가 없고, 제방 좌측부와 우
중류 돌출부 주변에는 묘지가 없어 밤낚시 독조를 즐기기에 좋다.

⎷ 포인트 안내

- 우중류 밭 앞 돌출부(영광군 묘량면 삼효리 산 26-4): 갈수기터, 좌측 주소의 동쪽 끝
  비포장도로 4거리에서, 북쪽으로 100m가량 진입하면 영마제의 우하류권 수면에 닿
  는다. 이곳에서부터 상류 쪽 130m 구간이 포인트로, 진입로 곳곳에 주차하면 된다.

- 좌중·하류(영광군 대마면 송죽리 산 19-8): 갈수기터, 좌측 주소를 찍고 가면, 제방
  의 좌측부에 이르며, 여기서 상류로 150m를 더 가면 포인트가 나온다. 도로변에 주
  차하면 된다. 2014. 6월(새우, 대짜 1수).

영광 영암천 양장리 둘째 수로

- **장늬 정보**: 대물터, 적기(3~12월 초), 입질 시간(일몰~24시), 새우·산지렁·청지렁 미끼.

영암천은 영산강의 우하류권에 합류되는 영산강의 제1 지천이다. 영암천의 군서면 양장리 구간에는 영암천으로 흘러드는 굵직한 가지 수로가 다섯 개나 되는데, 이들 가지 수로는 영산강 본류로부터 세 번째 분기된 지류들로, 큰비 후에 장어가 많이 올라붙는 곳들이다.

영암천의 우하류에서부터 상류 쪽으로 첫 번째 수로를 학산천이라 하고, 학산천의 좌하류권에서 다시 분기된 수로를 편의상 양장리 첫째 수로라 하고, 첫째 수로의 상류에 있는 수로를 양장리 둘째 수로라 한다. 양장리 둘째 수로는 수심 40~80cm에, 뗏장과 갈대가 발달해 있으며, 낚시가 가능한 곳은 3km 구간으로, 3~4월과 장마철, 그리고 10~11월에 산지렁이와 청지렁를 꿰어 들어뽕을 하면 장어와 대물 붕어가 잘 낚인다.

↳ 포인트 안내

• 좌하류 다리권(영암군 군서면 양장리 1470): 다리 부근에 주차하면 된다.

영광 옥슬지

- **장늬 정보**: 소~대짜 마릿수터, 적기(9~11월), 입질 시간(일몰~04시), 새우·참붕어·산지렁·청지렁·미꾸라지 미끼.

옥슬지는 10만 평 규모의 해안가 평지지로, 수면이 영광군과 함평군에 걸쳐 있다. 퇴수로는 1.2km 서쪽의 향화도항 앞바다에 연결되며, 바다와 가깝고 수초가 많아 장어 자원이 풍부하게 유입된다. 주 서식 어종은 장어, 메기, 가물치, 동자개, 붕어, 잉어, 외래종, 참붕어, 새우 등으로, 늦은 밤 붕어 릴낚시에도 장어가 자주 낚인다.

3월부터는 붕어꾼이 많이 찾는데, 장어 낚시는 이들을 피해 중하류권에 자리하면 좋다.

상류권에서는 6월 말경 오름 수위로 전환되면 산지렁이에 50cm 수심에서도 장어가 낚인다. 오름 수위가 지나면 중하류권과 퇴수로 쪽으로 장어 포인트가 이동되며, 퇴수로는 11월까지 마릿수 장어가 낚인다.

↳ 포인트 안내

- 우최상류(함평군 손불면 학산리 667-3): 만수위터, 수심 1~3m의 수초권으로, 상류권 포인트 중 수심이 제일 깊다. 진입로에 주차하면 된다.

- 우중류(학산리 699): 1~2m 수심대로, 4륜 SUV만 진입하는 것이 좋다. 승용차도 진입은 가능하나 비라도 내리면 탈출이 위험해지므로 주의해야 한다.

- 좌상류(함평군 염산면 옥실리 510): 만수위터, 1~2m 수심의 차 앞 낚시 포인트다.

- 좌중하류 홈통(옥실리 452-2): 갈수기터, 2m 수심의 바위 지대로 차 앞 낚시가 가능하다.

- 제방의 서쪽 끝(옥실리 1389): 갈수기터, 산 쪽으로 원투를 치거나, 제방 좌측 끝에서 대낚시를 하면 좋다. 제방 밑에 주차하면 된다.

- 퇴수로(옥실리 1483): 갈대가 많은 기수역으로, 장마철부터 초겨울까지 마릿수 장어가 낚인다. 옥슬지 제방 좌측 끝에 주차 후 도보 진입해야 한다.

영광 와탄천

- **장낚 정보**: 소~중짜 마릿수터, 적기(5~10월), 입질 시간(일몰~01시), 새우·산지렁·청지렁·미꾸라지 미끼.

와탄천은 고창군 평금저수지에서 발원해, 서쪽으로 24km를 흘러 영광군 법성포 앞바다로 빠져나가는 기수역 하천이다. 예부터 장어가 많기로 유명한 곳으로, 상류권을 중심으로 장어 낚시가 성행한다. 수심이 60cm만 되어도 장어가 낚이므로 깊은 수심을 고집할 필요가 없다. 강계 어종이 많아 미끼 훼손이 심한 편으로, 미끼를 넉넉하게 준비하는 것이 좋다.

↳ 포인트 안내

- 최상류 성산리 보(영광군 대마면 성산리 822-1): 장마 후 수량이 많아지면 호황을 보인다. 보의 좌상류권에 주차하면 된다. 2015. 7월(중짜 1수).

- 중류권 묘량천 합수부(영광군 영광읍 우평리 723-2): 입석2교 우하류 130m권으로, 입석2교 인근에 주차하면 된다. 2018. 5월(소짜 1수).

영광 용성지

- **장낚 정보**: 소짜 마릿수터, 적기(4~11월), 입질 시간(20~04시), 산지렁·새우·미꾸라지 미끼.

용성지는 영광군 오봉산의 동쪽 계곡에 자리한 1만 평 규모의 계곡지로, 오염원이 없는 청정수를 담고 있다. 영광 앞바다와 5km가량 떨어져 있고, 오봉산에 가로막혀 서해의 장어 자원이 유입되기에는 무리가 있어 보인다. 그러나 동네 어른이 50여 년 전부터 장어가 많았다고 하는 것으로 보아, 용성지 인근의 장수천을 통해 장어가 유입되는 듯하다.

↳ 포인트 안내

- 우중상류(영광군 법성면 용성리 399-1): 제방 우측 끝(용성리 402-6)에 주차 후 서쪽으로 60m가량 걸어 들어가면 포인트가 나온다.

영광 장등지

- **장낚 정보**: 소~대짜 마릿수터, 적기(4~11월), 입질 시간(일몰~24시), 새우·참붕어·산지렁·청지렁·미꾸라지 미끼.

장등지는 8천 평 규모의 평지지로, 한겨울만 제외하고 연중 수초로 덮여 있어 장어, 붕어 등의 자원이 잘 보존되어 있다. 퇴수로는 장등지의 동쪽 900m권의 묘량천에 유입되며, 묘량천은 다시 1.5km 하류의 와탄천에 유입된다. 와탄천은 법성포 앞바다로 빠져나가는 기수역 하천으로, 와탄천 물길과 연결된 인근 저수지에 장어 자원을 공급해 준다. 장등지의 장어는 8월 중순부터 5짜급 씨알이 마릿수로 낚이는 경우가 많다. 새우나 참붕어 미끼에는 4짜 붕어도 함께 낚인다.

↩ 포인트 안내

• 제방 중앙(영광군 묘량면 덕흥리 12-13): 6~8월터, 제방 중앙부 전면에 수초가 열려 있는 수면을 릴낚시로 노리면 좋다. 제방 좌·우측 끝에 주차하면 된다. 2014. 8월(제방, 소짜 3수).

영광 지산수로

- **장낚 정보**: 소~대짜 기수역 무꽝터, 적기(3~9월), 입질 시간(일몰~03시), 청지렁·징거미·청갯지렁 미끼.

지산수로는 불갑천의 북쪽 5km 지점을 흐르는 기수역으로, 77번 국도가 가까이에 있다. 수로 폭 30~40m에, 수량도 풍부하며, 최하류 수문에서부터 상류 5km 구간이 장어 포인트로, 장어 자원도 많은 편이다.

지렁이 미끼에는 주로 소짜급이 낚이므로, 중짜급 이상을 낚으려면 미꾸라지를 꿰어 주는 것이 좋고, 가을에는 참게가 많아 철심 목줄을 사용해야 한다. 지산수로는 대규모 농지의 한가운데를 지나 바다로 빠져나가므로 해풍의 영향을 많이 받는다. 초봄과 늦가을에도 체온을 유지할 수 있는 복장으로 출조해야 한다.

↳ 포인트 안내

- 지산대교 우하류(영광군 백수읍 지산리 1287-10): 짧은 릴 대와 대낚시 30칸 내외가 좋다. 둑방 길에 주차하면 된다. 2017. 6월(소짜 3수), 2016. 7월(소짜 1수), 2016. 5월(대짜 2수), 2015. 9월(1수), 2014. 6월(소짜 2수), 2008. 4월(소짜 3수), 2007. 3월(3수), 2006. 9월(1수).

영광 칠성지

- **장낚 정보**: 소~대짜 마릿수터, 적기(4~5월, 9~11월), 입질 시간(일몰~24시), 새우·참붕어·산지렁·청지렁·미꾸라지 미끼.

칠성지는 2만 7천 평 규모의 평지지로, 전역에 갈대와 마름, 연 등의 수초가 많고, 서쪽을 제외한 3면이 석축 제방이다. 1.3km 북쪽에는 기수역인 와탄천이 흐르는데, 퇴수로가 와탄천과 연결되어 와탄천의 자원이 유입된다.

장어 외 서식 어종은 메기, 가물치, 동자개, 붕어, 잉어, 참게, 참붕어, 새우 등으로, 미꾸라지 미끼에는 메기와 가물치가 붙고, 새우, 참붕어, 지렁이 미끼에는 붕어, 동자개, 참게 등이 붙는 등 잡고기의 성화가 심한 편이다. 참게가 미끼를 탐하는 시간이 지나가면 동자개가 낚이는데, 동자개를 몇 수 낚아 내면 이어서 장어 입질이 들어온다.

↳ 포인트 안내

- 우상류(영광읍 덕호리 877-12): 경로당 앞 포인트로, '덕호리 산 123-7' 인근에 주차 후 50m가량 걸어 들어가야 한다. 2008. 10월(소짜 1수).

- 무넘기 남쪽 제방 코너부(덕호리 1027-56): 서쪽 제방과 남쪽 제방이 만나는 코너부로, 진입로 곳곳에 주차 공간이 있다.

- 서쪽 제방 중앙부(덕호리 1305-4): 칠성지 제방 밑에 주차하면 된다.

영광 칠암지(칠곡지)

- **장낚 정보**: 소~대짜 마릿수터, 적기(4~11월), 입질 시간(일몰~04시), 새우 · 참붕어 · 산지렁 · 청지렁 · 미꾸라지 미끼.

칠암지는 4만 평 규모의 해안가 평지지로, 전역에 마름, 뗏장, 말풀, 연 등의 수초가 많다. 퇴수로는 600m 남쪽의 구암천에 유입되며, 구암천의 자원이 유입된다. 주 서식 어종은 장어, 가물치, 메기, 동자개, 붕어, 잉어, 블루길, 참붕어, 새우 등으로, 장어는 소짜에서 대짜까지 서식한다. 장어 미끼는 미꾸라지를 주 미끼로 하고, 새우, 참붕어, 지렁이 등을 곁들이면 좋다.

6~8월 사이에 큰비가 오면 중짜급 이하의 장어가 대낚시에도 잘 낚이며, 가을이 깊어질수록 씨알이 굵어진다. 제방을 포함한 전역이 포인트로, 주차가 가능한 곳이면 어디든 포인트가 된다.

↳ 포인트 안내

- 우상류 새물부(영광군 홍농읍 칠곡리 308-1): 만수위 · 오름 수위터, 수심 1~2m권으로, 차량은 상류 개울의 동쪽 둑방을 타고 진입해야 한다.

- 우하류(칠곡리 산 78-3): 갈수기터, 연안이 편편한 바위 지역으로, 앉을 자리가 편하다. 차 앞 낚시가 가능하다.

- 좌하류 골 하류 돌출부(칠곡리 산 209-4): 갈수기터, 3~4m 수심대로, 구도로에 주차 후 40m가량 걸어 들어가면 된다.

- 좌최하류(칠곡리 산 79-1): 갈수기터, 3~4m 수심대로, 차량은 제방 좌측 끝에서 진입하며 차 앞 낚시도 가능하다. 2011. 6월(소짜 200g 1수).

- 제방 중앙(칠곡리 850): 갈수기터, 3~4m 수심대로 32칸 내외로 발 앞 연안을 공략하면 좋다. 제방 위에 주차할 수 있다.

- 퇴수로 좌중류(칠곡리 878-7): 가을터. 갈대와 부들이 밀생해 있다. 농로의 T자형 교차로에 끼워 넣기식 주차를 해야 한다.

영광 홍곡지

- **장뉴 정보**: 소~대짜 릴·대낚터, 적기(5~7월), 입질 시간(일몰~04시), 새우·참붕어·산지렁·청지렁·미꾸라지 미끼.

홍곡지는 2만 평 규모의 계곡지로, 상류의 백동골에서 내려오는 청정수를 담고 있다. 퇴수로는 남쪽으로 3.3km를 흘러 장어터로 이름난 지산수로에 합류되며, 지산수로의 자원이 유입된다.

주 서식 어종은 장어, 메기, 가물치, 동자개, 자라, 붕어, 잉어, 참붕어, 새우 등이며, 장어 낚시는 5~7월의 조황이 좋다. 자생 새우나 참붕어, 지렁이 미끼에는 소짜급 장어가 낚이며, 중짜급 이상의 씨알을 노리기 위해서는 미꾸라지를 쓰는 것이 좋다.

홍곡지의 좌안은 산으로 막혀 있고, 우안에만 포인트가 있다. 우안은 2~4m 수심대로, 낚시 자리도 넓고, 릴과 대낚시 모두 가능하다.

- 우상류(영광군 백수읍 홍곡리 453): 갈수기터, 50~60m 원투하면, 건너편 물골을 노릴 수 있다. 차 앞 낚시가 가능하다. 2016. 10월(소짜 1수).

- 우중류 돌출(홍곡리 435): 갈수기 3m 수심대로 도로변에 주차하면 된다.

- 우최하류 무넘기 상류(홍곡리 377-1): 갈수기터, 2~3m 수심의 릴과 대낚시 포인트다. 차량 3~4대가 동시에 차 앞 낚시를 할 수 있다.

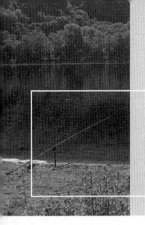

영암군 6선

영암 냉천지(이목동지)

- **장낚 정보**: 중~대짜 릴·대낚터, 적기(5~11월), 입질 시간(일몰~04시), 새우·징거미·참붕어·산지렁·청지렁·미꾸라지 미끼.

   냉천지는 4만 평 규모의 계곡지로, 백룡산 계곡의 청정수가 모여들며, 바닥에서 샘이 솟아 가뭄에도 마르지 않는다. 퇴수로인 삼포천은 북서쪽으로 25km를 흘러 영산강의 우하류권에 유입되며, 영산강의 자원이 유입된다.

   주 서식 어종은 장어, 가물치, 메기, 자라, 동자개, 붕어, 잉어, 외래종 등이며, 여름밤에 새우, 징거미, 산지렁이를 꿰면 굵은 장어가 낚인다. 마름이 발달한 중상류권은 낚시에 적합한 2m 수심대로, 연중 인기 포인트다.

ꗢ 포인트 안내

- 우중하류 홈통(영암군 신북면 이천리 73): 만수위 2m 수심대로, 릴과 대낚시가 가능하다. 도로 폭이 넓어 주차가 편리하다.

- 좌최상류(이천리 산 16-4): 만수위 2m 수심대로, 새 물이 유입될 때 좋다. 진입로에 개구리 주차를 해야 한다.

- 좌하류(이천리 산 4-2): 2m 수심대로, 늦은 밤에도 블루길이 덤벼들기 때문에 미꾸라

지만 사용하는 것이 좋다. 차 앞 낚시가 가능하다.

영암 봉호지

- **장낚 정보**: 소~대짜 릴·대낚 마릿수 터, 적기(3~12월), 입질 시간(일몰~05시), 새우·징거미·참붕 어·산지렁·청지렁·미꾸라지 미끼.

봉호지는 2만 5천 평 규모의 평지지로, 우안과 좌중상류권 수면은 5월부터 연잎으로 덮인다. 퇴수로는 남쪽으로 3.2km를 흘러 영암천의 좌중류권에 연결되며, 우기에 영산강의 자원이 유입된다. 봉호지는 전역이 포인트이나, 만수위에는 상류권, 갈수위에는 제방과 최하류권 포인트가 인기가 있다. 또 주변 농지에는 영산강 물을 공급하므로, 봉호지는 5~6월 배수기에도 넉넉한 수량이 유지된다.

주 어종은 장어, 메기, 가물치, 동자개, 붕어, 외래어 등으로, 장어는 12월 초까지 낚이며, 장마철에는 잔 씨알의 마릿수 장어가 낚이기도 한다. 바닥에는 수초 퇴적물이 많아 목줄을 30cm 이상 길게 매어 주는 것이 좋다.

↳ 포인트 안내

- 좌최하류(영암군 도포면 봉호리 산 128-6): 갈수기터, 수심 1~2m권으로, 릴과 대낚시가 가능하다. 제방 좌측 끝에 주차하면 된다.

- 우최상류(봉호리 1043): 수심 1~2m권으로, 새 물이 유입될 때 특급 포인트다. 농로에 주차 후 40m 도보 진입해야 한다.

- 제방(봉호리 1380-5): 전천후터, 뗏장과 마름, 연이 혼재한 1.5~2m 수심대로, 제방 위나 제방 양 끝에 주차하면 된다.

영암 서창지

- **장낚 정보**: 소~대짜 릴·대낚 마릿수터, 적기(3~11월), 입질 시간(일몰~04시), 새우·징거미·참붕어·납자루·산지렁·청지렁·미꾸라지 미끼.

서창지는 18만 평 규모의 평지지로, 수질이 매우 좋고, 사방이 솔밭으로 둘러싸여 바람을 타지 않는 아늑한 포인트가 많다. 퇴수로는 북쪽으로 4.7km를 흘러 영산강에 합류되며, 영산강의 자원이 유입된다. 서창지는 오래전에 외래종이 유입되어, 붕어 낚시의 경우 터가 센 대물 위주의 한 방터로 변해 버린 곳이다.

주 어종은 장어, 가물치, 동자개, 붕어, 잉어, 외래종으로, 2005년경부터 대물 배스가 자주 출몰해 배스꾼에게도 인기가 높다. 장어 낚시는 수초의 세력이 약한 3~4월과 9~11월에 원투낚시 위주로 하고, 5월부터 시작되는 여름 시즌에는 억세진 수초로 인해 대낚시를 하는 것이 더 편리하다. 장어 미끼로는 새우와 지렁이를 주로 사용하나, 30cm급 블루길과 동자개가 덤벼 미끼가 남아나지 않는다. 초저녁부터 미꾸라지나 굵은 참붕어를 꿰어 대물 장어를 노리는 것이 좋다.

↳ 포인트 안내

• 좌최하류(영암군 삼호읍 서창리 910-4): 갈수기터, 도로변에 주차하면 된다.

• 좌하류 홈통(서창리 904): 오름 수위 초기에는 홈통의 중류권이 좋고, 만수에 육박하면 홈통의 최상류권에 앉는 것이 좋다. 차 앞 낚시가 가능하다.

• 우최하류권 돌출부(망산리 12-11): 갈수기에 제방 중앙부 쪽으로 원투를 치면 좋다. 차 앞 낚시도 가능하다.

- **장낚 정보**: 소~대짜 릴·대낚터, 적기(2월 말~12월 초), 입질 시간(일몰~04시·밀물), 새우·참붕어·산지렁·청지렁·미꾸라지 미끼.

영암천은 영산강의 제1 지천으로, 영산강의 우하류권으로 유입된다. 영암천에는 장어 포인트가 많아, 1~2월만 제외하면 연중 장어 낚시를 할 수 있다. 장어의 입질 시간대는 일몰 후 2시간 이내와 01~05시 사이 밀물 시간대에 집중되는데, 외래종을 비롯한 강고기의 성화가 많아 미꾸라지 위주로 꿰어 주면 좋다.

↳ 포인트 안내

- 금강리 1번 둠벙(영암군 서호면 금강리 1089): 영암천의 최하류권인 신금대교 우상류 1.3km 안에는, 수초 둠벙 3개가 200~500m의 간격을 두고 나란히 붙어 있다. 신금대교의 우상류 첫 번째 둠벙을 1번 둠벙(6천 평), 두 번째 둠벙을 2번 둠벙(3천 3백 평), 세 번째 둠벙을 3번 둠벙(3천 평)이라 한다. 이들은 모두 영암천 본류와 통수되며, 2~3월과 12월에도 수온이 높게 유지되어 연중 낚시가 잘된다. 농번기가 아니면 차 앞 낚시도 가능하다.

- 금강리 2번 둠벙(금강리 1130-1): 수초가 가장 많이 밀생해 있는 둠벙으로, 동남쪽 둑방 길에 주차하면 된다.

- 성재리 3번 둠벙(성재리 1230): 북쪽 진입로에 주차 후, 서쪽 연안으로 도보 진입하면 된다.

- 도장리수로 하류권(영암군 군서면 도장리 1026): 영암천의 우중류권 농수로로, 겨울에도 얼지 않아 연중 장어 낚시가 된다. 장마기에 탁수가 일면 영암천의 자원이 유입되어, 30cm 미만의 수심에서도 장어가 낚인다.

- 원항리수로 좌하류 돌출부(영암군 도포면 원항리 1200): 영암천 좌중류권의 가지 수로로, 봉호지의 퇴수로이기도 하다. 연안을 따라 수초가 잘 발달해 있어 초겨울까지도 장어 낚시가 된다. 또 영암천과의 사이에 수문이 설치되어 있어, 영암천의 수위가 변해도 원항리수로는 일정한 수위가 유지된다. 둑방 길이 넓어 주차하기 쉽다. 2022. 8월(수로 중류권 1m 수심, 새우와 지렁이, 소짜 1수).

- 학산천 양장교 우상류(영암군 군서면 양장리 1724): 학산천은 영암천의 우하류권 지천으로, 영암천에서 학산천으로 분기되자마자 다시 물길이 동쪽과 남쪽으로 갈라지며, 동쪽 물길에서 낚시를 많이 한다. 여름에는 마름이 밀생하고, 모기가 많아 수초 제거기와 모기약을 필히 지참해야 한다. 학산천은 주 1회 배수를 하며, 배수 후에는 낚시가 불가능할 정도로 수심이 낮아진다. 출조 당일 배수 중이면 지체없이 타 지역으로 이동하는 것이 좋다.

- 호동천 배수장 앞(영암군 군서면 동호리 1175): 일몰 후 24시까지 장어 입질이 좋다. 배수장 북쪽 진입로에 주차하면 된다.

영암 영암호(영암권)

- **장낚 정보**: 소~대짜 릴·대낚터, 적기(2월 말~12월 초), 입질 시간(일몰~04시·밀물), 새우·참붕어·산지렁·청지렁·미꾸라지 미끼.

영암호는 수면적 1천 3백만 평의 초대형 간척호로, 수면이 영암군과 해남군에 걸쳐 있다. 영암호는 수많은 지류를 거느리고 있으며, 장어 낚시는 이 지류들과 이 지류에서 다시 분기된 가지 수로를 중심으로 이루어진다. 영암호에서 장어가 출몰하는 시기는 2월 말부터 12월 초까지로, 아래 안내된 포인트는 영암군에 속한 곳이며, 해남군에 속한 포인트는 해남군 목차에서 언급한다.

- 난전리수로(영암군 삼호읍 난전리 2168): 영암호의 좌하류 뗏장권 포인트로, 진입로 가 젖어 있을 때는 4륜 SUV로만 진입하도록 한다.

- 산호리수로(산호리 1472): 위 난전리수로의 동쪽 1km 지점으로, 수로 폭이 200m가 넘어 릴과 대낚시 모두 가능하다. 영암호와의 사이에 수문이 없어 영암호의 자원이 수시로 드나든다. 장어 낚시는 붕어꾼이 적은 5~11월이 좋다.

- 산호리수로 좌중류권 샛수로(용앙리 42-2): 좌측 주소에서 남쪽으로 1.1km 더 가면 샛수로에 닿는다. 수초가 많은 곳으로, 수심이 50cm에 불과하나 물색이 흐려 초봄과 초겨울에 낚시가 잘된다.

- 춘동천 좌상류(영암군 미암면 춘동리 708): 3~5월·9~11월터, 영암호 좌상류권의 수 로 낚시터로, 미암수로라고도 한다. 춘동천의 물길은 중류권에서 두 갈래로 나뉘는 데, 각 물길의 상류권에 뗏장과 부들이 잘 발달해 있어 한겨울만 제외하고 연중 장어 낚시가 가능하다.

- 춘동천 우측 가지 수로 상류권(남산리 1245): 수로 폭 20~30m에, 부들이 많은 대낚시 포인트다. 둑방 길에 주차하면 된다.

- 춘동천 가지 수로 합수부(호포리 1146): 춘동천 상류권의 두 개의 물길이 만나는 곳 으로, 수초가 적은 9~11월 릴 장타 포인트다. 둑방에 주차하면 된다.

- 춘동천 좌하류 가지 수로(호포리 1265): 춘동천의 좌하류에는 폭 20m의 농수로가 있 다. 이 농수로의 하류권 700m 구간이 포인트로, 3~4월, 장마 후, 9~11월 사이, 지렁이 미끼에 장어가 낚이며, 메기와 붕어도 함께 낚인다.

- 호포리 홈통형 수로(호포리 884): 영암호 좌중류권의 사계절 낚시터로, 폭 250m, 길이 1.5km의 수로 포인트다. 영암호와의 사이에 수문이 없어 어류의 이동이 자유롭다.

- 호포리 수로의 최상류 쪽수로(호포리 1403): 위 호포리 홈통형 수로의 최상류에는 500m 길이의 농수로가 붙어 있다. 규모는 작지만 장어의 서식 밀도가 높다. 큰비 후 탁수가 되면 마릿수 장어도 낚인다.

영암 영호정지

- **장낚 정보**: 소~대짜 대낚 마릿수터, 적기(4~11월), 입질 시간(일몰~04시), 새우·참붕어·산지렁·청지렁·미꾸라지 미끼.

영호정지는 영암호의 좌하류권에 위치한 1만 8천 평 규모의 해안가 평지지로, 퇴수로가 영암호와 연결되어 영암호의 자원이 유입된다. 영호정지는 8차선 도로에 의해 수면이 둘로 나뉘는데, 도로의 하류권 수면이 1만 6천 평, 상류권이 2천 평가량으로, 두 수면은 도로 밑에 설치된 관로를 통해 서로 통수되고 있다.

영호정지의 주 서식 어종은 장어, 메기, 가물치, 외래종, 붕어, 잉어 등으로, 해안가에 위치해 있어 장어 자원이 많은 편이다. 하지만 장어 낚시 성수기인 6~8월에는 수초가 밀생하여 릴낚시를 할 수 없기 때문에 장어꾼이 많이 찾지는 않는다. 수초의 세력이 약한 4~5월과 9~11월에 찾으면 좀 더 수월하게 낚시를 할 수 있다. 장어 미끼는 블루길 배제를 위해 굵은 참붕어나 미꾸라지를 많이 사용한다. 바닥에는 수초 찌꺼기가 많아 목줄을 30cm 정도로 길게 해 주면 좋다.

↳ 포인트 안내

- 좌중류(영암군 삼호읍 삼포리 975-14): 도로로 분리된 상류권 수면의 좌하류권으로, 붕어 산란기가 지난 후에 찾으면 좋다. 진입로에 주차하면 된다.

- 좌최하류(삼포리 834-4): 1~2m 수심의 수초권에서 32칸 이상의 긴 대를 펴면 좋다. 제방 좌측 코너에 주차하면 된다.

- 제방 우측부(삼포리 992-6): 뗏장이 밀생한 2~3m 수심대로, 대낚시 36칸 이상의 긴 대로 뗏장을 넘겨 치면 좋다. 제방 밑에 주차하면 된다.

완도 8선

완도 고금호

- **장낚 정보**: 소~대짜 릴·대낚터, 적기(4~12월), 입질 시간(일몰~24시), 새우·참붕어·산지렁·청지렁·미꾸라지 미끼.

고금호는 완도의 부속섬인 고금도의 동남쪽 갯벌을 막은 20만 평 규모의 간척호로, 수면적은 넓지만, 연안에 밀생한 갈대와 부들, 얕은 수심 때문에 연안 포인트가 적다.

주 서식 어종은 장어, 붕어, 잉어, 메기, 동자개, 가물치 등이며, 잡고기의 성화도 많다. 고금호의 장어 낚시는 원투낚시가 좋으나, 밀생한 수초로 인해 원투가 힘든 곳이 많다. 이때는 대낚시 36칸 이상의 긴 대로 연안에서 멀리 치는 것이 좋다. 장어 미끼는 새우와 참붕어, 지렁이를 많이 쓰는데, 자생 새우는 백새우라 하여 약간 흰색을 띄며, 씨알이 잘아 바늘에 5~10미 정도 꿰어 주면 좋다.

⌁ 포인트 안내

- 좌상류 고금수로 합수부 수문권(완도군 고금면 도남리 1745): 수문의 동쪽과 서쪽이 인기 포인트다. 둑방 길에 일렬 주차하면 된다.

- 우상류 항동리 회관 앞(세동리 730-1): 50~60cm 수심에 수초가 많다. 5월 중순 이후에 원투낚시나 보트 낚시가 좋다. 도로변에 주차하면 된다.

- 우하류 방조제 수문권(세동리 산 232-1): 도로변에 주차 공간이 많다. 50m 이상 도보 진입하면 낚시 자리가 많이 나온다.

- 방조제 서남쪽 끝단 코너(도남리 1796): 방조제 서남쪽(제방 좌측) 끝에 주차 공간이 넉넉하며, 주차 후 약 30m 도보 진입하면 수면이 나온다.

완도 대곡지

- **장낚 정보**: 소~대짜 대낚 마릿수 터, 적기(6~11월), 입질 시간(일몰~04시), 산지렁 · 청지렁 · 미꾸라지 미끼.

대곡지는 완도의 부속섬 신지도 내 명사십리해수욕장 인근에 있다. 완도에서 신지대교를 건너 동쪽으로 8km 더 가면 좌측에 제방이 보인다. 1만 평 규모의 뗏장 둠벙으로, 낚시에 적당한 2~3m 수심이 유지되며, 퇴수로는 서쪽으로 2km를 흘러 명사십리 앞바다로 빠져나간다. 바다와 가까워 장어 자원이 풍부하며, 붕어 낚시는 연중 가능하나, 장어 낚시는 여름철이 되어야 입질이 잦아진다. 산지렁이와 청지렁이를 미끼로 쓰면 소~중짜급 장어가 낚인다.

좌안은 진입로와 수면 사이에 사유지가 많아 낚시 자리가 마땅치 않으나, 우중류권 일대는 진입이 편리하다. 한여름에는 뗏장이 번성하기 때문에 수초 제거기를 지참하여 채비를 넣을 수 있는 공간을 만들어 주어야 한다.

ᶸ 포인트 안내
- 제방의 북쪽 끝단(완도군 신지면 대곡리 521): 차 앞 낚시가 가능하다.

- 우중류(대곡리 551-1): 동쪽에 산이 막고 있어 바람을 덜 타는 포인트다. 차 앞 낚시가 가능하다.

완도 약산호

- **장낚 정보**: 소~대짜, 적기(4~11월, 10~11월 피크), 입질 시간(일몰~05시), 납자루 · 참붕어 · 새우 · 징거미 · 미꾸라지 · 청지렁이 미끼.

약산호는 제방 하나를 두고 바다와 붙어 있는 20만 평 규모의 간척호로, 완도의 부속섬인 조약도의 서쪽 끝에 위치해 있다. 약산호는 축조 당시부터 장어터로 많이 알려진 곳으로, 장어 낚시에 납자루, 참붕어, 새우, 징거미 등을 미끼로 쓰면, 장어와 함께 대물 붕어가 잘 낚인다.

장어만을 골라 낚으려면 미꾸라지나 청지렁이 굵은 놈을 쓰고, 여름에 보트를 타고 수초 군락에 들어가 수초 구멍을 뒤지다 보면 대낮에도 굵은 장어가 낚인다. 대물급은 10~11월에 출몰 빈도가 높다.

৬ 포인트 안내

- 우상류 부들밭(완도군 약산면 관산리 산 102-1): 보트터, 도로변에 주차하면 된다.

- 방조제 왼쪽 끝(우두리 1352): 릴 원투터, 차 앞 낚시가 가능하다.

- 북쪽 제방의 서쪽 부분(우두리 1351-9): 배수 후 보조 제방이 노출되면, 장화를 신고 진입해 원투낚시를 해야 하는 포인트다. 만수 시 물에 잠기는 보조 제방은 석축으로 되어 있는데, 이를 모르고 투척하면 100% 밑걸림이 생긴다. 제방 위에 주차하면 된다.

- 우하류(득암리 산 153-1): 가을터, 1.5m 수심대로, 도로변에 주차하면 된다.

완도 완도호

- **장뉴 정보**: 소~대짜 릴·대낚터, 적기(3~5월, 9~11월), 입질 시기(일몰~24시, 밀물), 새우·참붕어·산지렁·청지렁·미꾸라지 미끼.

완도호는 완도의 서남단 갯벌을 막은 47만 평 규모의 간척호로, 연안 수초가 발달되어 있고, 먹이 고기가 풍부하여 어자원의 성장이 매우 빠르다. 완도호는 오후만 되면 불어오는 해풍이 부담스러우나, 1~2월만 빼고 연중 장어 낚시가 가능하며, 순환로가 나 있어 포인트 진입과 주차 여건이 좋다. 주 어종은 장어, 메기, 가물치, 붕어, 잉어, 새우, 참붕어, 배스 등이며, 장어 생미끼에는 잡어 성화가 많아 미꾸라지나 굵은 참붕어 위주로 쓰는 것이 좋다.

↳ 포인트 안내

* 우최상류 수로(완도읍 정도리 394-1): 전천후터, 수로 폭이 30~100m가량 되며, 장박 포인트로 좋다. 도로변에 주차하면 된다.

* 동쪽 제방의 남쪽 양수장권(대신리 1234, 정도리 865): 9~11월터, 1m 수심의 수초권으로, 낚시 자리도 많고 조황도 좋다. 차 앞 낚시도 가능하다.

* 좌중류 산 앞 석축권 돌출부(대신리 산 17-5): 갈수기 대물터로 석축 앞을 노리면 좋다. 차 앞 낚시가 가능하다.

* 좌최하류 돌출부(대신리 1279-2): 갈수기 수심이 1m권으로, 차 앞 낚시가 가능하다.

완도 원곡지

- **장낚 정보**: 중~대짜 릴·대낚터, 적기(4~11월), 입질 시간(일몰~02시), 새우·참붕어·납자루·산지렁·청지렁·미꾸라지 미끼.

원곡지는 완도의 부속섬인 조약도의 서북단에 위치한 7천 평 규모의 평지지다. 830번 지방도를 따라 조약도에 진입한 후, 2km를 더 직진하면 도로 우측에 정사각형 모양의 수면이 보인다. 연안 갈대가 많고, 바다에서 700m 떨어진 해안지임에도 산속에 들어앉아 있어 해풍의 영향이 적다. 주 어종은 장어, 메기, 동자개, 가물치, 붕어, 잉어 등으로, 장어와 붕어는 대물급이 많고, 아직 외래종이 유입되지 않아 새우, 참붕어, 지렁이 등의 생미끼를 사용할 수 있다. 이들 미끼에는 중짜급 장어가 잘 낚인다.

↳ 포인트 안내

- 제방 우측 코너(완도군 약산면 우두리 551-7): 830번 지방도와 가까운 포인트다. 수심 1~2m의 석축권으로, 차 앞 낚시가 가능하다.

- 우중상류(우두리 산 257-1): 우상류권에 주차 후, 20~30m 하류 쪽으로 내려가면 된다.

- 제방 좌측 코너(우두리 산 84-17): 1~2m 수심의 석축권으로 '우두리 산 84-12'에 주차 후, 30m 도보 진입하면 제방 좌측 끝에 닿는다.

완도 청학지·청학수로

- **장낚 정보**: 소~대짜 릴·대낚 마릿수터, 적기(4~11월), 입질 시간(일몰~05시), 새우·산지렁·청지렁·참붕어·구구리·미꾸라지 미끼.

청학지는 완도의 부속섬인 고금도 내 5만여 평의 계곡지로, 물이 맑고 경관이 수려해 여름철 피서터로 좋다. 주 어종은 장어, 메기, 가물치, 동자개, 붕어, 잉어, 참붕어, 새우 등으로, 청학수로로부터 유입된 자원이 많다. 퇴수로인 청학수로도 소짜에서 중짜급 장어가 마릿수로 낚이는 장어 낚시 명소다. 장어 미끼는 자생 새우와 지렁이를 많이 쓰는데, 밤새 동자개의 성화가 이어지기도 한다. 이때는 미꾸라지나 굵은 참붕어로 대체하면, 동자개의 성화를 조금 줄일 수 있다.

청학지는 5월 농번기 배수가 시작되어 수위가 내려가는 동안에는 입질이 전혀 없다. 이때는 일찌감치 청학수로나 인근의 타 저수지로 옮기는 것이 좋다.

↳ 포인트 안내

- 청학지 우상류 새 물부(완도군 고금면 청용리 481): 만수위에 차 앞 낚시가 가능하다.

- 청학지 좌상류(청용리 474-7): 낚시 자리가 많다. 도로변에 주차하면 된다.

- 청학지 좌중류 홈통(청용리 442-3): 주차 및 앉을 자리가 많다.

- 청학수로 상류권 합수부(청용리 980-17): 7~9월터, 들어뽕 포인트와 스윙 포인트가 함께 있다. 농로 가에 주차하면 된다.

- 청학수로 우하류(가교리 1331-1): 7~10월터, 수로 폭이 50~80m에 이르며, 미꾸라지를 꿰어 망둥어 성화를 최소화하도록 한다. 차 앞 낚시가 가능하다.

완도 통리지(보길도 도선)

- **장낚 정보**: 소~중짜 마릿수터, 적기(5~6월), 입질 시간(일몰~24시), 새우 · 참붕어 · 산지렁 · 청지렁 · 미꾸라지 미끼.

통리지는 8천 평 규모의 평지지로, 보길도 내 유일한 저수지다. 갈대와 부들, 마름이 잘 발달해 있고, 통리지의 동쪽 해변과 가까워 장어의 개체 수가 상당히 많다. 붕어 낚시를 왔다가 장어만 낚고 돌아가는 경우도 있다.

주 어종은 장어, 가물치, 동자개, 붕어, 참붕어, 새우 등으로 외래종은 아직 없다. 장어 입질이 좋은 시기는 배수기인 5~6월인데, 만수위에서 1m가량 배수된 뒤 수위가 안정된 시점이면 더욱 좋다.

장어는 일몰 후부터 24시까지 입질이 좋고, 붕어는 24시부터 익일 아침까지 입질이 좋다. 자생 새우를 쓰면 장어와 허리급 붕어가 함께 낚인다.

↵ 포인트 안내

- 좌상류(완도군 보길면 예송리 158-4): 해남의 땅끝 항에서 승선하여, 30분을 가면 노화도의 산양항에 도착한다. 하선 후 차량으로 20분 더 가면 통리지에 닿는다. 2022. 5월(마름권 대낚시, 새우, 소~중짜 5수).

완도 해동지

- **장낚 정보**: 대물 릴터, 적기(5~10월), 입질 시간(일몰~04시), 새우·참붕어·산지렁·청지렁·미꾸라지 미끼.

해동지는 완도의 부속섬인 조약도 내 2만 5천 평 규모의 계곡지로, 주변이 산으로 둘러싸인 청정 수역이다. 만수 시에는 최상류 돌바닥권과 좌·우하류권 외에는 앉을 자리가 없다. 5월에 들어 어느 정도 배수가 되면, 앉을 자리도 많아지고 수온도 올라가 장어 낚시에 좋은 환경이 된다.

해동지는 매년 어른 팔뚝만 한 장어가 배출되는 곳이나, 급수원으로 이용되기도 하여 간혹 낚시가 금지될 때도 있다. 장어 미끼는 가능한 풍성하게 달아 주도록 한다.

- 우하류 취수탑권(완도군 약산면 장용리 299-1): 취수탑과 연안 석축 사이를 노리면 좋다. 도로변에 주차 공간이 넓다.

- 좌하류(해동리 487): 릴과 대낚시 포인트다. 차 앞 낚시가 가능하다.

장성군 2선

장성 장성호

- **장낚 정보**: 중~대짜 릴터, 적기(6~10월), 입질 시간(일몰~24시), 징거미·산지렁·청지렁·미꾸라지 미끼.

   장성호는 황룡강 수계에 건설된 206만 평 규모의 인공호로, 댐 준공 후 농촌공사와 군에서 장어 치어를 지속적으로 방류하며 오랜 기간 자원 조성을 해 왔다. 이러한 노력에 힘입어, 곳곳에서 대물 장어가 낚이는 명낚시터가 되었다.

⌁ 포인트 안내

- 우최상류 대악천 합수부(장성군 북하면 덕재리 1-2): 오름 수위에 500g~kg급이 낚이는 유명 포인트로, 수심 5~6m권에 30m 이내의 단타가 좋다. 수면 가까이 차량 진입이 가능하다.

- 좌중류 수성리 배터(장성군 북이면 수성리 산 153-3): 6~10월터, 200~300g대 씨알이 마릿수로 낚이는 포인트다. 진흙과 자갈 바닥인 5~6m 수심으로 밑걸림이 없으며, 50m 이내로 단타를 치면 좋다. 배터 주변에 주차하면 된다.

- 좌중류 수성리 조정경기장 앞 골(수성리 산 115-2): 6~10월터, 큰비 후 새 물이 유입되면, 20~24시경 지렁이 미끼에 kg급까지 붙는다.

- 좌중하류 골(장성읍 용곡리 659): 6~10월터, 지렁이에 입질이 잦다. 차량 한 대가 겨우 드나들 정도로 진입로가 좁다. 개구리 주차를 해야 한다.

장성 황룡강

- **장낚 정보**: 중~대짜 릴·대낚터, 적기(4~10월), 입질 시간(일몰~04시), 산지렁·청지렁·미꾸라지 미끼.

　장성군 입암산 계곡에서 발원한 황룡강은 영산강의 제1 지천으로, 총연장이 59km에 이른다. 여기서는 장성댐의 하류권 38km 구간에 대해서만 안내한다. 장성댐의 하류권 구간은 장성댐에서 남서쪽으로 38km를 흘러 광주시와 장성군을 거쳐 광주시 평동 일대에서 영산강의 좌상류권으로 유입되며, 예부터 어자원이 풍부한 구역으로 알려져 있다.

　황룡강 계의 어종은 장어, 메기, 동자개, 외래종, 붕어, 잉어 등이며, 장어 미끼는 산지렁이와 청지렁이가 좋으나 블루길의 성화가 있으므로, 초저녁에는 미꾸라지를 쓰고 심야에 지렁이로 교체해 주면 좋다.

　황룡강계의 핵심 포인트는 장성군에 8개소, 광주시에 5개소가 있다. 장성군 내 8개소는 금번 목차에서 안내하고, 광주시의 5개소는 광주시 목차에서 안내하였다.

ᓕ 포인트 안내

- 황룡교 좌하류 보(장성읍 야은리 483-5): 4~9월터, 장성댐 좌하류 1km권으로, 대물 장어와 4짜 돌붕어가 잘 낚인다. 황룡교 양안에 주차하면 된다.

- 황룡교 우하류 고속도로 밑 보(백계리 545-31): 수초권 포인트로, 장마철에 대물 장어와 4짜 돌붕어가 낚인다. 차 앞 낚시가 가능하다.

- 장안보(영천리 732-72): 6~9월터, 장성댐 하류 6km권으로, 큰비 후 조황이 좋다. 해

가 진 후 24시까지 입질이 든다. 도로변에 주차하면 된다.

- 장안교 양안(장안리 471-4): 9~11월터, 장성댐 하류 7km권으로, 양안이 공원이다. 34 칸 이상의 긴 대가 좋다. 장안교 양안에 주차하면 된다.

- 장안교 우하류 개천 합수부(장안리 545-1): 9~11월터, 장성댐 하류 8km권으로, 강변 공원 건너편의 한적한 포인트다. 둑방 길에 주차하면 된다.

- 장안교 좌하류(기산리 26-1): 9~11월터, 장성댐 하류 8km권이다. 공설운동장 앞과 주차장 앞이 포인트다. 주차장이나 수면 앞에 주차하면 된다.

- 장진보 우하류(장성군 황룡면 신호리 53-9): 6~10월터, 장성댐 하류 11km권으로, 장 마 후 10월까지 대물 장어가 출몰하며, 4짜 돌붕어는 꽝이 없다. 둔치 길이 나 있으 나, 차단봉이 설치되기도 한다. 이때는 도로변에 주차 후 도보 진입해야 한다.

장흥군 19선

장흥 가학지·가학수로

- **장낚 정보**: 소~대짜 릴·대낚터, 적기(4~12월), 입질 시간(일몰~24시), 새우·징거미·참붕어·산지렁·청지렁·미꾸라지 미끼.

　장흥군 내 120여 개의 저수지 대부분에는 장어가 서식하고 있어, 고흥·해남과 더불어 남도의 장어 낚시 3대 대표 지역이라 할 수 있다. 가학지는 3면이 제방인 12만 평 규모의 평지지로, 서쪽 제방 밑을 흐르는 대덕천의 물을 퍼 올리는 양수형 저수지다.

　주 서식 어종은 장어, 메기, 가물치, 동자개, 블루길, 붕어, 잉어, 숭어, 참붕어, 새우 등이며, 7월 이후 자생 새우에 소짜급 장어가 잘 낚인다. 대물 장어를 낚기 위해서는 미꾸라지나 굵은 참붕어를 꿰어 주고 우직하게 기다리는 것이 좋다. 굵은 참붕어가 넉넉하게 채집되므로 미끼 걱정은 할 필요가 없다.

　둘레길이 나 있어 포인트 진입이 쉽고, 인근에 포항지, 관흥지, 수동지 등 유명 장어터가 있어 쉽게 이동할 수도 있다.

↳ 포인트 안내

- 우상류 산 앞(장흥군 대덕읍 가학리 산 153-1): 갈수기터, 연안 수초가 많은 2m 수심대로, 차 앞 낚시도 가능하다.

- 좌상류 산 앞(가학리 산 149): 갈수기터, 2.5m 수심으로, 도로변에 주차하면 된다.

- 북쪽 제방의 동쪽 양수장권(가학리 1101-4): 만수위터, 갈대밭 1m 수심대로, 양수장 인근에 주차하면 된다.

- 서쪽 제방의 남쪽 끝(가학리 1109-1): 6~8월터, 수초가 많은 2m 수심의 석축 포인트로, 받침틀이나 좌대가 필요하다. 코너 부분에 주차 공간이 있으며, 바로 뒤가 가학수로다. 2012. 7월(새우, 소짜 1수).

- 남쪽 제방의 동쪽 끝(가학리 산 154-1): 도로변에 주차 공간이 많다. 2014. 7월(소짜 1수).

- 가학수로 우하류(가학리 1106-4): 대덕천 또는 잠두수로라고 하며, 가학지의 서쪽 제방 중앙부와 가깝다. 마릿수 장어와 숭어가 낚인다.

장흥 남상천

- **장낚 정보**: 소~대짜 릴터, 적기(4~12월), 입질 시간(일몰~24시), 산지렁 · 청지렁 · 미꾸라지 미끼.

 남상천은 운주지의 퇴수로로, 운주지에서 동쪽으로 약 14km를 흘러 득량만에 유입된다. 퇴수로에는 어도가 설치되어 있어 기수역 어종의 자유로운 회유를 돕고 있다. 남상천의 주 어종은 장어, 메기, 쏘가리, 동자개, 붕어, 잉어, 외래종 등으로, 장어 미끼는 미꾸라지와 지렁이를 많이 쓴다. 9~10월경에 굵은 미꾸라지를 쓰면 중짜급 이상의 씨알을 골라 낚을 수 있다. 4월에는 덕암교에서 장전마을까지 약 5km 구간에 벚꽃이 만개하여 또 다른 볼거리를 선사해 준다.

포인트 안내
- 덕암리 보 우하류(장흥군 용산면 덕암리 260-4): 마름과 줄풀이 자라는 1m 수심대로, 장어와 대물 붕어가 낚인다. 2022. 9월(지렁이, 소짜 1수).

장흥 덕산지

- **장낚 정보**: 소~대짜 릴터, 적기(4~12월), 입질 시간(일몰~24시), 새우 · 참붕어 · 산지렁 · 청지렁 · 미꾸라지 미끼.

 덕산지는 6천 평 규모의 해안가 계곡지로, 퇴수로가 600m 남쪽의 득량만과 연결되어 득량만의 자원이 유입된다. 주 어종은 장어와 가물치, 메기, 동자개, 자라, 붕어, 참붕어, 새우 등으로, 참붕어와 새우를 채집하여 장어 미끼로 쓰면 되나, 채집이 잘되지 않는 경우도 있어 청지렁이나 미꾸라지를 미리 준비해 가는 것이 좋다.

 덕산지는 계곡지임에도 여름철보다는 가을부터 초겨울 사이에 굵은 씨알의 입질이 잦다. 인근 해창지와 목단지의 유명세에 가려 장어꾼들의 발길이 적은 편으로, 조용한 분위기에서 낚시를 할 수 있다.

↳ 포인트 안내

- 우상류(장흥군 안양면 사촌리 334): 9~12월터, 2~3m 수심의 모래 바닥으로, 대낚시 40칸 이상의 긴 대에 새우나 참붕어를 쓰면 좋다. 차 앞 낚시가 가능하다.

장흥 도청지

- **장낚 정보**: 소~중짜급 대낚 마릿수터, 적기(4~11월), 입질 시간(일몰~23시), 새우 · 참붕어 · 납자루 · 산지렁 · 청지렁 · 미꾸라지 미끼.

 도청지는 2만 평 규모의 늪지로, 기수역인 대덕천과 제방 하나 사이로 붙어 있다. 도청지는 농번기에도 일정 수위가 유지되는데, 인근의 가학지나 포항지의 물을 농업용수로 사용하기 때문이다. 또 심한 가뭄이 들면 대덕천의 물을 퍼 올려 저장하고, 바닥에서는 샘까지 솟아 연중 일정 수위가 유지된다. 도청지는 수초가 많은 늪지로, 바닥에는 수초 침전물이 많고, 초봄부터 청태가 걸려 나오기 때문에 목줄을 30cm가량 길게 해 주는 것이 좋다.

주 서식 어종은 장어, 메기, 가물치, 동자개, 붕어, 잉어 등으로, 외래종이 없어 새우와 지렁이 낚시가 잘된다. 새우는 연안 수초 주변에 떡밥 가루를 뿌린 뒤, 뜰채로 긁으면 필요한 만큼 잡아낼 수 있다. 채집망에는 잘 들어가지 않는다.

👆 포인트 안내

- 남쪽 제방 우측 끝(장흥군 대덕읍 도청리 864-26): 도청지 최고의 인기 포인트로 수초가 없어 스윙 낚시에 좋다. 남쪽 제방의 동쪽 끝이나 제방 밑에 주차하면 된다.

- 동쪽 제방 무넘기부(주소 없음): 남쪽 제방 우측 끝(도청리 864-26)에서 북쪽으로 60~70m 가면 무넘기가 나온다. 차 앞 낚시가 가능하다.

- 북쪽 제방 중앙부(도청리 107-2): 긴 대로 뗏장 군락을 넘겨 쳐야 한다. 북쪽 제방의 중앙부와 북쪽 제방의 동쪽 끝에 주차 공간이 있다.

장흥 대덕천

- **장낚 정보**: 소~중짜 릴·대낚 마릿수터, 적기(7~10월), 입질 시간(일몰~24시), 산지렁·청지렁·미꾸라지 미끼.

대덕천은 장흥군의 천관산에서 발원해, 남쪽으로 10km를 흘러 득량만에 유입되는 기수역으로, 득량만의 자원이 유입된다. 장어 외 서식 어종은 메기, 가물치, 동자개, 붕어, 잉어, 망둥어 등으로, 장어는 대부분 중짜급 이하로, 장마 후부터 10월까지 마릿수로 낚인다. 장마 후 수량이 많아지면 도청지 앞에서부터 최하류 수문까지 2~3km 구간에서 낚시가 잘된다.

- 대덕천 좌하류(장흥군 대덕읍 잠두리 793-7): 전천후터, 강폭 130m에, 수량이 풍부해 사철 낚시가 가능하다. 둑방 길이 넓어 차 앞 낚시도 가능하다.

장흥 모산지

- **장낚 정보**: 소~대짜 릴·대낚 마릿수터, 적기(5~7월), 입질 시간(일몰~04시), 새우·참붕어·산지 렁·청지렁·미꾸라지 미끼.

모산지는 3만 평 규모의 계곡지로, 수온이 낮아 수초가 거의 자라지 않는다. 퇴수로는 1.6km 남쪽의 남상천에 유입되며, 남상천은 득량만에 유입되는 기수역으로 남상천을 통해 자원이 유입된다. 장어 외 어종은 메기, 동자개, 붕어, 잉어, 새우 등으로, 장어 낚시는 5월 말부터 진입하는 것이 좋다.

만수위에는 앉을 자리가 좌상류 논둑밖에 없는데, 그나마도 100m 이상 걸어야 한다. 농번기에 물이 빠지면 한두 달간 우중류권에 앉을 자리가 많아지는데, 이때 진입해 7월까지 오름 수위를 노리고, 만수위가 되면 다시 물러나야 한다. 장어 미끼는 새우와 산지렁이, 청지렁이를 많이 쓴다.

↳ 포인트 안내

- 우중류(장흥군 용산면 모산리 산 76-1): 5~7월터, 연안 수심은 2m로 적당하나, 경사가 급해 좌대를 펴야 한다. 도로변에 주차하면 된다.

장흥 목단지(모령지)·목단수로

- **장낚 정보**: 소~대짜 릴 마릿수터, 적기(4~11월), 입질 시간(일몰~04시), 새우·참붕어·산지렁·청
지렁·미꾸라지 미끼.

목단지는 12만 평 규모의 평지지로, 지렁이 미끼의 릴낚시에 대물 장어가 자주 낚인다.
퇴수로(목단수로)는 900m 남쪽의 득량만에 연결되어 연중 풍부한 자원이 유입된다. 장어
외 어종은 메기, 가물치, 붕어, 잉어, 외래종 등이며, 외래종이 유입된 이후 붕어 터로의 명
성은 많이 퇴색되었지만, 매년 7월에만 대물 장어가 2~3수씩 낚일 정도로 장어터로서의
명성은 아직 건재하다. 또 붕어는 접시처럼 둥근 체형으로 '접시 빵'으로도 유명하다.

⌔ 포인트 안내

※ 무넘기가 있는 남쪽 제방을 기준하여 좌·우측을 나눔

- 좌상류 갈대밭(장흥군 안양면 모령리 48): 초봄터, 수변공원의 하류 80m 지점으로 갈
대가 많다. 진입로 끝에 주차하면 된다.

- 좌중류 목단회관 앞(모령리 116-1): 갈수위터, 목단회관 앞의 40m 하류권으로, 도로
변에 주차하면 된다.

- 좌최하류 무넘기권(모령리 139-1): 갈수위터, 낚시 자리와 주차 공간이 넓다. 2019. 7
월(대짜 3수).

- 퇴수로(해창리 810-14): 7~10월터, 길이 800m의 작은 수로지만, 목단지의 물이 넘칠
때 마릿수 장어가 낚인다. 수로 중류권 다리 인근에 주차하면 된다.

장흥 분토지

- **장낚 정보**: 대물 릴터, 적기(6~8월), 입질 시간(일몰~04시), 새우·참붕어·산지렁·청지렁·미꾸라
지 미끼.

분토지는 4만 평 규모의 계곡지로 수심이 깊고 수질이 좋아, 여름철 더위를 피해 대물
장어를 노리는 휴가터로 좋다. 퇴수로는 남쪽 3km 지점의 득량만에 유입되며, 득량만의
자워이 유입된다. 장어 외 서식 어종은 메기, 동자개, 붕어, 잉어, 참붕어, 새우 등으로, 새
우 미끼에는 장어 외 잉어가 붙기도 한다. 잉어가 많이 붙으면 굵은 지렁이나 미꾸라지로
교체해 주는 것이 좋다.

꒰ 포인트 안내

• 좌상류 상분마을 앞(강진군 마량면 상흥리 188): 6~8월터, 홈통 포인트와 돌출 포인
트가 함께 있다. 진입로가 넓고 차 앞 낚시도 가능하다.

• 우상류 분토리 마을 앞(장흥군 대덕읍 분토리 191-2): 6~8월터, 진입이 쉽고 차 앞 낚
시가 가능하다.

• 퇴수로 좌상류(강진군 마량면 상흥리 233-4): 6~11월터, 분토제의 물이 넘치면 중짜
급 이하의 장어가 낚인다. 진입로에 주차하면 된다.

• 유수지(장흥군 대덕읍 신리 180-3): 8~11월터, 퇴수로의 최하류 1만 3천 평 규모의 유
수지로, 해수가 섞여 있어 미꾸라지 미끼가 좋다.

장흥 삼산호

- **장낚 정보**: 소~대짜 릴·대낚터, 적기(9~11월), 입질 시간(일몰~24시), 새우·참붕어·납자루·산지렁·청지렁·미꾸라지 미끼.

삼산호는 득량만의 간척지를 막은 37만 평 규모의 간척호로, 바다 방조제의 길이가 2.2km에 이른다. 전체적으로 수심이 얕아 수초권 보트 낚시나 릴 원투낚시가 적합하다. 주 어종은 장어, 가물치, 동자개, 붕어, 잉어, 참붕어, 새우, 망둥어 등이며, 여름에는 마름이 전역을 덮는다.

장어 미끼는 새우와 참붕어가 좋은데, 붕어와 동자개의 성화가 심하면 미꾸라지와 굵은 청지렁이로 교체해 주는 것이 좋다.

삼산호는 매일 저녁 바다로 물을 빼는데, 이때는 강한 물살이 채비를 쓸어 가게 되므로, 채비를 미리 물 밖에 꺼내 놓아야 한다. 배수가 끝나고 수문이 닫히면 물이 잠시 역류하는데 역류가 끝난 후 채비를 다시 세팅하면 된다. 또 현재 진행 중인 수질개선사업이 2025년에 완료되면 수질이 크게 개선될 전망이다.

↳ 포인트 안내

• 우최상류 삼산수로 중류(장흥군 관산읍 신동리 994-5): 1~2m 수심의 수초밭으로, 우기에 대물 장어와 붕어가 올라붙어 큰 조황이 터지기도 한다.

• 우상류 수초 둠벙(신동리 993-13): 전천후터, 3만 평이 넘는 직사각형 모양의 둠벙으로, 연중 낚시가 가능하다. 2019. 6월(대낚, 새우, 중짜 1수).

• 바다 방조제 중앙부(삼산리 2000-21): 819번 지방도로 상의 포인트로, 1~2m 수심의 대낚시 포인트다. 여름에는 마름이 밀생해 있어 40칸 이상이 적당하다.

• 북쪽 제방(삼산리 2000-19): 1~2m 수심의 석축 제방으로 바다와 가까울수록 좋다.

제방 위에 붙은 500m 길이의 쪽수로는 장어가 동면하는 곳으로, 초봄부터 장어가 낚인다. 방조제 북단 끝에 주차 후 30m 도보 진입하면 된다.

- 좌상류(삼산리 1623): 9~10월터, 만수위에 1~2m 수심이 나오며, 조황도 좋아진다. 도로변에 주차하면 된다.

장흥 수동1지(관흥지)

- **장낚 정보**: 소~대짜 마릿수터, 적기(5~10월), 입질 시간(일몰~24시), 새우·징거미·참붕어·밀어·산지렁·청지렁·미꾸라지 미끼.

수동1지는 22만 평 규모의 광활한 수면으로 3면이 제방인 평지형 저수지다. 남쪽 제방 밑을 흐르는 회진수로의 물을 퍼 올려 저장하는 양수지로, 5~6월 1m가량 물이 빠진 뒤부터 조황이 좋아지는데, 6월부터는 목줄이 터져 나갈 정도의 굵은 장어가 입질한다.

장어 외 서식 어종은 가물치, 메기, 동자개, 붕어, 잉어, 밀어, 새우, 징거미, 참붕어 등이며, 장어 미끼는 자생 생미끼와 지렁이가 좋다. 새우는 현장에서 잘 채집되지 않기 때문에 외부에서 구입해 가는 것이 좋고, 새우에 잡어가 많이 붙을 때는 미꾸라지나 참붕어로 교체해 주는 것이 좋다.

수동1지는 포인트 차가 거의 없어, 진입과 주차가 편리한 곳이면 모두 포인트가 된다. 대부분 제방권에 앉게 되므로 좌대를 챙겨 가는 것이 좋다.

↳ 포인트 안내

- 남쪽 제방 우측부 관덕양수장 앞(장흥군 관산읍 외동리 1051-1): 6월터, 3m 수심의 석축권으로 지렁이 미끼가 좋다. 제방 밑에 주차하면 된다.

- 서쪽 제방 상류권 돌출부(외동리 753-181): 작은 도랑이 합류되는 곳에서 하류 30m

지점이 포인트다. 진입로에 개구리 주차를 하면 된다.

- 동쪽 제방 상류권(외동리 1046): 2.5m 수심의 갈수기 포인트다. 진입로에 개구리 주차를 하면 된다.

- 좌상류 새 물부(외동리 739-1): 2~3m 수심의 수몰 나무권으로 만수위에 좋다. 농번기가 지난 후 출입하는 것이 좋다. 농로에 3~4대 주차 공간이 있다.

장흥 수동2지(어관지)

- **장낚 정보**: 소~대짜 마릿수터, 적기(5~11월), 입질 시간(일몰~05시), 산지렁 · 청지렁 · 미꾸라지 미끼.

3면이 제방인 수동2지는 득량만 해안가 7만 평 규모의 마름밭으로, 수질 좋은 평지형 저수지다. 퇴수로는 남동쪽으로 2.8km를 흘러 득량만에 유입되며, 득량만의 자원이 유입된다. 장어 외 서식 어종은 가물치, 동자개, 붕어, 잉어, 배스, 새우, 참붕어 등으로, 장어와 가물치의 개체 수가 많다.

여름에는 전역에 마름이 밀생하여 대낚시가 편리하고, 마름이 득세하기 전인 4~5월이나 마름이 삭는 10~11월에 릴낚시를 할 수 있다. 11월에도 바닥에 수초 퇴적물이 두껍게 깔려 있기 때문에 목줄을 20~30cm 정도로 길게 해 주는 것이 좋다.

장어 미끼는 새우, 참붕어, 지렁이가 좋은데, 가물치와 동자개, 붕어, 배스 등이 함께 낚인다. 배스가 성가신 날에는 미꾸라지와 청지렁으로 바꿔 주면 좋다.

ㄴ 포인트 안내
- 좌최상류(장흥군 관산읍 외동리 366): 1m 수심의 부들과 뗏장 포인트로, 만수위에 좋다. 차 앞 낚시가 가능하다.

- 좌상류 새 물부(북쪽: 외동리 361-1, 남쪽: 외동리 335): 1~2m 수심의 수초권으로, 북쪽 포인트는 차도에서 '외동리 358-4'에서 남동쪽 비포장길로 꺾어 들어오면 되고, 남쪽 포인트는 '외동리 403'에서 동쪽으로 꺾어 들어오면 된다. 차 앞 낚시가 가능하다.

- 서쪽 제방 끝단(외동리 651): 무넘기 인근의 1~2m 수심대로, 차 앞 낚시가 가능하다.

- 중앙제방의 중간 지점(외동리 806-1): 2m 수심대로, 갈수기부터 초겨울까지 원투 낚시가 가능하다. 제방 위에 일렬 주차하면 된다.

- 중앙제방의 북동쪽 끝 코너(외동리 808-1): 2m 수심의 대낚시 갈수기 포인트다. 진입로 가에 주차하면 된다.

- 동쪽 제방의 북쪽 끝단(외동리 796-1): 갈수위터, 2m 수심대로 릴과 대낚시 모두 가능하다. 진입로에 주차 공간이 나온다.

장흥 신촌지

- **장낚 정보**: 대물 릴터, 적기(6~10월), 입질 시간(일몰~04시), 새우·참붕어·산지렁·청지렁·미꾸라지 미끼.

　신촌지는 장흥군 안양면에 위치한 삼비산의 남쪽 계곡을 막은 5만 4천 평 규모의 계곡지로, 수질이 좋고 경치가 수려하다. 퇴수로는 4km 남쪽의 득량만에 연결되나 장어의 개체 수는 그리 많지 않다. 반면 대물이 서식하고 있어 꽝을 각오하고 한여름 밤낚시에 도전해 볼 만하다.

　신촌지의 상류에는 1만 5천 평 규모의 장수지가 있는데, 가뭄이 들면 장수지의 물을 신촌지로 당겨 오므로 신촌지는 항상 수량이 풍부하다. 붕어 낚시는 사계절 물낚시도 가능하나, 장어 낚시는 한여름 대물 위주로 출조하는 것이 바람직하다.

장어 외 서식 어종은 메기, 동자개, 붕어, 잉어, 피라미, 새우 등으로 장어 미끼는 새우와 지렁이가 좋다. 새우 미끼에는 잡고기의 성화가 없어 좋다.

ᗐ 포인트 안내

- 좌중류(장흥군 안양면 학송리 산 108-6): 2.5~3m 수심대로, 릴과 대낚시 모두 가능하다. 대낚시는 30칸 내외가 적당하다. 진입로 옆에 주차하면 된다.

- 우중류 돌출(학송리 산 42-2): 갈수기 릴터, 산 앞 돌출부 포인트로, 갈수기에 진입하여 40~50m가량 원투하면 좋다. 진입로 옆에 주차하면 된다.

장흥 죽청지

- **장낚 정보**: 대물터, 적기(3~11월), 입질 시간(일몰~04시), 산지렁 · 청지렁 · 납자루 · 참붕어 · 미꾸라지 · 새우 미끼.

죽청지는 2만 평 규모의 해안가 연밭으로, 연 이외에도 부들 등의 수초가 많고, 대물 장어와 5짜 붕어가 서식하고 있지만 아직 많이 알려진 곳은 아니다.

필자의 수십 년 지기 친구가 매년 11~12월에 5짜 붕어를 노려 출조했다가, 연과 부들의 경계에서 굵은 장어를 낚아 내던 곳이다. 당시 친구는 붕어 보트 낚시를 즐겨 했는데, 꽃지렁이 10여 미를 꿰어 수초 속을 더듬으며 대낮에도 굵은 장어를 낚아 내곤 했다. 미끼는 꽃지렁이 외에 납자루, 참붕어, 새우를 쓰기도 한다.

죽청지의 주 어종은 장어, 메기, 가물치, 동자개, 붕어, 잉어, 우렁이, 참게 등이며, 가을에는 참게가 목줄을 잘라 가기도 하므로 철심 목줄을 매어 주도록 한다.

포인트 안내

- 제방의 북동쪽 끝(장흥군 관산읍 죽청리 547-2): 2m 수심의 갈수기 포인트로, 수초가 적은 곳이다. 진입이 쉽고, 제방에 주차할 수 있다.

- 우최상류 수로(죽청리 270-10): 새 물이 유입될 때 교량의 우하류권에서 납자루 미끼에 장어가 잘 낚인다. 둑방 길 끝에 주차하면 된다.

장흥 진목1지 · 진목수로

- **장낚 정보**: 소~대짜 릴 · 대낚 마릿수터, 적기(3~11월), 입질 시간(일몰~24시), 새우 · 참붕어 · 산지렁 · 청지렁 · 미꾸라지 미끼.

진목지는 3면이 제방인 1만 평 규모의 평지지로, 해안에서 1km가량 떨어져 있다. 전역이 1m 수심대로 마름, 갈대, 뗏장 등의 수초가 많은데, 여름에는 마름이 전역을 덮어 릴낚시는 불가하고, 대낚시만 가능하다.

주 서식 어종은 장어, 가물치, 동자개, 붕어, 참붕어, 새우 등으로, 장어 낚시는 3월에서 11월까지가 좋고, 붕어 낚시는 12월에서 익년 2월까지가 좋다. 초저녁에 굵은 참붕어나 미꾸라지를 꿰면 동자개의 성화를 줄일 수 있으나 가물치가 덤비는 것은 각오해야 한다.

제방권은 전역이 장어 포인트로, 제방 양측 끝단 코너부가 특히 좋다. 오후에 불어오는 해풍도 등질 수 있고, 주차도 편리하다. 진목지의 1km 하류에 있는 진목수로도 숨겨진 장어터로, 미꾸라지나 참붕어에 중짜급이, 새우와 지렁이에는 소짜급이 낚인다.

포인트 안내

- 서쪽 제방의 북쪽 끝(장흥군 회진면 진목리 953-25): 무넘기 바로 우측의 제방 포인트로, 제방 밑에 주차하면 된다.

- 남쪽 제방의 서쪽 끝단 코너(진목리 1750-13): 제방 밑에 주차하면 된다.

- 동쪽 제방 북쪽 끝단(진목리 953-12): 제방 위에 주차하면 된다.

- 진목수로(진목리 1814-50): 7~12월터, 수로 폭 5m에 길이 3km로, 대낚시 20칸 내외로 맞은편 시멘트벽 앞에 채비를 넣으면 된다. 추수 전에는 낮에 물을 빼고 저녁에 수문을 닫는다. 24시가 넘으면 입질이 뜸하다.

장흥 포항지

- **장낚 정보**: 소~대짜 릴·대낚 마릿수터, 적기(4~5월, 9~12월), 입질 시간(일몰~22시·03~05시), 새우·참붕어·납자루·산지렁·청지렁·미꾸라지 미끼.

포항지는 15만 평 규모의 해안지로, 퇴수로가 기수역인 회진수로에 연결되어 회진수로의 자원이 유입된다. 전역에 수초가 많은 저수지로, 여름에는 마름이 수면을 덮어 낚시가 어려워진다. 4~5월과 9~12월 사이 수초의 세력이 약한 시기에 출조하는 것이 좋으며, 9월부터 굵은 장어가 입질한다.

서식 어종은 장어, 메기, 가물치, 동자개, 붕어, 잉어, 배스, 망둥어, 새우, 참붕어 등이며, 자생 생미끼에는 장어와 붕어, 망둥어, 동자개 등이 함께 낚인다. 굵은 장어만 노리기 위해서는 미꾸라지를 쓰는 것이 좋다.

ᶨ 포인트 안내

- 좌중류(장흥군 회진면 회진리 1485-2): 4월터, 수초가 많은 1m 수심권이다. 도로 건너편에 주차해야 한다. 2018. 4월(징거미, 중짜 1수).

- 제방의 남쪽 끝단(회진리 1481-1): 릴·대낚터, 제방의 남쪽 끝에 주차한다.

장흥 풍길지(농어두지)

- **장낚 정보**: 소~대짜 마릿수 터, 적기(9~11월), 입질 시간(일몰~05시), 새우·참붕어·산지렁·청지
렁·미꾸라지 미끼.

풍길지는 4만 평 규모의 연밭으로, 방조제 하나를 두고 득량만과 붙어 있어 득량만의 자원이 유입된다. 전역에 연이 밀생해 있어 수질 정화 효과도 우수하고, 그물질도 불가능해 어자원 보호가 잘되어 있다.

주 어종은 장어, 가물치, 동자개, 붕어, 잉어, 배스, 새우, 참붕어 등이며, 수초와 연이 삭아 드는 늦가을부터 마릿수 장어가 낚인다.

새우와 산지렁이에 입질이 빠르나, 씨알 선별을 위해서는 청지렁이, 참붕어, 미꾸라지를 쓰는 것이 좋다. 5월부터는 연이 자라 올라 대낚시만 가능하며, 여름에는 넓게 펼쳐진 연꽃이 아름다워 사진 애호가들도 많이 찾는다.

↳ 포인트 안내

- 동쪽 제방(장흥군 용산면 풍길리 892): 1~2m 수심대로, 제방 위로 차량 진입이 가능하나 개구리 주차를 해야 한다.

- 우하류(풍길리 426): 1m 수심대로, 4륜 SUV로 진입하면 좋다. 북쪽 바다 방조제를 통해 진입해야 한다. 진입로 끝에 주차 후 40m 도보 진입하면 된다.

- 북쪽 바다 방조제 동쪽 끝(풍길리 805): 갈대권 포인트로, 30~40% 물이 빠지면 좋다. 4륜 SUV로 방조제 위로 진입하면 좋다. 2014. 10월(소짜 4수).

장흥 탐진강

- **장낚 정보**: 소~대짜 릴·대낚터, 적기(6~9월), 입질 시간(일몰~24시), 새우·납자루·산지렁·청지
렁·미꾸라지 미끼.

이곳 탐진강 포인트는 장흥댐에서 남서쪽으로 29km를 흘러 강진만에 유입되는 기수역
으로, 장흥댐의 하류 구간에 해당한다. 이곳 탐진강에는 2000년 초부터 수만 미의 장어 치
어가 방류되었으며, 강진만으로부터 유입되는 자원까지 더해 풍부한 개체 수가 서식하고
있다.

장흥댐이 방류되거나, 큰비 후 수량이 많아지면 탐진강 전역에서 장어의 입질이 살아난
다. 장어 미끼는 새우와 납자루, 산지렁이, 청지렁이 등 다양하게 먹히는데, 잡고기의 성
화에 대비하고 대물 장어를 노리기 위해 미꾸라지만 꿰어 주는 것이 좋다.

⏝ 포인트 안내

• 상류권 별천교 우하류 보(장흥군 부산면 유량리 6-5): 큰비후터, 부산천이 합류되는
보 포인트로, 강둑에 주차하면 된다.

• 상류권 부춘교 좌상류 보(부춘리 410-8): 큰비후터, 수량이 많아지면 강폭이 140m까
지 확장되며, 수중 섬까지 40m가량 원투하면 좋다.

• 중류권 순지보(장흥읍 남외리 425-2): 큰비후터, 1m 수심의 자갈 바닥으로, 수초가
많고 장어 개체 수도 많다. 강둑에 주차하면 된다.

장흥 회진수로

- **장낚 정보**: 소~중짜 릴·대낚 마릿수터, 적기(6~10월), 입질 시간(일몰~04시), 새우·참붕어·산지
렁·청지렁·미꾸라지 미끼.

　회진수로의 상류권에는 포항지, 수동1지, 수동2지의 퇴수로가 합쳐지며, 하류권인 회진
항 인근에서 득량만에 흘러들어 득량만의 자원이 회진수로를 통해 인근 저수지로 유입된
다. 주 어종은 장어, 메기, 동자개, 가물치, 붕어, 잉어, 배스 등이며, 큰비 후 회진수로의
상류권 저수지들에서 물이 넘칠 때와 9~11월에 장어 입질이 좋다.

　새우 미끼에는 붕어가 잘 붙기 때문에, 보통은 지렁이나 미꾸라지를 많이 쓰고, 새우는
붕어 입질이 뜸할 때 여러 마리를 꿰어 주는 것이 좋다. 중·상류권의 갈대와 뗏장 주변에
탐나는 포인트가 많고, 타 수로와 달리 일몰 시점부터 밤새 장어 입질이 들어온다.

↳ 포인트 안내

- 좌상류 덕흥교권(장흥군 회진면 회진리 1851-1): 9~10월터, 포항지의 퇴수로가 합류
되는 곳이다. 주차 공간이 있는 곳에 자리하면 된다.

- 좌하류 천관농협 앞(회진리 1901-3): 강폭이 200m가 넘고, 발 앞이 석축 포인트다.
도로변에 주차하면 된다.

- 좌중류(회진리 1870-9): 1~2m 수심의 원투 포인트다. 농로를 타고 진입해 농로가 끝
나는 곳에 주차하면 된다.

장흥 해창지

- **장낚 정보**: 대짜 터, 적기(3~4월, 11~12월), 입질 시간(일몰~04시), 새우·참붕어·산지렁·청지렁·미꾸라지 미끼.

해창지는 3만 5천 평 규모의 가시연 자생지로, 바다와 400m 거리로 붙어 있다. 상류에는 줄풀과 갈대가 많고, 6월부터는 가시연과 마름이 전역을 덮는다. 가시연 보호를 위해 11월부터 익년 4월까지만 낚시가 허락되며, 자원 보호도 잘되어 해마다 대물급 장어가 낚인다.

장어를 비롯해 가물치, 붕어 등의 자원도 풍부하나, 연안 수초대가 넓어 포인트를 잡기가 쉽지 않다. 상류권은 협소한 진입로에 주차 공간도 마땅치 않으며, 진입로와 수면 사이에 농지까지 끼어 있어 불편한 점이 많다. 연안 낚시는 제방을 중심으로 앉는 것이 편하고, 연과 수초가 삭아 내린 후 보트를 타고 부들 군락을 노리는 방법도 좋다.

↳ 포인트 안내

- 서쪽 제방의 서쪽부(장흥군 안양면 해창리 1234-1): 무넘기 우측의 포인트로, 제방 위에 주차하면 된다.

- 동쪽 제방 동쪽 끝 코너(해창리 1227-2): 차 앞 낚시가 가능하다.

진도군 13선

진도 녹진수로

- **장낚 정보**: 소~중짜 마릿수터, 적기(3~11월), 입질 시간(일몰~23시), 새우·참붕어·산지렁·청지렁 미끼.

녹진수로는 진도의 북단 군내호의 좌상류권에서 북동쪽 몽리농지 사이로 4km가량 펼쳐진 농수로로, 상류 2km 구간이 주 포인트다. 갈대와 마름이 곳곳에 밀생해 있어 초봄부터 초겨울까지 장어가 낚인다.

포인트 구간은 수로 폭이 30m가량으로, 대낚시 30칸이면 닭발 포인트에 채비를 넣을 수 있고, 40칸이면 들어뽕도 가능하다. 수량이 적은 배수기에는 조황이 저조하므로, 어느 정도 수량이 확보되는 봄과 가을에 출조하면 좋다.

↳ 포인트 안내

- 셋째 다리권(진도군 군내면 녹진리 1957-5): 수로의 최하류에서 상류 방향 세 번째 다리권으로 수로가 'ㄱ'자로 꺾여 있다. 이곳에서 상류 300m 구간과 하류 1km 구간이 포인트다. 진입 농로에 주차하면 된다.

진도 둔전지

- **장낚 정보**: 소~대짜 마릿수터, 적기(5~11월), 입질 시간(일몰~23시, 04~06시), 새우·산지렁·청지렁 미끼.

   둔전지는 진도의 북단 해안가 24만 평 규모의 간척호로, 퇴수로가 700m 북쪽의 바다로 이어져 풍부한 장어 자원이 유입된다. 전역에 수초가 많아 어류의 성장에 좋은 환경이 되어 주나, 여름에는 수초가 지나치게 많아져 연안 낚시보다 보트 낚시가 편리하다.

   주 어종은 장어, 메기, 가물치, 동자개, 붕어, 잉어, 배스 등으로, 장어의 개체 수가 많다. 장어 미끼는 새우와 지렁이가 좋고, 입질은 일몰 후 2시간 사이와 동틀 무렵에 한 번씩 들어오며 한밤중에는 입질이 거의 없다. 둔전지는 해풍이 강하게 불어오는 날이 많은데, 사전에 풍향을 인지하여 바람을 등질 수 있는 곳에 자리하도록 한다.

♆ 포인트 안내

- 좌골 중상류 유교마을 앞(진도군 고군면 오류리 766-2): 4~5월터, 부들권 1~2.5m 수심대로, 도로변에 주차하면 된다. 2007. 4월(소짜 2수).

- 좌중류(오류리 653-3): 1~2m 수심의 갈수기 포인트로, 차 앞 낚시가 가능하다.

- 제방 동쪽 끝단(진도군 군내면 세등리 1365-9): 9~11월 릴터, 무넘기 부근 1~2m 수심으로, 제방 밑에 주차하면 된다. 2009. 10월(청지렁, 05시 소짜 1수).

- 우상류 첫째 골 상류권(세등리 537-1): 오름 수위 대물터, 도로변 주차하면 된다.

- 우상류 둘째 골 좌상류(세등리 산 9-2): 9~11월터, 1~2m 수심의 한적한 포인트다. 맞은편 산 쪽으로 60~70m 원투하면 좋다. 차 앞 낚시도 가능하다.

- 우최하류(세등리 763-3): 9~11월터, 1~2m 수심대로 릴과 대낚시 모두 가능하다. 차 앞 낚시가 가능하다.

진도 마산지 · 고군천

- **장낚 정보**: 소~대짜 마릿수터, 적기(4~11월), 입질 시간(일몰~23시), 새우 · 참붕어 · 산지렁 · 청지 렁 미끼.

마산지는 진도의 동쪽 해안가 3만 평 규모의 평지지로 반달 모양을 하고 있다. 전역에 수초가 밀생해 있고, 1~3m가량의 완만한 수심을 보인다. 바다와 500m 거리로 가까워 자원의 유입이 많고, 여름철 밤낚시에 장어 1~2수 정도는 쉽게 낚을 수 있다. 주 어종은 장어, 메기, 붕어, 잉어 등이며, 장어 미끼는 새우가 잘 먹히나 씨알이 잘게 낚이므로 굵은 청지렁이나 산지렁이를 함께 쓰는 것이 좋다.

좌중 · 상류권은 도로가 나 있어 포인트 진입이 쉬우나, 우안은 차도와 수면 사이에 밭이 끼어 있어 밭둑을 훼손하게 되므로 농번기를 피해 출조하는 것이 좋다. 좌안과 제방의 양끝 포인트는 좀 더 편안하게 자리할 수 있다.

마산지 장어 낚시의 최대 장애 요인은 해풍이다. 해풍이 강한 날에는 낚싯대를 펴기도 어렵고, 낚시 의지를 꺾어 버리기 때문에, 날씨 정보를 미리 파악하고 출조해야 한다. 마산지의 700m 남쪽에도 고군천이라 불리는 장어 낚시터가 있다. 고군천은 마산지의 퇴수로와 함께 마산 방조제에 합수되며, 전역이 기수역으로 장어 자원의 유입이 많은 곳이다.

〰 포인트 안내

- 제방의 서쪽 끝(진도군 고군면 내산리 704-1): 6~8월터, 2~3m 수심대로, 차량 진입이 쉽다.

- 제방의 동쪽 끝(내산리 470-1): 6~8월터, 1~2m 수심대로 차 앞 낚시가 가능하다.

- 고군천(진도군 고군면 원포리 1210): 중류권 다리에서 하류 400m까지가 포인트다. 10월경 닭발 포인트에서 지렁이 미끼에 마릿수 장어가 낚인다.

진도 보전호

- **장낚 정보**: 소~대짜 마릿수터, 적기(4~11월), 입질 시간(일몰~05시), 새우·참붕어·산지렁·청지렁 미끼.

　진도의 서쪽 해안가에 위치한 보전호는 26만 평 규모의 간척호로, 방조제 하나를 두고 바다와 붙어 있다. 주 서식 어종은 장어 외 가물치, 메기, 동자개, 붕어, 잉어, 피라미, 참붕어, 새우 등이다.

　장어 낚시는 통상 4월부터 시작되나 봄철에는 주로 소짜급이 입질하고, 6월부터 중짜급 이상의 입질이 터지는데, 10월에서 12월 초에 씨알이 가장 굵게 낚인다. 미끼는 지렁이, 새우, 참붕어 등이 잘 먹힌다.

　갈대와 부들 주변으로 연안 포인트가 많고, 둘레길이 나 있어 포인트 진입도 쉽다. 바다 방조제 우측 연안에는 넓은 갈대 군락이 있어 보트 낚시 포인트도 많다. 해풍을 등지는 포인트에 자리하도록 하고, 수달의 출몰에도 대비해야 한다.

↳ 포인트 안내

- 우최상류 보전수로(진도군 지산면 보전리 1187-8): 9~12월터, 50cm 수심의 펫장·부들권 포인트로, 바람을 잘 타지 않는다. 청지렁이와 자생 새우, 참붕어가 잘 먹힌다. 9월부터는 대물 붕어도 잘 낚인다. 2022. 9월(소짜 1수).

- 좌중류(거제리 484): 수중 돌무더기가 있는 대물 포인트로, 받침틀이나 좌대를 지참해야 한다. 차 앞 낚시가 가능하다. 2014. 6월(05시 S, 6짜).

- 방조제 중앙부 갈대밭(거제리 483): 10~11월터, 1m 미만의 수심대다. 방조제 우측 끝 수문권에는 화장실도 있다. 방조제 도로변에 주차하면 된다.

진도 봉암지

- **장뉘 정보**: 소~대짜 릴·대낚터, 적기(3~12월), 입질 시간(일몰~23시), 새우·참붕어·납자루·산 지렁·청지렁 미끼.

봉암지는 진도의 서남쪽 해안가에 위치한 25만 평 규모의 간척호로, 전역이 1~3m의 완만한 수심을 보인다. 퇴수로는 4.3km 남쪽의 진도항 앞바다로 흘러들며, 퇴수로를 통해 자원이 유입된다. 좌·우측 상류로부터 유입되는 수량도 풍부해 가뭄이 들어도 바닥을 보이지 않으며, 전역에 수초가 많아 어류의 성장 속도도 빠르다.

주 어종은 장어, 메기, 가물치, 붕어, 납자루, 참붕어, 새우 등으로, 장어 미끼는 자생 생 미끼를 많이 쓰나, 출조 당일 잡고기가 적게 붙는 미끼를 쓰는 것이 좋다. 바닥에 마름 찌꺼기가 많으므로 목줄을 25~30cm가량 길게 써 주도록 한다.

봉암지는 계절별로 수초 환경이 크게 변한다. 여름철 중·상류권은 마름이 수면을 덮어 보트 낚시나 들어뽕이 적합하고, 11월부터 마름이 삭아 내리므로 12월 중순까지 장어 낚시가 가능하다. 또 봉암지는 해안가에 있고, 수면도 광활하여 바람이 한 번 터지면 대를 세우기 어렵고, 거센 파도가 인다. 특히 10월 이후에 불어오는 북서풍은 단시간에 수온을 낮춰 어제까지는 마릿수 장어가 낚이다가도 오늘은 동자개 한 마리 낚이지 않는다. 사전에 일기 예보를 숙지한 후에 출조 여부를 결정하는 것이 좋다.

포인트 안내
- 우상류 홈통(진도군 지산면 가치리 산 37-5): 만수위터, 1~2m 수심의 수초권으로, 새우와 지렁이를 꿰어 수초 사이에 던져두면 200~300g대의 장어가 낚인다. 차 앞 낚시가 가능하다.

- 우하류 골 최상류(가치리 144): 만수위터, 수심 2~3m의 수초 지대로, 차 앞 낚시가 가능하다. 2002. 7월(자생 새우, 중짜 1수).

- 우하류 골 좌상류(가치리 산 44-3): 만수위터, 좌측 주소에서 하류 100m까지가 포인트로, 2~3m 수심에 마름이 많다. 차 앞 낚시가 가능하다.

- 제방 좌측부(가치리 1266-1): 갈수기 릴터, 1~2m 수심의 릴과 대낚시 포인트다. 차량은 제방 밑으로 난 길로 진입하고, 진입로 가에 주차하면 된다.

- 좌중상류(가치리 215-1): 만수위터, 1~2m 수심의 수초 지대로, 새우와 납자루에 중짜급 장어와 대물 붕어가 낚인다.

진도 사천지

- **장낚 정보**: 대짜 릴터, 적기(6~8월), 입질 시간(일몰~03시), 새우 · 참붕어 · 산지렁 · 청지렁 · 미꾸라지 미끼.

사천지는 진도군청의 동남쪽 3.5km 지점에 위치한 9만 평 규모의 계곡지로, 수질이 좋고 풍광이 수려해 여름철 피서터로 좋다. 퇴수로가 바다와 7km 이상 떨어져 있고, 높은 무넘기로 인해 장어 자원의 유입이 쉽지 않을 것으로 보이지만 초대물급 장어가 서식하고 있다. 사천지의 주 서식 어종은 장어 외 메기, 가물치, 동자개, 붕어, 잉어, 피라미, 참붕어, 새우, 외래종 등으로, 장어 생미끼에 외래종의 성화는 아직 심하지 않다. 장어 낚시는 초대물급 아니면 꽝을 각오해야 하므로 잔재미가 없는 낚시를 해야 한다. 초대물급 입질에 대비하여, 튼튼한 채비를 갖춰야 한다.

◡ 포인트 안내

- 최상류 사천교권(진도군 의신면 사천리 835-1): 의신천이 유입되는 새 물 포인트로, 사천교 방향의 10m 앞 물골을 노려야 한다. 차 앞 낚시가 가능하다.

- 좌하류(침계리 50-3): 갈수기 원투 대물 포인트로, 미꾸라지를 꿰어 30~50m가량 원투하면 좋다. 차 앞 낚시가 가능하다.

진도 소포수로

- **장낚 정보**: 중~대짜 마릿수터, 적기(4~11월), 입질 시간(일몰~23시), 산지렁 · 청지렁 · 홍갯지렁 · 미꾸라지 미끼.

소포수로는 진도의 중앙부를 남북으로 관통하는 간척 수로로, 본류의 물길만 16km에 달하며, 앵무리수로, 장구포수로, 염장수로 등의 대형 가지 수로를 거느리고 있다. 소포수로에는 풍부한 장어 자원이 서식하며, 본류권 상류의 강폭이 130m, 본류권 중류의 강폭이 250m가량으로 릴과 대낚시 모두 가능하다. 유속과 바람이 있는 날은 대낚시가 좋고, 릴낚시를 하더라도 10~20m 이내로 단타를 치는 것이 좋다.

◡ 포인트 안내

- 좌상류(진도군 임회면 고정리 1123): 5~8월터, 농로의 교차로 부근에 주차하면 된다.

- 좌중류(진도읍 염장리 307): 9~11월터, 개구리 주차를 하면 된다.

진도 연동수로

- **장낚 정보**: 소~중짜 마릿수터, 적기(4~12월), 입질 시간(일몰~23시), 새우·참붕어·산지렁·청지렁·갯지렁·미꾸라지 미끼.

연동수로는 팽목 방조제의 동쪽 농경지 안에 약 3.5km 길이로 놓여 있다. 수로 폭은 20~30m로, 전역에 부들이 자라는 1m 수심대의 낚시터다. 주 서식 어종은 장어, 메기, 가물치, 동자개, 붕어, 블루길 등으로, 채비를 수초에서 1m가량 띄우면 초저녁 시간대의 블루길 성화를 줄일 수 있다. 초저녁 시간대에는 장어의 회유 범위가 넓기 때문에 채비를 수초에서 띄워도 입질을 받는 데 지장이 없다. 연동수로는 장마철부터 11월까지는 꽝이 없는 장어터이나, 새우와 참붕어에는 붕어만 낚이는 경우도 많다. 이때는 굵은 청지렁이와 미꾸라지로 바꿔 주면 중짜급 장어까지 노릴 수 있다.

↳ 포인트 안내

- 연동지 퇴수로 합수부 다리권(진도군 임회면 연동리 1397): 전천후터, 수로 폭 30m로, 중짜급 이하의 씨알이 낚인다. 둑방 길에 주차하면 된다.

- 최하류 다리권(연동리 1392-13): 8~12월터, 수문권 포인트로, 내림 장어 철에 중짜급이 낚인다. 다리의 동쪽 끝에 주차하면 된다.

진도 연동지(내연지)

- **장낚 정보**: 소~대짜 마릿수터, 적기(3~11월), 입질 시간(일몰~23시), 새우·참붕어·납자루·산지렁·청지렁 미끼.

연동지는 진도의 서남쪽 해안가 7만 평 규모의 평지지로, 전역에 마름과 줄풀이 많다.

팽목 방조제와 연결된 퇴수로는 길이가 1km로 짧아 장어 치어 유입에 유리한 환경이다. 주 어종은 장어, 가물치, 붕어, 잉어, 참붕어, 납자루, 새우 등으로, 장어 미끼는 자생 새우와 참붕어, 납자루를 많이 쓰는데, 붕어와 가물치가 함께 낚인다. 연동지는 수심이 얕고 수초가 많아, 주차가 가능한 곳이면 어디든 포인트가 되며, 연동지의 제방 서남쪽을 흐르는 연동수로 역시 장어 자원이 많다.

↳ 포인트 안내

- 좌중류(진도군 임회면 연동리 710): 만수위터, 수심 1m 미만의 수초대로, 대낚시 36칸 이상이 좋다. 차 앞 낚시가 가능하다.

- 우중류 야산 앞 홈통(연동리 546): 만수위터, 1m 수심의 수초밭으로, 32칸 이상이 좋다. 진입로가 좁고, 주차 공간이 열악해 개인 출조가 적당하다.

진도 오산지

- **장낚 정보**: 대물 릴·대낚터, 적기(5~10월), 입질 시간(일몰~23시), 새우·참붕어·산지렁·청지렁·미꾸라지 미끼.

오산지는 진도의 북동쪽 해안가 3만 6천 평 규모의 계곡지로, 수질이 좋고 좌·우안이 산으로 둘러싸여 풍광이 수려하다. 퇴수로는 고군천이라 불리며, 오산지의 동쪽에 넓게 펼쳐진 농경지 사이로 약 3.5km를 흘러 바다로 유입된다.

주 어종은 장어, 메기, 가물치, 동자개, 붕어, 잉어, 새우 등으로, 장어 낚시는 대물 아니면 꽝을 각오해야 할 만큼 터가 센 곳이다. 장어 미끼는 참붕어와 새우를 쓰는데, 대물터인 만큼 굵은 개체를 꿰어 주는 것이 좋다.

오산지는 계곡지임에도 연안이 완만해 안전한 낚시가 가능하나, 몽리 면적이 넓어 농번기에는 수위가 급격히 줄어드는 단점이 있다. 농번기 배수 후 수위가 안정된 시점부터 입질이 시작되어 늦가을까지 이어진다.

↳ 포인트 안내

- 좌최상류(진도군 고군면 오산리 1893): 6~8월터, 논 앞 2m 수심대로, 북쪽의 도랑에서 계곡물이 유입될 때 좋다. 진입로 끝에 주차하면 된다.

- 좌상류(오산리 1904-1): 9~10월터, 2m 수심대로, 32칸 이상이 적합하며, 차 앞 낚시가 가능하다.

- 좌하류(오산리 산 142-4): 갈수위터, 좌측 주소에서 제방까지 110m 구간이 릴 포인트다. 진도대로에서 우측 샛길로 빠진 후 주차하면 된다.

- 우최상류(오산리 1897): 오름 수위터, 최상류의 도랑이 본류에 합류되는 지점으로, 오름 수위 최고의 포인트다. 차 앞 낚시가 가능하다.

진도 앵무리수로

- **장낚 정보**: 소~대짜 마릿수터, 적기(4~11월), 입질 시간(일몰~23시), 산지렁·청지렁·홍갯지렁·미꾸라지 미끼.

앵무리수로는 소포수로의 우중류권 4~5개의 가지 수로를 말하며, 연안에는 갈대와 부들, 수중에는 마름, 말풀 등이 발달해 있다. 겨울에도 얼지 않아 11월에서 익년 2월까지 겨울 떡붕어꾼들에게도 인기가 많다. 앵무리수로도 진도권 타 수로들처럼 일몰 후부터 23시까지 입질이 좋고, 한밤중에는 입질이 거의 없다. 서식 어종은 장어 외 가물치, 붕어, 떡붕어, 잉어 등이며, 장어는 킬로급 대물은 보기 힘들고 커 봐야 700~900g대다.

진도에는 민물 지렁이를 파는 곳이 드물다. 청지렁이는 구하기 더욱 어렵고, 어렵게 구

했다 해도 품질이 떨어지기 때문에 외부에서 미리 준비하는 것이 좋다. 앵무리수로는 전역에서 낚시가 잘되며, 발판이 편한 곳이면 바로 포인트가 된다. 늦가을부터는 차가운 북풍이 불어오므로, 북풍을 등지고 앉아야 한다.

↳ 포인트 안내

- 앵무대교 좌하류 650m 샛수로(진도군 지산면 앵무리 540-10): 3~4월·9~11월터, 길이 1km, 폭 40~50m 규모의 샛수로로, 수로 중류권 다리의 상류에 부들과 갈대가 발달한 곳이 많다. 다리 주변에 주차하면 된다.

- 앵무대교 우상류 양수장 앞(앵무리 1308): 3~4월·9~11월터, 둑방에 주차하면 된다.

- 앵무대교 좌상류 1.3km(진도군 임회면 고정리 1132): 3~4월·9~11월터, 갈대와 부들이 발달한 1m 수심대로, 32칸 이상의 긴 대가 좋다.

진도 장구포수로

- **장낚 정보**: 소~대짜 마릿수터, 적기(4~11월), 입질 시간(일몰~23시), 산지렁·청지렁·홍갯지렁·미꾸라지 미끼.

장구포수로는 소포수로의 좌중류권 가지 수로로, 전역이 1m 이하의 수심에 갈대, 마름, 뗏장 등이 밀생한 연안 포인트가 많다. 장구포수로는 소포수로와의 사이에 소형 보로 막혀 있어, 큰비 후 소포수로에서 소상한 자원이 장구포수로에 갇혀서 살고 있다. 주 어종은 장어, 메기, 가물치, 붕어, 잉어 등이며, 장어 미끼는 새우와 지렁이를 많이 쓰는데, 입질 패턴은 새우에는 찌가 물속으로 잠기고, 지렁이에는 찌가 좌우로 왔다 갔다 하는 형태를 보인다. 장구포수로는 수심이 얕고 수초가 많아 대낚시가 적합하며, 20~40칸 정도면 모든 포인트를 공략할 수 있다. 순환로가 잘 정비되어 있어 포인트 진입도 쉽다.

- 좌하류(진도군 임회면 삼막리 1412-1): 갈수위터, 삼막1교 좌상류 200m권으로, 1m 수심의 갈대밭이다. 둑방 길에 주차하면 된다.

- 우하류(고정리 1062): 수초가 밀생한 들어뽕 포인트로, 수심이 얕아 36칸 이상의 긴 대가 적합하다.

진도 한의수로(군내수로)

- **장낚 정보**: 소~대짜 마릿수터, 적기(3~4월, 10~12월 초), 입질 시간(일몰~23시), 새우·참붕어·산지렁·청지렁·미꾸라지 미끼.

한의수로는 900m 길이의 군내호 남쪽 제방과 붙어 있다. 낚시인이 많이 찾는 중상류권의 가지 수로들은 네 개의 물줄기로 갈라지는데, 이들 물줄기 모두 50~80m의 강폭에, 부들과 줄풀이 발달해 연안 포인트가 많다.

주 서식 어종은 장어, 메기, 가물치, 동자개, 붕어, 잉어, 살치, 피라미, 참붕어, 백새우 등이며, 갈수기에 어느 정도 물이 빠졌을 때와 늦가을부터 초겨울에 입질이 활발하다. 장어 미끼는 새우, 참붕어, 미꾸라지가 좋은데, 백새우는 5마리 정도 꿰어 주면 좋다. 지렁이는 굵고 질긴 청지렁이만을 쓴다.

↳ 포인트 안내

- 좌하류 배수갑문권 한의가든 앞(진도군 군내면 덕병리 산 192-3): 전천후터, 한의수로 최고의 인기 포인트로 사철 낚시꾼이 붐빈다. 진입로에 주차하면 된다.

- 우하류 배수갑문권(진도읍 수유리 1476): 사철 낚시꾼이 붐비며, 진입로에 주차하면 된다.

- 좌측 골 중류 다리권(수유리 1706): 수로 폭이 90m에 이른다. 릴 채비는 교각에 붙이고, 대낚시는 수초 섬을 노리면 좋다. 다리 주변에 주차하면 된다.

- 우측 골 중류 다리권(수유리 1702): 수로 폭이 70m에 이른다. 채비를 다리 밑 교각 주변에 붙이면 좋다. 다리 인근에 주차하면 된다.

함평군 6선

함평 고막원천

- **장낚 정보**: 소~대짜 릴·대낚터, 적기(6월 하순~10월), 입질 시간(일몰~05시), 산지렁·청지렁·미꾸라지 미끼.

　고막원천은 장성군 삼봉산에서 발원해, 남쪽으로 36km를 흘러 영산강의 좌중류권에 유입되는 하천으로, 고막원천의 장어 포인트는 저마다 낚시 여건이 상이하여, 사전에 포인트별 특징을 숙지하고 진입하는 것이 좋다.

↳ 포인트 안내

- 좌하류 금곡리 보(함평군 대동면 금곡리 453-1): 6~10월터, 고막원천교 좌상류 290m권으로, 강폭이 200m나 된다. 1~2m 수심에 마름이 알맞게 분포해 있으며, 24시경 입질이 든다. 20~30cm의 긴 목줄에 굵은 지렁이를 꿰면 좋다.

- 좌하류 상옥리 보(상옥리 7-7): 9~10월터, 고막원천교 좌상류 1km 지점으로, 강폭이 120m가량 된다. 일몰 시점부터 23시까지 입질이 좋다.

- 우하류 생태공원권 수로(함평군 학교면 석정리 326): 9~10월터, 길이 3.5km, 폭 15m의 소형 수로로, 수초가 밀생해 있어 초겨울까지 장어, 메기 등 어종별로 대물급이 낚인다. 2016. 10월(대낚시, 지렁이, 중짜 1수).

함평 목교지와 퇴수로

- **장낚 정보**: 소~대짜 마릿수터, 적기(3~4월, 10~11월), 입질 시간(일몰~24시), 미꾸라지 · 청지렁 · 산지렁 · 새우 미끼.

목교지는 10만 평의 규모의 해안가 연밭으로, 유입 수량이 풍부해 갈수기 대물터로 인기가 높다. 퇴수로는 1.6km 서쪽의 함평만에 연결되는 기수역으로, 장어 치어의 유입 여건이 좋다. 장어 외 가물치, 붕어, 잉어, 배스, 참붕어, 새우 등이 서식하며, 어종별로 대물급 자원이 많다.

목교지는 6월부터 수초가 밀생하여 여름철에는 제방에서만 낚시가 가능하고, 연안 포인트는 수초의 세력이 약한 3~4월과, 10월 이후에나 낚시가 가능하다. 우중 · 상류권 연안은 수초가 많아 보트 낚시가 좋으며, 제방권은 차량 접근성과 주차 환경이 좋아 10~11월에 장박 낚시에 좋다. 길이 1km의 퇴수로도 8~10월 사이에 공략하면 꽝이 없다.

포인트 안내

- 좌중류 목교마을 앞 돌출부(함평군 손불면 궁산리 42-4): 만수위터, 연과 부들이 자라는 1~2m 수심대로 진입로 끝에 주차하면 된다.

- 좌하류 궁산마을 앞(궁산리 938-1): 6~11월터, 1~2m 수심대로 도로변에 주차하면 된다.

- 제방의 서쪽 끝(함평읍 장년리 982-2): 10~11월터, 1~2m 수심의 장박 포인트다. 무넘기에서 퇴수로를 따라 140m가량 내려가면 다리가 나온다. 다리를 건너 좌회전 후 다시 제방까지 올라가 주차하면 된다.

- 제방의 동쪽 끝(장년리 1432-1): 10~11월터, 제방 포인트 중에 가장 편한 자리다. 제방 우측 끝단과 제방 밑에 주차하면 된다.

- 우최상류 궁산교 좌하류(궁산리 25-4): 6~8월에 새물이 유입되는 포인트로, 궁산교 옆에 주차하면 된다.

- 퇴수로 두 번째 다리(함평군 손불면 궁산리 1145-9): 목교지 수문에서 하류 향 두 번째 다리권이다. 수로 폭 20~30m의 대낚시 포인트다.

함평 영산강 월호리권

- **장낚 정보**: 중~대짜 릴·대낚터, 적기(4월, 6~9월), 입질 시간(일몰~23시), 산지렁·청지렁·미꾸라지 미끼.

영산강 월호리권에는 세 곳의 이름난 포인트가 있다. 본류권과 2만 평 규모의 둠벙, 길이 1.2km가량의 샛수로가 그곳이다. 그중 2만 평 규모의 둠벙이 가장 핫한 포인트로 매년 우기에 영산강이 넘치면 영산강 자원이 대량 유입된다. 주 어종은 장어, 숭어, 메기, 동자개, 붕어, 잉어, 외래종 등이며, 주로 대물급이 낚이므로 강한 채비를 가져가야 한다.

둠벙과 샛수로에는 뗏장과 마름이 혼재하는데, 큰비 후 탁수가 되면 뗏장과 마름 주변이 포인트가 되고, 청수일 때는 마름 구멍에 채비를 넣거나 뗏장에 밀착해 주면 큰 입질을 받을 수 있다.

장어 미끼는 산지렁이와 청지렁이가 좋은데, 동자개와 블루길의 성화가 약간 있다. 이때는 미꾸라지를 꿰어 우직하게 기다리는 낚시를 해야 한다. 월호리권 포인트는 영산강의 수위 조절용 수문을 수시로 여닫는데, 내림 수위 때는 입질이 없으나 오름 수위로 바뀌면 다시 입질이 든다.

포인트 안내
- 영산강 본류(함평군 학교면 월호리 336-4): 8~10월터, 릴 장타 포인트로, 지렁이 미끼에 누치와 동자개도 낚인다. 진입로가 넓고, 차 앞 낚시도 가능하다.

- 둠벙(월호리 517-12): 8~9월터, 2~3m 수심의 뗏장과 마름권으로, 물길이 영산강과 통수된다. '월호리 342-4'에서 북동쪽 비포장 길로 320m 가면 영산강 본류다. 여기서 우회전해 남쪽으로 400m가량 내려오면 둠벙의 북쪽 초입을 만난다. 이곳에서 서쪽 방향 둑방 길 곳곳에 주차 공간이 많고, 차 앞 낚시도 가능하다.

- 샛수로(월호리 342-4): 6~8월터, 길이 1.2km, 폭 30m, 수심 60~70cm의 샛수로 포인트로, 둑방 길에 주차 후 40m가량 수풀을 헤치고 진입한다.

함평 월천지(손불지)

- **장낚 정보**: 소~대짜 마릿수 터, 적기(3~11월), 입질 시간(일몰~04시), 산지렁·청지렁·새우·미꾸라지 미끼.

월천지는 함평만의 동쪽 해안가 500m 지점에 위치한 12만 평 규모의 간척호로, 소짜급 장어가 마릿수로 낚이는 경우도 많다. 장어 외 서식 어종은 가물치, 동자개, 붕어, 잉어, 배스 등으로, 장어는 8월 중순부터 11월 사이에 자주 낚이며, 기온이 내려갈수록 굵게 낚인다. 미끼는 산지렁이와 청지렁이가 좋고, 새우와 참붕어를 곁들이면 된다.

월천지의 좌·우상류권에는 1~2m 수심대의 수초 지대가 잘 형성되어 대낚시가 적합하고, 그 외 포인트는 수초가 듬성듬성해 릴과 대낚시를 고루 사용할 수 있다. 진입로와 수면 사이에 농지가 끼어 있어, 왠만한 포인트는 주차 후 50m가량 걸어야 한다.

⅃ 포인트 안내
- 제방의 북동쪽 끝(함평군 손불면 월천리 636): 8~10월터, 제방의 북동쪽 끝에서 제방 중앙 쪽으로 200m까지가 장어 릴 포인트다. 2~3m 수심권으로 제방에 차량 진입도 가능하다. 2008. 8월(소짜 2수), 2007. 9월(산지렁, 중짜 2수).

- 좌하류 무넘기 하류(월천리 663-1): 갈수위터, 2.5m 수심대로, 굵은 장어가 낚인다. 4륜 SVU는 수면까지 진입할 수 있으나, 승용차는 진입로 초입에 주차 후 걸어 들어가는 것이 안전하다.

- 우상류 농협창고 앞 논둑(월천리 483): 3~4월·10~11월터, 1.5m 수심의 대낚시 명당이다. 농번기를 피해 도보 진입하는 것이 좋다.

- 우중류 논 앞 돌출부(월천리 569): 갈수위 릴터, 장어꾼과 잉어꾼이 많다. 비포장 진입로에 한두 대씩 주차 후 50m 이상 도보 진입해야 한다.

함평 자명지

- **장낚 정보**: 소~중짜 마릿수터, 적기(6~11월), 입질 시간(일몰~04시), 새우·참붕어·산지렁·청지렁·미꾸라지 미끼.

자명지는 6천 평 규모의 평지지로, 중상류에는 마름이 많고, 제방권에는 연밭이 넓게 펼쳐 있다. 퇴수로는 800m 남쪽의 자명천에 합류되며, 자명천은 다시 서쪽으로 3km를 더 흘러 함평만에 유입된다. 바다와는 4km가량 떨어져 있으나, 장어 자원의 유입은 많은 편이다. 주 서식 어종은 장어, 가물치, 붕어, 자라, 새우, 참붕어 등으로, 장어 미끼는 자생 새우와 참붕어, 지렁이류가 좋으며, 여름철 자생 새우에는 마릿수 입질을 받을 수 있다.

↳ 포인트 안내

- 제방 중앙(함평읍 옥산리 62-1): 6~11월터, 대낚시 긴 대로 연이나 수초권을 노리면 좋다. 우하류(옥산리 산 86-13)나 좌하류(옥산리 758-6)에 주차 후 60m가량 도보 진입한다. 2022. 8월(제방 연밭, 새우, 중짜 1수).

함평 평산지(학산지)

- **장낚 정보**: 소~대짜 마릿수터, 적기(3~4월, 10~12월), 입질 시간(일몰~04시), 산지렁·청지렁·참붕어·새우 미끼.

평산지는 2만 평 규모의 해안지로, 퇴수로의 길이가 700~800m로 짧아, 인공 방류된 장어 외에 바다로부터 자연 유입되는 자원도 많다. 아울러, 뻘 바닥에 수초가 밀생해 있어 자원 남획이 어렵고, 그로 인해 대물 자원도 많이 서식한다. 장어 외 어종은 가물치, 메기, 동자개, 붕어, 참붕어, 새우 등이며, 장어 미끼는 참붕어와 새우를 써도 되나, 새우는 채집되는 양이 적어 미리 준비해 가는 것이 좋다. 전역에 수초가 많아 대낚시가 편리하지만, 제방권에서는 릴 원투도 가능하다.

⅃ 포인트 안내

- 좌최상류 새 물부(함평군 손불면 학산리 185): 수초가 많은 만수위 포인트로, 새 물이 유입되면 좋다. 진입로 초입에 주차하면 된다.

- 좌하류 돌출부(학산리 112-4): 작은 농수로가 합수되는 곳으로, 갈수기 대낚시 포인트다. 3~4대 주차할 수 있다.

- 제방 우측 산 앞(학산리 1049): 갈수기 릴과 대낚시 포인트로, 물이 많이 빠져야만 진입할 수 있다. 제방 우측 끝에 2~3대 주차할 수 있다.

화순군 6선

화순 구암지(축동지)

- **장낚 정보**: 대짜 대낚터, 적기(4~11월), 입질 시간(일몰~23시), 새우 · 납자루 · 참붕어 · 산지렁 · 청 지렁 미끼.

구암지는 1만 평 규모의 평지지로, 대물 장어와 5짜 붕어가 낚이는 명낚시터다. 퇴수로 는 주암호의 상류 천인 동복천에 유입되어, 큰비가 내리면 주암호의 자원이 올라붙는다. 주 어종은 장어, 메기, 가물치, 동자개, 자라, 붕어, 잉어, 참붕어, 납자루, 새우 등으로, 장 어 미끼로는 새우, 납자루, 참붕어를 많이 쓰는데, 참붕어에는 가물치가 잘 붙는다. 이때 는 청지렁이나 산지렁이를 달면 가물치의 성화를 줄일 수 있다.

구암지는 바닥 수초가 많아 채비 안착이 어렵지만, 어종별로 대물급이 잘 낚이므로 원 줄에서부터 목줄까지 투박할 정도로 강한 채비를 해 주는 것이 좋다. 모노 2.5호 목줄로는 얼굴도 못 보고 터지는 경우가 많아 최소 3.5호 이상은 되어야 한다.

↳ 포인트 안내

- 우중하류(화순군 동복면 구암리 492-1): 우안 진입로에서 가장 가까운 곳으로, 줄풀 을 끼고 앉는 것이 좋다. 진입로에 주차하면 된다.

- 제방의 북서쪽 끝(구암리 산 59-4): 좌측 제방의 코너 부분에 주차하면 된다.

화순 금전지(한천지)

- **장낚 정보**: 대짜 릴·대낚 마릿수터, 적기(4~9월), 입질 시간(일몰~24시), 새우·산지렁·청지렁·미꾸라지 미끼.

금전지는 14만 평 규모의 계곡지로, 맑은 물과 수려한 경치를 자랑한다. 청정 계곡수가 유입되어 연중 최상급 수질을 유지하던 곳이지만, 몇 해 전 7천 평 규모의 태양광 패널이 설치되면서 자연미가 일부 훼손되었으며, 적어진 일조량으로 인해 냉수대가 확산되어, 수생 동식물의 생장에 악영향을 줄 우려가 커졌다. 하루빨리 원상 복구가 되기를 희망해 본다. 금전지의 주 어종은 장어, 가물치, 메기, 자라, 동자개, 붕어, 잉어, 외래종, 피라미 등으로, 초저녁 장어 미끼는 블루길의 성화를 피해 미꾸라지를 쓰는 것이 좋고, 심야 시간부터 새우나 지렁이로 교체해 주는 것이 좋다. 822번 지방도로가 지나는 좌안 2~4m 수심이 주 포인트로, 최상류에는 공원과 화장실도 있어 편리하게 이용할 수 있다.

ᨒ 포인트 안내

- 좌최상류 돌출부(화순군 한천면 금전리 6): 한천천이 유입되는 새 물 포인트로, 물골 부분이 특급 포인트다. 폭염이 내리는 한여름에는 물골에서만 입질이 든다. 2019. 7월(대짜 3수), 2018. 9월(대짜 2수).

화순 대신제

- **장낚 정보**: 소~중짜 릴·대낚터, 적기(6~9월), 입질 시간(일몰~23시), 납자루·새우·참붕어·산지렁·청지렁 미끼.

대신제는 해발 150m 일대의 야산을 막은 8천 평 규모의 계곡지로, 여름철 울창한 녹음 속에 하룻밤 쉬어 가기 좋은 곳이다. 좌안으로 넓은 진입로가 나 있고, 좌중·상류권에는 줄풀과 뗏장이 적당히 자라고 있어 낚시 환경도 좋다. 주 어종은 장어, 메기, 가물치, 자라, 붕어, 잉어, 참붕어, 납자루, 새우 등이며, 현장 생미끼에 소~중짜급의 장어가 낚인다.

↳ 포인트 안내

- 좌상류(화순군 춘양면 대신리 661): 만수위터, 차 앞 낚시가 가능하다. 2016. 8월(새우, 소짜 1수).

- 좌하류~제방 좌측 코너부(대신리 산 109-3): 1~2m 수심의 갈수기 포인트로, 제방 좌측 코너부 공터에 주차하면 된다.

화순 유천지

- **장낚 정보**: 소~대짜 릴·대낚터, 적기(5~9월), 입질 시간(일몰~23시), 새우·참붕어·산지렁·청지렁·미꾸라지 미끼.

유천지는 깊은 산속 7만 평 규모의 계곡지로, 상류 여러 개의 계곡으로부터 청정수가 유입되어 연중 풍부한 수량이 유지된다. 주 어종은 장어 외, 메기, 동자개, 자라, 붕어, 잉어, 피라미, 참붕어, 새우 등으로, 1급수 어종인 계류어도 서식한다.
지렁이 미끼에는 구구리나 동자개의 성화가 있기도 하나, 감성돔 바늘 6~7호에 청지렁이나 산지렁이 두 마리씩 누벼 꿰면, 잡고기의 성화도 줄일 수 있고, 대물 장어도 노릴 수 있다. 새우도 3~4cm급의 굵은 놈을 두 마리 정도 산채로 꿰어 주면 잡고기의 성화를 많이 줄일 수 있다.

↳ 포인트 안내

- 좌상류(화순군 동복면 유천리 395-1): 수몰 나무권 오름 수위 포인트로, 긴 대가 좋다. 차 앞 낚시가 가능하다. 2018. 6월(참붕어, 소짜 2수).

- 좌중류(유천리 산 245-3): 갈수기터, 돌과 마사토 바닥으로, 미끼의 노출도가 좋다. 차 앞 낚시가 가능하다.

화순 장치지

- **장낚 정보**: 대물터, 적기(6~11월), 입질 시간(일몰~23시), 새우·참붕어·납자루·산지렁·청지렁·미꾸라지 미끼.

댐 낚시터를 방불케 하는 장치지는 17만 평 규모의 협곡지로, 주변 풍광이 매우 수려하다. 상류에는 맑은 계곡수가 유입되는 하천이 두 개나 있어 여름철 물놀이도 가능하다. 서식 어종은 장어 외 쏘가리, 가물치, 메기, 동자개, 자라, 붕어, 잉어, 피라미, 참붕어, 새우 등으로, 수질이 좋아 모든 어종이 귀한 대접을 받는다.

장치지는 30~40% 배수가 된 뒤부터 장마기 오름 수위에 밤낚시가 잘 되며, 장어 미끼는 산지렁이와 청지렁이, 미꾸라지가 좋다. 생미끼에는 장어뿐 아니라 메기와 쏘가리도 잘 낚여 심심할 틈이 없다.

ㄴ 포인트 안내

- 좌하류 골 좌상류(화순군 이양면 장치리 192-2): 6~9월터, 운수천이 유입되는 물골 포인트로, 50~60m 원투하면 좋다. 도로변에 주차하면 된다.

- 우중상류 돌출부(장치리 351): 5~6월터, 80~90m 원투하면 물골에 닿는다. 둔치가 넓어 캠핑 낚시가 가능하다. 도로변에 주차하면 된다.

- 우상류 월암마을 앞(묵곡리 404-2): 5~9월터, 2m 수심의 수몰 나무권으로 송석천이 유입된다. 도로변에 주차하면 된다.

- 우측 골 좌상류 산 앞 돌출부(묵곡리 산 109-8): 어시천이 합류되는 오름 수위 릴 포인트다. 도로변에 주차하면 된다.

화순 지석천

- **장낚 정보**: 소~중짜 릴·대낚터, 적기(4~11월), 입질 시간(일몰~05시), 새우·납자루·산지렁·청지렁·미꾸라지 미끼.

지석천은 화순군 내 온수산, 봉화산, 계당산 등에서 모여든 계곡수가 북서쪽으로 50km를 흘러 영산강에 합류된다. 지석천에는 화순군에서 2015년경부터 장어 치어를 방류해 왔고, 영산강에서 유입된 자원과 함께 지석천 전역에서 장어가 낚인다. 장어 생미끼에는 잡고기의 성화가 심한데, 먼저 지렁이나 새우를 꿰었다가 잡어가 붙으면 미꾸라지나 납자루 등으로 교체해 주는 것이 좋다.

↪ 포인트 안내

- 지석천 최상류 도산교 좌하류 홈통(화순군 춘양면 부곡리 100-2): 뗏장권 1m 수심대로, 포인트 구간이 150m나 된다. 도로변에 주차하면 된다.

- 지석천 상류권 미곡교 우하류(화순군 도곡면 신덕리 991-4): 미곡교 우하류 300m 구간이 포인트다. 2019. 8월(지렁이, 소짜 1수).

해남군 20선

해남 고천암호

- **장낚 정보**: 소~대짜 마릿수터, 적기(6~11월), 입질 시간(일몰~01시), 새우 · 산지렁 · 청지렁 미끼.

고천암호는 갈대 습지를 포함해 수면적이 900만 평이나 되는 거대 간척호로 철새 도래지로 많은 사랑을 받아 왔다. 매년 찾아드는 철새로 인해 남도의 명소가 된 지 오래지만, 조류 독감으로 인해 피해를 보는 농가가 해마다 늘어나고, 매년 낚시인의 출입도 통제되어 철새가 반갑지만은 않게 되었다.

아무리 추운 겨울에도 남도의 무결빙 낚시터들이 있어 큰 위로가 되었지만 이제는 아무 때나 출조할 수 없는 곳이 되어 버렸다. 남도의 호수들이 하루빨리 예전의 모습으로 돌아와 주길 기대해 본다.

⎰ 포인트 안내

- 최상류 길호리수로(해남군 해남읍 복평리 1226-4): 6~8월터, 최하류권 다리에서 상류 400m 구간이 포인트다. 수로 양안에 주차하면 된다. 2012. 6월(첫 장마, 릴, 청지렁, 24시~, 중~대짜 3수).

- 좌최하류(해남군 황산면 한자리 1637-5): 9~10월 릴터, 차 앞 낚시가 가능하며, 북쪽의 고천암생태공원 내에 화장실을 이용할 수 있다.

- 삼산천 해창교 우상류(해남군 삼산면 원진리 1198): 4~11월터, 양촌지의 퇴수로로, 뻘과 자갈 바닥에 마름이 많다.

- 송호리수로(해남군 황산면 송호리 1359-9): 3~4월·10~12월터, 수초가 많은 농수로 포인트로, 중짜급 이하의 장어가 낚인다. 다리 양 끝에 주차하면 된다.

- 원호리수로(원호리 1056-1): 3~4월·10~12월터, 고천암호의 좌중류권 농수로로, 수로 폭 100m가량에 수초가 많다. 둑방 길에 주차하면 된다.

- 원호리 샛수로(원호리 1109-14): 3~4월·10~12월터, 수초가 밀생해 있으며, 중하류권이 주 포인트다. 중국 음식 배달이 되며, 둑방 길에 주차하면 된다.

해남 군곡지

- **장낚 정보**: 중~대짜 릴터, 적기(3~12월 초), 입질 시간(일몰~23시), 새우·참붕어·산지렁·청지렁·미꾸라지 미끼.

군곡지는 해안가 15만 평 규모의 계곡지로, 수질이 좋고 경치가 수려하여 여름철 피서터로 좋다. 퇴수로는 북서쪽으로 약 3km를 흘러 진도 앞바다로 유입된다. 주 서식 어종은 장어 외 메기, 가물치, 붕어, 잉어, 향어, 자라 등으로, 장어를 비롯한 모든 어종이 대물 위주로 낚인다. 아직 외래종이 유입되지 않아 모든 생미끼를 사용할 수 있고, 마릿수보다는 대물 위주로 공략하는 것이 바람직하다. 상류권 일부에만 수초가 자라고 있어 릴 원투낚시와 대낚시가 모두 가능하다.

↳ 포인트 안내
- 우측 골 최상류 삼마교 좌하류(해남군 송지면 서정리 657-1): 만수위터, 새 물 유입

시, 40칸 이상이면 물골을 공략할 수 있다. 차 앞 낚시가 가능하다.

- 우하류 산 밑 돌출부(해원리 산 223-5): 갈수기터, 취수탑 상류 190m 지점의 산 앞 돌출부로, 릴 장타 포인트다. 도로변에 주차하면 된다.

- 좌측 골 좌상류(해원리 1450-6): 만수위터, 갈대가 많은 1.5m 수심대로 밑걸림이 있다. 차 앞 낚시가 가능하다.

- 좌하류(해원리 353): 갈수기터, 2~3m 수심의 릴 단타 포인트다. 도로변에 주차하면 된다.

해남 금호호

- **장낚 정보**: 소~중짜 마릿수터, 적기(3~11월), 입질 시간(일몰~23시), 새우·참붕어·납자루·산지렁·청지렁·미꾸라지 미끼.

금호호에는 2010년 초반부터 매년 5천~1만 5천 미 가량의 장어 치어를 지속적으로 방류해 왔다. 장어 낚시에는 주로 중짜급 이하의 씨알이 낚이지만, 오래전부터 자원 조성을 해 왔기 때문에 상당량의 대물 자원도 서식하고 있다. 금호호의 장어 낚시는 본류권보다는 가지 수로 위주로 포인트가 형성되어 있는데, 금호호의 북단과 남단에는 수십 개의 가지 수로와 농수로가 펼쳐져 있어, 아직도 미답 포인트가 무수히 많다. 아래 안내된 장어 포인트들은 그간 구전을 통해 알려진 포인트지만, 금호호의 장어 포인트를 대표하기에는 아직 부족한 면이 많다. 지속적인 포인트 개발 노력이 뒷받침된다면 언제라도 순위가 뒤바뀔 수 있을 것이다.

- 성산수로 삼덕교 좌상류(해남군 황산면 관춘리 1467-1): 6~11월터, 금호호의 우중류 권 수로로, 장어는 6월부터 입질이 활발해진다.

- 금자천교 좌상류 2km(해남군 마산면 학의리 1533-1): 9~11월터, 금호호의 최상류권 하천이자 오호지의 퇴수로다. 뗏장 주변을 공략하면 좋다.

- 금자천교 우하류 400m(해남군 산이면 금송리 1411): 9~11월터, 금자천의 중류권으로, 대명리 마을 앞 석축 포인트다. 대낚시로 발 앞을 공략하면 된다.

- 연호수로 연호교 우하류(해남군 황산면 연호리 1598): 금호호의 우상류권으로, 3~4 월과 10~11월이 좋다. 낚시 자리가 많다.

- 진산수로 작은 섬 초입(해남군 산이면 진산리 1215): 10~12월터, 금호호와 영암호를 잇는 진산수로의 우하류 17만 평의 둠병을 작은 섬 포인트라 한다. 진산수로와 통수 는 되나 별도의 낚시터와 같다. 장어 낚시는 10~12월이 좋다.

- 초송리수로 예동교 우상류(해남군 산이면 예정리 644): 10~12월터, 금호호의 좌상류 권 수로로, 예동교 양안 상·하류 400m 구간이 포인트다. 806번 도로 '산이면 초송리 산 60-9' 지점에서 남쪽 농로로 진입해 2.9km 가다 좌회전하면 600m 앞에 예동교가 있다.

- 흑두1번 수로(부동리 산 89-4): 3~4월·10~12월터, 진산수로의 하류권에서 금호도 건너편 연안까지 700m~1.5km 간격으로 5개의 수로가 나란히 놓여 있다. 이를 모두 를 흑두수로라 한다. 금호도 쪽을 흑두 1번 수로, 진산수로 쪽을 흑두 5번 수로라 한 다. 흑두1번 수로는 둑방 길이 넓어 차 앞 낚시도 가능하다. '해남군 산이면 부동리 산 89-4'까지 가면, 서쪽으로 하늘색 지붕의 컨테이너 건물이 보인다. 이 건물 남쪽에 붙

은 농로를 따라 서쪽으로 580m 가면 흑두1번 수로 둑방에 닿는다.

- 흑두5번 수로(부동리 산 27-1): 3~4월·10~12월터, 흑두수로 중 규모가 가장 크다. 위 주소에서 동쪽으로 500m 더 가면, 우측에 5번 수로의 둑방 길이 보인다. 장어는 24시 ~05시 사이에 입질이 잦다.

해남 개초지(화원1지)

- **장낚 정보**: 소~중짜 마릿수터, 적기(3~4월, 10~11월), 입질 시간(일몰~23시), 새우·참붕어·산지 렁·청지렁 미끼.

개초지는 18만 평 규모의 해안가 평지지로, 2면이 제방이다. 퇴수로는 좌상류와 우하류 두 곳에서 바다와 연결되며, 바다와 가까워 장어 자원의 유입이 많다. 넓은 수면에 비해 연안 포인트가 적어 보트 낚시를 많이 하며, 연안에서는 대낚시 40칸 이상의 긴 대로 수초 주변을 공략하는 것이 좋다. 5월부터 9월까지는 말풀과 마름이 수면을 덮어 낚시에 지장 이 많고, 수초가 삭아 드는 10월부터는 낚시 환경이 나아진다.

서식 어종은 장어 외 메기, 가물치, 동자개, 붕어, 잉어, 블루길, 참붕어, 새우 등이며, 장 어 미끼는 새우와 참붕어, 지렁이가 좋다.

포인트 안내
- 좌측 제방 끝 코너부(해남군 문내면 무고리 806-1): 6~11월터, 구 우수영 초교 앞 2m 수심의 수초대 포인트다. 2012. 10월(청지렁, 소짜 1수).

- 제방(해남군 화원면 장춘리 837): 5~9월터, 밀생한 수초로 인해 연안에서 낚시가 불 가한 시기에 제방에서는 연안 낚시를 할 수 있다. 제방 밑에 주차하면 된다.

해남 남동지

- **장늪 정보**: 소~대짜 마릿수터, 적기(10~12월 초), 입질 시간(일몰~24시), 새우 · 참붕어 · 산지렁 · 청지렁 미끼.

남동지는 농경지 한가운데 위치한 2만 평 규모의 연방죽으로, 연과 부들이 수면의 절반을 덮고 있어 실제로 낚시가 가능한 면적은 1만 평가량에 불과하며, 그나마도 한여름엔 수중 수초가 밀생해 낚시가 더욱 힘들어진다. 퇴수로는 남서쪽으로 2km를 흘러 바다에 유입되는 기수역으로, 이 퇴수로를 통해 장어 치어가 유입된다.

남동지의 우안과 상류권은 수초밭이 넓게 형성되어 연안 접근이 불가능하고, 제방과 좌안 일부에만 접근이 가능하다. 그 덕분에 수중 연밭과 수초밭 속에는 아직도 많은 자원이 은신해 있다. 남동지의 주 서식 어종은 장어, 붕어, 드렁허리 등이며, 장어와 붕어는 대물 자원이 많다. 장어 미끼는 새우와 참붕어, 지렁이류가 고루 먹힌다.

Ꙇ 포인트 안내

- 제방(해남군 황산면 연당리 695-4): 제방에는 주차가 불가능하다. 퇴수로의 북쪽 둑방(연당리 652-4) 길에 주차 후, 50~60m 도보 진입하면 된다.

해남 산수지(화원2지)

- **장늪 정보**: 소~대짜 릴 · 대낚터, 적기(4~12월 초), 입질 시간(일몰~23시), 새우 · 참붕어 · 산지렁 · 청지렁 · 미꾸라지 미끼.

산수지는 6만 평 규모의 해안지로, 상류권이 좌측 골과 우측 골로 나뉘어 있다. 좌측 골의 수면적이 우측 골보다 2배가량 크며, 연안에 뗏장 군락이 많다. 퇴수로는 남서쪽으로 2km를 흘러 장산도 앞바다로 빠져나가며, 퇴수로를 통해 장어 자원이 유입된다. 주 서식 어종은 장어 외 메기, 가물치, 동자개, 붕어, 잉어, 외래종, 참붕어, 새우 등으로, 장어 낚시 시즌은 4월부터 12월 초까지로 한겨울만 제외하면 연중 낚시가 된다. 마릿수 장어는 어려우나 소짜에서 대짜까지 다양하게 낚인다. 2015년 이전 외래종이 유입되지 않았을 때는 새우와 참붕어에 장어와 붕어가 잘 낚였으나, 외래종이 점령한 이후부터는 미꾸라지나 지렁이를 장어 미끼로 쓴다.

ᘑ 포인트 안내

- 우측 골 최상류(해남군 화원면 산호리 350): 1~2m 수심의 논둑 포인트로, 차 앞 낚시가 가능하다.

- 좌측 골 우상류(산호리 산 159-3): 뗏장권 1.5~2m 수심대로, 차 앞 낚시가 가능하다.

- 제방 우측 끝 코너(산호리 358-2): 전천후터, 제방이 이중으로 턱이 져 있는데, 첫 번째 턱 아래까지 물이 빠져야 조황이 좋다.

해남 석호지(화원3지)

- **장낚 정보**: 소~대짜 대낚 마릿수터, 적기(3~5월, 10~12월), 입질 시간(일몰~23시), 새우·참붕어·산지렁·청지렁 미끼.

석호지는 5만 4천 평 규모의 해안가 연밭으로, 산수지(화원2지)와는 500~600m 거리로 붙어 있으며 퇴수로를 함께 공유하고 있다. 석호지는 해안과 700m 거리로 가까워, 무넘기가 넘치면 장어 자원이 쉽게 유입되는 환경이다.

주 서식 어종은 장어, 메기, 가물치, 붕어, 잉어, 참붕어, 새우 등이며, 장어 미끼는 새우와 참붕어가 좋으나 잡고기가 많을 때는 지렁이와 미꾸라지를 쓴다. 연을 비롯한 다양한 수초가 많아 전역에서 낚시가 잘되지만, 채비 투척을 위해 어느 정도의 수초 제거가 필요하다.

포인트 안내

- 우상류 마을 앞(해남군 화원면 산호리 산 250-3): 4~5월·7~12월터, 수심 1~1.5m의 뗏장권 포인트로, 차 앞 앞낚시가 가능하다.

- 우중류(산호리 산 254-5): 5~12월터, 연과 마름이 혼재한 곳으로, 36칸 이상의 긴 대가 좋다. 차 앞 낚시가 가능하다.

해남 신덕지(화원댐)

- **장낚 정보**: 대물 릴터, 적기(5~10월), 입질 시간(일몰~23시), 새우·참붕어·산지렁·청지렁·미꾸라지 미끼.

신덕지는 16만 평 규모의 계곡지로, 화원댐이라고도 한다. 사방이 산으로 둘러싸여 주변 경관이 수려하고, 수력 발전도 가능한 다목적 댐으로 축조되었다. 신덕지는 연안 수심이 깊어 만수위에는 앉을 자리가 나지 않고, 5월부터 배수가 시작되어 어느 정도 물이 빠져야만 자리가 나온다. 또 발전수의 방류가 잦은 시기에는 수위 변동이 심하기 때문에 출조 타이밍과 낚시에 몰입하는 시간대를 잘 조절해야 한다.

주 서식 어종은 장어, 메기, 가물치, 동자개, 붕어, 잉어, 피라미, 참붕어, 새우 등으로, 장어 낚시는 대물이 아니면 꽝을 각오해야 하는 곳이지만, 5월에 접어들어 농번기로 인한 배수 중에도 입질이 이어지므로, 아카시아 꽃이 활짝 핀 것을 보고 출조해도 늦지 않다. 장어 미끼는 새우, 참붕어, 지렁이, 미꾸라지를 쓴다.

포인트 안내

- 우중류 골 좌중류(해남군 화원면 신덕리 산 75-3): 10~11월터, 70~80m 원투하면 돌바닥 물골에 닿으며, 밑걸림이 약간 있다. 도로변에 주차하면 된다.

- 우중류 돌출부(신덕리 산 78-2): 5~6월터, 제방 쪽으로 원투를 치면 좋다. 차 앞 낚시가 가능하다.

- 좌하류 돌출부(신덕리 산 274): 5~6월 릴터, 연안에서 130m 전방이 최대 수심이다. 차 앞 낚시가 가능하다.

해남 신방지(백포지)

- **장낚 정보**: 소~대짜 대낚·보트 마릿수터, 적기(4~5월, 10~11월), 입질 시간(일몰~02시), 새우·참붕어·납자루·산지렁·청지렁 미끼.

    신방지는 19만 평 규모의 간척지 연밭으로, 신방지의 남쪽 제방 밑을 흐르는 신방수로의 물을 퍼 올리는 양수형 저수지다. 퇴수로는 기수역인 현산천에 합류된 뒤, 2km를 더 흘러 바다로 유입된다.

    신방지는 평균 수심이 1~2m밖에 안되나, 수시로 물을 양수해 심한 가뭄에도 바닥을 드러내지 않는다. 또한 바닥이 깊은 뻘로 되어 있어 각종 수초가 잘 자라며, 이 수초 군락을 서식지로 하는 대물 자원이 많다.

    주 어종은 장어, 가물치, 붕어, 잉어, 납자루, 참붕어, 새우 등으로, 장어 미끼는 새우와 참붕어, 납자루를 많이 쓰나, 현장 채집이 잘 안 되는 경우도 있어 청지렁이와 미꾸라지 정도는 미리 챙겨 가는 것이 좋다. 6월부터는 전역이 연과 수초로 덮여 보트 낚시가 유리하고, 연안 낚시는 수초의 세력이 약한 10~11월과 4~5월이 좋다.

↳ 포인트 안내

- 우상류 국제영성원 앞(해남군 현산면 백포리 23-1): 수초가 많은 여름철에는 40칸 이상의 긴 대로 들어뽕을 하는 것이 좋다. 차 앞 낚시가 가능하다.

- 우중류 산 앞(초호리 722-4): 1~2m 수심대로 36칸 이상이 좋다. 도로변에 주차하면 된다.

- 우최하류 산 앞(초호리 705-2): 연과 청태가 많다. 보트 낚시에 대물 장어와 대물 붕어가 잘 낚인다. 도로변에 주차하면 된다.

- 제방의 동쪽 끝 코너부(백포리 1616-1): 제방 위에 주차하면 된다.

해남 신방수로

- **장낚 정보**: 소~중짜 마릿수터, 적기(2~4월, 10~12월), 입질 시간(일몰~23시), 새우·참붕어·산지렁·청지렁 미끼.

신방수로는 신방지의 남쪽 제방 밑 농경지 안에 동서로 뻗어 있는 2.5km 길이의 샛수로로, 약 2.3km 하류에서 바다로 유입된다. 20~30m의 수로 폭에, 전역에 각종 수초가 밀생해 있어, 현산천에서 유입된 장어가 월동하기에 적합하다. 2월에서 4월 사이에 소짜급 장어가 잘 낚이며, 5월부터는 수온이 높아져 조황이 떨어진다. 다시 수초가 삭아 들고, 수온이 내려간 10월부터 12월 사이에는 봄철보다 굵은 장어가 입질한다.

포인트 안내
- 둘째 다리권(해남군 현산면 백포리 782): 하류에서 상류 쪽으로 두 번째 다리권이다. 다리 부분에 주차하면 된다.

해남 신월지(좌일지)

- **장낚 정보**: 소~대짜 릴·대낚터, 적기(3~11월), 입질 시간(일몰~04시), 새우·참붕어·납자루·산지렁·청지렁 미끼.

신월지는 3면이 석축 제방인 해안지로, 25만 평 규모의 수면적을 갖고 있다. 두륜산의 계곡수가 풍부하게 유입되어, 연중 수위 변화가 적은 안정된 낚시터다. 퇴수로는 남쪽으로 1.7km를 흘러 바다로 유입되며, 퇴수로를 통해 자원이 유입된다.

주 어종은 장어, 메기, 가물치, 동자개, 붕어, 잉어, 배스, 살치, 새우, 참붕어 등으로, 아직도 자생 새우가 많아 장어 미끼로 쓰이고 있으나, 잡어가 붙는 정도에 따라 참붕어, 납자루, 지렁이도 곁들이면 좋다.

신월지는 전역에 뗏장을 비롯한 각종 수초가 많고, 6월부터는 이들 수초가 수면을 꽉 메워 대낚시 위주로 낚시를 해야 한다. 또 전역이 주민들의 새우 어업 구역으로 지정되어 보트 낚시는 금지되어 있다. 둘레길이 나 있어 포인트 진입이 쉽다.

⅃ 포인트 안내

• 우최상류 수로(해남군 북일면 신월리 498-6): 계곡수가 유입되는 전천후 포인트로, 수로의 상류 다리에서 하류 500m 구간이 포인트다.

• 좌상류(신월리 620): 만수위 수심 1~2m의 수초권으로, 긴 대가 좋다.

• 제방의 서쪽 끝단 코너(금당리 652-1): 수심 1~2m의 수초 지대로 가을에서 초겨울까지 좋은 포인트다. 제방의 서쪽 끝에 주차하면 된다.

해남 연당리수로

- **장낚 정보**: 소~중짜 릴·대낚 마릿수터, 적기(6~12월), 입질 시간(일몰~24시), 새우·산지렁·청지렁·미꾸라지 미끼.

남동지의 퇴수로인 연당리수로는 남동지의 무넘기에서 동남쪽으로 2km를 흘러 바다에 유입되는 기수역으로, 중짜급 이하의 장어가 많다. 장어 외에도 가물치, 동자개, 붕어, 잉어 등이 있으며, 수로 전역에서 장어와 함께 낚인다.

주 포인트는 상류에서부터 두 번째 다리와 세 번째 다리 사이로, 미꾸라지나 지렁이를 수초에 붙이면 쉽게 입질을 받을 수 있다. 미꾸라지에는 중짜급 장어와 가물치가 붙고, 청지렁이에는 소짜급 장어와 동자개가 잘 붙는다.

↳ 포인트 안내

• 두 번째 다리(해남군 황산면 연당리 749-1): 다리 인근에 주차하면 된다.

해남 영암호(해남권)

- **장낚 정보**: 소~중짜 릴·대낚 마릿수터, 적기(2월 말~12월 초), 입질 시간(일몰~03시), 새우·산지렁·청지렁·미꾸라지 미끼.

영암호는 1천 3백만 평의 대형 간척호로 수면이 영암군과 해남군에 걸쳐 있다. 영암권 포인트는 이미 소개되었고, 이번에는 해남군에 속한 포인트만 언급한다.

영암호의 물길은 중류권에서부터 좌측 골(영암권)과 우측 골(해남권)로 나뉜다. 우측 골이 시작되는 지점부터 상류권까지 남쪽 구역에 10여 개의 농수로가 일정 간격을 두고 줄지어 있다.

이 중 영암호와 금호호를 이어 주는 대진수로를 기준하여, 대진수로의 상류 방향 첫 번째 수로를 산이 7번 수로라 하고, 상류로 올라가면서 차례대로 6번~1번 수로라 한다. 그외 1번 수로의 상류에 위치한 2~3개의 수로를 연구수로라 한다. 이들 수로는 1월 한 달만 제외하고 연중 장어가 낚이며, 붕어 낚시도 꽝이 없을 만큼 자원이 많다. 대진수로의 하류권에도 4~5개의 수로가 있으나, 이들 수로의 주변이 대규모로 개발되고 있어 향후 낚시터로서의 명맥을 유지하기는 어려워 보인다.

〰️ 포인트 안내

- 산이 1번 수로 우하류(해남군 산이면 금송리 1045): 11~12월·3월 말~4월 초, 1m 수심의 부들권으로, 긴 대로 부들에 붙이는 것이 좋다.

- 산이 2번 수로 우하류(덕호리 1071): 산이 1, 2, 3번 수로는 낚시 환경이 서로 비슷하나, 조황은 다를 때가 많다. 출조 당일의 물색이나 조황을 미리 체크해 보고 자리하도록 한다.

- 산이 3번 수로 우하류(덕호리 881): 11~12월·3월 말~4월 초, 수로 폭 50~60m로 릴과 대낚시가 가능하다.

- 산이 4번 수로 우하류(덕호리 852): 2~4월터, 2월 말부터 장어가 낚인다. 2012. 3월(대낚, 소~중짜 3수), 2012. 2(대낚, 중짜 2수).

- 산이 5번 수로 좌중류 돌출부(송천리 547): 4월터, 수로 폭 40~50m 권으로, 릴과 대낚시가 가능하다.

- 산이 6번 수로 우상류(초송리 1237): 11~12월·3월 말~4월 초, 수로 폭 20~30m로 대낚시 긴 대가 유리하다.

- 산이 7번 수로 좌하류(초송리 1330): 1m 수심의 부들권으로, 초겨울까지 장어가 낚인

다. 2016. 11월(소~중짜 5수).

- 연구수로 수초 둠벙 1(금송리 1366): 8~12월터, 2천 5백 평 규모의 수초 둠벙으로, 청지렁이에 마릿수 장어가 낚이기도 한다. 2013. 8월(소~중짜 3수).

- 연구수로 수초 둠벙 2(해남군 마산면 학의리 1567): 2월 말~3월·8~12월터, 1천 5백 평 규모의 수초 둠벙으로, 중짜급 이하의 장어가 낚인다.

- 연구수로 수초 둠벙 3(학의리 1616): 10~12월터, 1만 평 규모의 수로형 둠벙으로 위 '수초 둠벙 2'의 서쪽에 붙어 있으며, 영암호 본류와 통수된다.

- 연구수로 본류(학의리 1647): 6~8월터, 1m 수심의 부들권으로, 대낚시 긴 대가 좋다. 큰비 후에는 릴 단타가 좋다.

해남 옥동지(옥연1지)

- **장낚 정보**: 소~대짜 마릿수터, 적기(9~12월), 입질 시간(일몰~23시), 새우·참붕어·산지렁·청지렁·미꾸라지 미끼.

옥동지는 1만 평 규모의 해안지로, 퇴수로는 서쪽으로 1.2km를 흘러 바다로 유입된다. 전역에 수초가 많고, 여름에는 마름이 수면을 덮어 낚시가 힘들어진다. 극심한 가뭄에 물이 마르기도 하나 뻘이 깊어 자원은 고갈되지 않는다.

주 서식 어종은 장어, 가물치, 붕어, 잉어 등이며, 붕어꾼만 드나들 뿐 장어꾼은 찾아보기 힘들다. 장어 낚시는 수초가 삭아 드는 9월부터 12월 초 사이에 제방 석축 앞을 대낚시로 노리거나, 릴로 20m가량 단타를 치면 중짜급 이상의 씨알을 기대할 수 있다.

- 제방 석축권(해남군 황산면 옥동리 3-2): 전천후터, 제방의 북서쪽에 배수구(무넘기 반대편)가 있는데, 배수구의 우측 10~20m 지점에서 32칸 이상의 긴 대가 좋다.

해남 용골지

- **장낚 정보**: 대짜 릴터, 적기(4~12월 초), 입질 시간(일몰~24시), 산지렁 · 청지렁 · 미꾸라지 미끼.

용골지는 2만 평 규모의 평지지로, 고천암호의 물을 퍼 올려 저장하는 양수지다. 전역이 1.5~2m의 고른 수심을 보이며, 퇴수로는 제방 밑 농수로를 통해 고천암호의 좌하류권 지류인 용골수로에 유입된다. 여타 양수지와 같이 용골지에도 대물 장어가 서식하는데, 고천암호의 물과 함께 유입된 치어가 대물로 성장해 있는 듯하다. 장어 외 가물치, 동자개, 붕어, 잉어, 블루길 등이 서식하며, 모든 어종이 대물 위주로 낚인다.

장어 미끼는 지렁이가 좋고, 바닥에는 수초 침전물이 많아 목줄을 30cm가량 길게 해 주면 좋다. 지렁이 미끼는 블루길의 성화를 피해 어둠이 내린 뒤에 투입하도록 한다.

↳ 포인트 안내

- 우상류(해남군 황산면 호동리 산 36-3): 만수위터, 대낚시 32칸 이상으로 수초를 넘겨 치도록 한다. 진입로 옆에 개구리 주차를 하면 된다.

- 좌상류 새 물부(호동리 28-5): 새 물이 유입되는 도랑을 중심으로 대를 펴면 된다. 진입로 옆에 개구리 주차를 하면 된다.

- 좌하류 홈통(호동리 35-10): 진입로에서 농지를 거치지 않고 수면에 직접 접근할 수 있다. 차 앞 낚시도 가능하다.

해남 우근리수로

- **장낚 정보**: 소~중짜 대낚 마릿수터, 적기(6~11월), 입질 시간(일몰~23시), 산지렁·청지렁·미꾸라지 미끼.

  우근리수로는 해원지의 퇴수로로, 해원지의 무넘기에서 서쪽으로 3.6km가량 흘러 바다로 유입된다. 수로의 하류권인 우근교를 기준하여, 상류 350m 구간과 하류 250m 구간이 주 포인트로, 이 구간은 수초가 많아 대낚시 26칸 내외가 유용하다. 우근리수로는 장마철부터 11월까지 장어 입질이 좋은데, 지렁이 미끼에는 소짜급이, 미꾸라지 미끼에는 중짜급이 낚인다.

↳ 포인트 안내

- 우근교 좌하류(해남군 송지면 우근리 484-7): 둑방 길에 주차하면 된다.

- 우근교 좌상류(우근리 211-8): 둑방 길에 주차하면 되나, 농기계가 지날 때에는 잠시 비켜 주어야 한다.

해남 외입지

- **장낚 정보**: 소~중짜 마릿수터, 적기(3~12월초), 입질 시간(일몰~05시), 새우·참붕어·산지렁·청지렁 미끼.

  외입지는 1만 평 규모의 해안지로, 퇴수로가 동쪽으로 1km를 흘러 바다에 유입되며, 퇴수로를 통해 자원이 유입된다. 장어 외 가물치, 동자개, 붕어, 잉어, 참붕어 등이 서식하며, 장어 미끼는 참붕어와 새우가 좋다. 참붕어 미끼에는 동자개와 붕어도 덤비나, 굵은 새우를 꿰면 성화가 덜하다. 최상류권을 제외한 좌우 연안은 진입로와 수면 사이에 농지가 끼어 있어 포인트 진출입 시 농지를 훼손할 우려가 있어 주의해야 한다.

↳ 포인트 안내

- 제방 맞은편 최상류(해남군 황산면 외입리 802-2): 차 앞 낚시가 가능하다.

- 제방 좌측 코너(외입리 910-1): 1.5~2m 수심의 수초 지대로, 제방 좌측 끝에 주차하면 된다.

해남 화산천(관동방조제 수로)

- **장낚 정보**: 소~중짜 마릿수터, 적기(3~12월), 입질 시간(일몰~23시), 청지렁 · 산지렁 · 미꾸라지 미끼.

화산천은 연화지의 퇴수로로, 연화지의 무넘기에서 남서쪽으로 5.5km를 흘러 진도 앞바다로 빠져나가는 기수역으로, 장어 자원이 많은 편이다. 장어 외 메기, 숭어, 붕어, 잉어, 향어, 블루길 등이 서식하며, 장어 미끼는 산지렁이, 청지렁이, 미꾸라지를 많이 쓴다. 지렁이에 잡고기가 많이 붙거나, 중짜급 이상을 노릴 때는 미꾸라지만 쓰도록 한다.

↳ 포인트 안내

- 화산천 중하류(해남군 화산면 관동리 1158-11): 수초가 밀생한 장어 은신처다. 농로의 T자형 교차로에 한두 대씩 주차하면 된다.

- 화산천 좌하류(관동리 943-6): 해수 역류 방지 수문의 바로 밑 하류권으로, 가을철 내림 장어 포인트다. 미꾸라지만을 미끼로 써야 한다. 둑방에 주차하면 된다.

- 샛수로 우하류(송산리 1087-1): 해수 역류 방지 수문에서 동쪽으로 뻗어나간 농수로다. 줄풀이 많아 장어가 은신하기 좋다. 다리 부근에 주차하면 된다.

해남 해남천(상동수로)

- **장낚 정보**: 소~대짜 릴·대낚 마릿수터, 적기(6~12월), 입질 시간(20~05시), 새우·참붕어·산지렁·청지렁·미꾸라지 미끼.

해남천은 고천암호 본류의 최상류권 물줄기로, 상동수로라고도 한다. 겨울에도 얼지 않아, 한겨울만 제외하면 연중 장어 낚시가 가능하다. 큰비 후에는 대물 장어가 잘 낚여 한바탕 소동이 일기도 한다. 새우나 참붕어, 지렁이 미끼는 심야 시간대에만 잡고기의 성화를 견딜 수 있고, 그 외 시간에는 미꾸라지나 굵은 참붕어를 써야 잡고기 성화를 줄일 수 있다.

🎣 포인트 안내

- 남외교 좌하류(해남읍 남외리 479-4): 6~8월터, 남외교 좌하류 200m 구간이 포인트다. 차 앞 낚시가 가능하다.

- 복평교 우하류(마산면 상등리 1047-18): 6~9월터, 심야 시간에 장어 입질이 들어온다. 둑방 길에 주차하면 된다.

- 복평교 우상류 보(해남읍 복평리 1109-1): 6~9월터, 차 앞 낚시가 가능하다.

- 복평리권(복평리 1203-8): 6~12월터, 농지의 중앙부 지역으로, 인적이 거의 없다. 다리의 동쪽 끝에 주차하면 된다.

해남 해원지

- **장낚 정보**: 소~대짜 릴·대낚터, 적기(4~10월), 입질 시간(일몰~24시), 새우·참붕어·산지렁·청지렁·미꾸라지 미끼.

    해원지는 10만 평 규모의 해안가 계곡지로, 수초가 거의 자라지 않는다. 퇴수로인 산정천은 서쪽으로 3.5km를 흘러 남해로 유입되며, 산정천을 통해 자원이 유입된다. 주 서식 어종은 장어, 메기, 가물치, 동자개, 붕어, 잉어, 참붕어, 새우 등이며, 장어 미끼는 새우와 참붕어, 지렁이, 미꾸라지를 고루 쓰는데, 대물은 미꾸라지만 쓰는 것이 좋다. 우안은 산으로 막혀 진입이 불가하나, 좌안은 홈통 포인트와 돌출부 포인트가 연이어 있다. 만수위에는 홈통 포인트에, 갈수위에는 돌출부에 앉으면 좋다.

↳ 포인트 안내

- 좌최하류(해남군 송지면 해원리 산 152-13): 갈수기터, 2~3m 수심대로, 도로변에 주차하면 된다.

- 좌중류 홈통(해원리 832): 만수위·오름 수위터, 1~2m 수심의 수초 지대로, 도로변에 주차 후 수면까지 약 40m 걸어가야 한다.

- 좌최상류 밭 앞(해원리 665): 만수위터, 1~2m 수심의 수초권으로, 농한기에만 수면까지 차량 진입이 가능하다.

③

경북 59선

고령군 3선

고령 낙동강 88낙동강교 서쪽 끝 한진정공 앞

- **장낚 정보**: 소~대짜 릴터, 적기(5~10월), 입질 시간(일몰~24시), 산지렁 · 청지렁 · 거머리 · 미꾸라지 미끼.

　낙동강 한진정공 앞 포인트는 이곳 박곡리 주민들의 구전을 통해 전해지는 장어 포인트로, 달성보의 좌상류 4.3km 지점에 있다. 원투낚시에 장어, 쏘가리, 자라 등이 잘 낚이며, 88낙동강교 밑에서 교각치기가 좋으나 밑걸림이 많아 버림추 채비가 필수적이다. 밑걸림이 성가시다면 연안에서 두 번째 교각 안쪽으로 투척하던지, 강심 쪽이 아닌 우측 산 쪽으로 비스듬하게 투척하면 밑걸림을 다소 줄일 수 있다.

◡ 포인트 안내

- 88낙동강교 서쪽 한진정공 앞(고령군 성산면 박곡리 681-2): 한진정공 앞 공터에 주차하면 된다.

고령 낙동강 구곡리 샛수로

- **장낚 정보**: 소~대짜 릴 · 대낚터, 적기(4~10월), 입질 시간(일몰~24시), 새우 · 산지렁 · 청지렁 · 미꾸라지 미끼.

구곡리 샛수로는 창녕합천보 좌상류 20km 지점에 위치하며, 낙동강 본류 옆에 후미져 들어온 1.4km 길이의 수로터다. 4대강 사업의 골재 채취 과정에서 생겨났으며, 상류에는 3천 평 규모의 연 둠벙이 있고, 그 외 수로 곳곳에 1~3m 수심의 포인트가 많다. 쓰레기 투기 방지를 위해 연안 진입로가 막혀 있어, 수로의 상·하류권에 꾼들이 새로 개척한 비포장 길로 진입해야 하는데, 4륜 SUV만 진입할 수 있다.

↳ 포인트 안내

- 수로 상류권 연 둠벙(고령군 개진면 구곡리 420-1): 1m 수심대로, 36칸 이상이 유리하다. 장어 낚시는 4~8월이 좋다.

- 수로 중류권(구곡리 484-2): 수로 폭 30~40m에, 수심이 2~3m로 깊다. 비가 내린 후 긴 대로 물골을 공략하면 중짜급 씨알의 장어가 낚인다.

고령 낙동강 월성리권(다산수로)

- **장낚 정보**: 소~대짜 릴·대낚터, 적기(4~10월), 입질 시간(20~04시), 새우·산지렁·청지렁·미꾸라지 미끼.

낙동강 월성리권 포인트는 달성보 좌상류 12km 지점으로, 본류권 포인트와 다산수로권 포인트로 나뉘며, 포인트가 넓어 대낚시와 릴낚시 모두 가능하다. 다산수로는 낙동강 본류와 연안 섬 사이를 약 1km가량 비집고 들어온 수로로, 강폭 30~50m에 수로의 하류가 낙동강과 통수된다. 연안에 수초와 수몰 나무가 많아 대낚시가 성행하며, 대부분의 포인트에서 차 앞 낚시가 가능하다. 4월은 대물 붕어 피크 시즌이며, 장어 낚시는 5월부터 진입하면 좋다.

그 외 섬 안으로 진입하면, 섬의 남쪽에는 원투낚시가 가능한 본류대가 있고, 북쪽에는 대낚시가 가능한 다산수로 포인트가 있다. 모두 차 앞 낚시가 가능하다.

- 다산수로 하류권 낙동강 본류(고령군 다산면 월성리 1200-1): 좌측 주소의 도로 건너편 고사목 포인트로, 수면까지 차량 진입이 가능하다.

- 다산수로 중류 배수장권(월성리 294): 전천후터, 좌측 주소에서 남서쪽 비포장 길로 진입해 200m 더 가면 된다. 차 앞 낚시가 가능하다.

- 다산수로 상류 월성교회 앞(좌학리 357): 3~8월터, 수로 폭 20~30m의 초봄과 만수위 포인트다. 월성교회 서쪽 도로변에 주차 후 40m 도보 진입한다.

구미시 7선

구미 구미천(비산수로) · 비산나루

- **장낚 정보**: 소~대짜 릴 · 대낚터, 적기(6~10월), 입질 시간(일몰~04시), 새우 · 산지렁 · 청지렁 · 거머리 · 미꾸라지 미끼.

구미천은 구미시 대성저수지의 퇴수로로, 서쪽에서 동쪽으로 8km를 흘러 구미시 비산동 인근에서 낙동강에 합류된다. 칠곡보의 12km 상류권으로, 칠곡보의 방류 여부에 따라 조황에 영향을 받는다.

구미천의 최하류권인 비산동 부근을 비산수로라 하며, 구미천 하류권에 위치한 교량의 양안 하류 300m가 주 포인트로, 낙동강과의 사이에 수문이 없어 어류의 이동이 자유롭다. 비산수로와 낙동강 합수부인 비산나루 포인트는 해빙기와 겨울에는 붕어 낚시가 잘 되고, 6월 말부터는 400~500g대의 장어가 잘 낚인다.

ᶘ 포인트 안내

- 구미천 하류권 다리 남단(구미시 신평동 산 5-7): 다리 남단에 주차 후 도보 진입해야 한다.

- 구미천 하류권 다리 북단(구미시 비산동 584-1): 다리 남단(신평동 산 5-7)에 주차 후, 다리를 건너 하류로 110m 도보 진입하면 야산 밑에 1~2m 수심의 부들권 포인트가 나온다.

- 낙동강 본류 비산나루터 주차장 앞(구미시 비산동 산 2-2): 낙동강 본류 포인트로 400~500g대 씨알이 낚인다. 포인트 바로 뒤에 주차하면 된다.

구미 낙동강 가산리

- **장낚 정보**: 소~대짜 대낚터, 적기(5~10월), 입질 시간(일몰~05시), 새우·징거미·산지렁·청지 렁·미꾸라지 미끼.

낙동강 가산리 포인트는 낙단보의 좌하류 3km, 구미보의 우상류 12km 지점으로, 가산 양수장을 기점으로 상류 낙단대교까지 3km, 하류 월암서원까지 3km에 걸쳐 광활한 포인트가 전개된다.

장어 시즌은 5월부터 시작되며, 대낚시는 수초권과 수몰 나무권에 자리하면 되고, 릴낚시는 수초와 수몰 나무 군락이 끊긴 사이사이에 자리하면 된다. 연안에 징거미와 새우가 많으나 채집망에는 들어가지 않는다. 외부에서 새우를 구입해 여러 마리를 꿰어 주면 심야 시간에 장어 등의 강고기가 잘 붙는다.

↳ 포인트 안내

- 가산양수장 앞(구미시 도개면 가산리 1017-8): 9~10월터, 수심 1~3m의 수초와 수몰 나무권으로, 청지렁이에 장어 입질이 빠르다. 차 앞 낚시가 가능하다.

- 가산양수장 우상류 500m(가산리 919-1): 5~10월터, 수심 1.5m의 수초권으로, 차 앞 낚시가 가능하다. 나무 그늘도 있어 여름에는 더욱 좋다.

- 가산 양수장 하류 1km(가산리 361-4): 6~8월터, 마름권 2m 수심대로, 차 앞 낚시가 가능하다.

구미 낙동강 구미대교권 동락서원 앞

- **장낚 정보**: 소~대짜 대낚터, 적기(5~10월), 입질 시간(일몰~05시), 새우·징거미·산지렁·청지렁·미꾸라지 미끼.

 동네 주민들에 의해 오랜 기간 구전되어 온 장어터로 '향교권'이라고도 한다. 구미대교 하류는 상수원보호구역으로 낚시가 금지되어 있고, 구미대교 상류권에서만 낚시를 할 수 있다. 낚시가 가능한 구간이 약 30m로 좁아, 릴 다대편성 시 2~3명밖에 수용할 수 없다. 주말에는 자리 잡기가 불가능하고, 주중이나 악천후에나 찾아야만 겨우 앉을 수 있다. 지렁이에 장어, 쏘가리, 메기 등이 낚인다.

↳ 포인트 안내

• 동락서원 앞(구미시 임수동 375-4): 석축권 포인트로, 릴과 대낚시가 가능하다. 진입로 끝에 주차 후 석축까지 10~20m 도보 진입하면 된다.

구미 낙동강 낙산수로 · 독동수로

- **장낚 정보**: 소~대짜 대낚터, 적기(5~10월), 입질 시간(일몰~05시), 새우·징거미·산지렁·청지렁·미꾸라지 미끼.

 낙산수로와 독동수로는 구미 보의 좌상류 2km 지점으로, 낙동강을 사이에 두고 서로 마주 보고 있다. 낙산수로는 낙동강변 4천 평 규모의 수초 섬과 연안 사이를 흐르는 300m 길이의 샛수로를 말한다. 주소는 독동리이나 낙산리 마을 앞에 있어 낙산수로라 하며, 5월부터 시즌이 열린다. 독동수로는 낙동강변 2만 평 규모의 둠벙형 수로로, 1m 수심의 수몰 나무 포인트다. 낙동강과 통수되며, 봄에서 초겨울까지 강고기가 낚인다.

- 낙산수로(구미시 선산읍 독동리 783-3): 마름이 발달한 곳이나, 출조객이 적고 조용해야만 입질을 받을 수 있다. 4륜 SUV는 차 앞 낚시가 가능하다.

- 독동수로(생곡리 573): 낙산수로의 강 건너편, 직사각형 모양의 둠벙형 수로로, 서쪽 연안이 주 포인트다. 장어 낚시는 5월부터가 좋다.

구미 낙동강 동락공원 앞

- **장낚 정보**: 소~대짜 릴·대낚터, 적기(5~9월), 입질 시간(일몰~04시), 새우·산지렁·청지렁·거머리·미꾸라지 미끼.

동락공원 포인트는 구미대교 좌하류 1.4km 지점으로, 낙동강이 구미공단의 한복판을 흐르는 구역에 있다. 10km 하류권 칠곡보의 배수 여부가 조과에 영향을 미친다. 주말에는 공원 방문객의 소음이 있으나 밤이 되면 조용해지므로 낚시에 지장은 없다.

↳ **포인트 안내**

- 호국용사 기림터 앞(구미시 진평동 827): 1~2m 수심의 릴·대낚시 포인트로, 상·하류 150m 구간이 포인트다. 4륜 SUV는 차 앞 낚시가 가능하다.

구미 낙동강 양호대교권

- **장낚 정보**: 소~대짜 릴·대낚터, 적기(9~10월), 입질 시간(일몰~02시), 새우·산지렁·청지렁·거머리·미꾸라지 미끼.

양호대교권은 칠곡보의 우상류 14km 지점으로, 포인트가 광활하나 가드레일을 넘어 진입해야 하므로 낚시객이 거의 없다. 덕분에 한가롭고 조용한 분위기에서 대물 장어를 노려볼 수 있다. 생미끼에는 외래종이 덤비므로, 초저녁에는 미꾸라지를 쓰고, 21시가 넘어가면서 지렁이로 교체해 나가면 좋다.

ﾚ 포인트 안내

• 양호대교 우상류 1.1km 편의점 앞(구미시 양호동 51): 마름권 1~1.5m 수심대로, 제방 길에 주차 후 가드레일을 넘어가야 한다.

구미 한천 하류권

- **장낚 정보**: 소~대짜 릴·대낚 마릿수터, 적기(6~10월), 입질 시간(일몰~02시), 새우·산지렁·청지렁·미꾸라지 미끼.

한천 하류권 포인트는 낙동강 칠곡보의 12km 상류권으로, 낙동강과의 사이에 수문이 없어 낙동강의 자원이 수시로 드나든다. 거의교 상·하류 500m 구간과, 낙동강 합수부 인근 한천3교 상·하류 500m 구간이 포인트로, 거의교권이 한천3교권보다 블루길의 성화가 적다. 장마 뒤부터 늦가을까지 낙동강 자원이 꾸준히 유입되어 장어, 메기, 동자개, 붕어, 잉어, 누치, 자라 등이 잘 낚인다. 연안에는 철망으로 엮은 석축 포인트가 많아, 대낚시 40칸 거리 안쪽은 철망에 의한 밑걸림에 주의해야 한다. 40칸 이상의 긴 대를 펴야만 밑걸림을 피할 수 있다.

ﾚ 포인트 안내

• 거의교 남단(구미시 구포동 929): 릴 교각치기나, 거의교 상·하류 500m 구간에서 대낚시를 할 수 있다. 거의교 남단에 주차하면 된다.

- 거의교 우상류 280m 구포체육공원 앞(구포동 897-1): 8~10월터, 돌바닥 지형으로, 지렁이에 장어와 4짜 붕어가 낚인다. 주차가 편리하다.

- 한천3교 양쪽 끝(구포동 1019-1, 양호동 261-4): 4~10월터, 1~2m 수심대로, 대낚시와 릴 교각치기가 가능하다. 차 앞 낚시가 가능하다.

- 한천3교 우하류 670m(양호동 861): 한천의 최하류권으로, 도심에서 벗어난 한적한 포인트다. 차 앞 낚시가 가능하다.

군위군 1선

군위 위천강 보 낚시터

- **장낚 정보**: 소~대짜 릴 · 대낚터, 적기(5~9월), 입질 시간(일몰~02시), 새우 · 참붕어 · 산지렁 · 청지렁 · 거머리 · 미꾸라지 미끼.

    위천강은 군위군의 아미산과 영천시 봉림산의 북쪽 계곡에서 발원해, 북서쪽으로 115km를 흘러 상주시 우물리에서 낙동강에 합수되며, 합수부의 4km 하류에 낙단보가 있다.

    위천강은 총연장 115km로, 군위군, 의성군, 상주시에 걸쳐 수많은 포인트가 있고, 경북 북부 지방의 꾼들에게는 강 낚시터의 명소로 잘 알려져 있다. 장어, 메기, 돌붕어 등 주로 낙동강계 어종이 낚이며, 6월 말 장마 뒤부터 조황이 좋아진다. 지역에 따라 11월까지도 조황이 이어진다.

포인트 안내

- 위천교 좌상류 군위체육공원 앞(군위읍 서부리 463): 6~7월터, 위천교의 좌상류권으로 진입해, 보의 동쪽 끝에 주차하면 된다(정리 1134-5).

- 대흥교 좌상류(대흥리 323): 9월터, 위천강 중 · 상류권의 부들 포인트로, 물이 맑아 20시부터 입질이 든다. 차 앞 낚시가 가능하다.

- 삽령교 우상류(외량리 342): 7~9월터, 어은지의 퇴수로가 합수되는 포인트로, 큰비

후에나 낚시에 적합한 수량이 확보된다. 차 앞 낚시가 가능하다.

- 서군교 동쪽 끝(금구리 648-3): 7~9월터, 큰비 후에 낚시가 가능한 수량이 확보되며, 긴 대로 교각치기를 하면 좋다. 서군교 동쪽 끝에 주차하면 된다.

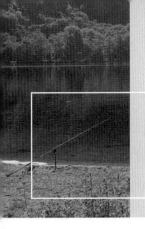

대구시 5선

대구 낙동강 고령교권

- **장낚 정보**: 소~대짜 릴 · 대낚터, 적기(5~10월), 입질 시간(일몰~24시), 산지렁 · 청지렁 · 거머
리 · 미꾸라지 미끼.

고령교 포인트는 낙동강의 달성보 상류 3.4km 지점으로, 예부터 거머리 미끼로 장어 릴
낚시를 많이 해 오던 곳이다. 300~400m를 걸어 들어가야 하지만, 오래전부터 구전되어
온 장어 포인트로, 언제 찾아가더라도 장어를 낚을 확률이 높은 곳이다.

↳ 포인트 안내

- 고령교 동쪽 끝(대구시 달성군 논공읍 위천리 537-8): 교각치기는 밑걸림이 심하고,
강 건너편의 봉화산 정상을 보고 원투하면 밑걸림을 줄일 수 있다. 야구장 주차장(위
천리 491-1)에 주차 후 약 370m 도보 진입해야 한다.

대구 낙동강 금포천 합수부

- **장낚 정보**: 소~대짜 릴 · 대낚터, 적기(5~10월), 입질 시간(일몰~24시), 산지렁 · 청지렁 · 거머
리 · 미꾸라지 미끼.

낙동강의 금포천 합수부 포인트는 낙동강 달성보 우상류 7km 지점으로, 금포천 하류권 포인트와 낙동강 합수부 포인트로 나뉜다. 금포천 하류권 포인트는 금포교를 중심으로 상·하류 300m 구간이 포인트로, 대낚시가 적합하고, 장어 낚시는 5월 이후에 진입하는 것이 좋다.

낙동강 합수부 포인트는 낙동강 본류대가 둔치 쪽으로 후미져 들어온 홈통 형태의 수면이 여러 개 있는데, 이 수면 대부분이 1~2m 수심의 마름권이다. 포인트가 넓고, 미개척 포인트가 많아 앞으로 개발 여지가 많은 곳이다. 모든 포인트는 둔치 내 비포장 길로 진입해야 하며, 주차 공간도 많다.

↳ 포인트 안내

- 금포천 합수부 우상류 130m 본류(달성군 논공읍 금포리 157): 5~10월터, 1~2m 수심의 마름권으로, 금포교 좌상류 90m 지점(금포리 2349-2)에서 둔치로 진입해, 하류 쪽으로 가면 낙동강 합수부까지 갈 수 있다.

- 금포천 합수부 우상류 1.2km 홈통(금포리 107): 5~10월터, 1만 3천 평 규모의 마름밭으로, 4륜 SUV로 수면까지 진입할 수 있다.

- 금포교 좌상류 100m(금포리 2349-2): 4~10월터, 금포교 양안이 주 포인트로, 둔치 길 진입로 끝에 주차하고 50~60m 도보 진입해야 한다.

대구 낙동강 화원야구장 둠벙(기세곡천 합수부 둠벙)

- 장낚 정보: 소~대짜 릴·대낚터, 적기(5~10월), 입질 시간(일몰~05시), 산지렁·청지렁·거머리·미꾸라지 미끼.

화원야구장 둠벙은 낙동강 달성보의 우상류 14km 지점으로, 강변에 자연적으로 생긴

4,500평 규모의 둠벙이다. 이 둠벙으로 기세곡천이 유입되며, 화원야구장 서쪽에 붙어 있다 하여 '화원야구장 둠벙'이라 한다.

화원야구장 둠벙 주변에는 화원야구장 둠벙을 포함해 5~6개의 둠벙과 수로, 낙동강 본류대 포인트 등이 가까이 있다. 둠벙과 수로에는 수초가 많고, 본류권에는 수몰 나무가 분포해 있다. 그중 5월부터 수초가 많아지는 화원야구장 둠벙의 조과가 가장 우수하다. 주어종은 장어, 쏘가리, 메기, 가물치, 동자개, 붕어, 잉어, 외래종 등으로, 장어 낚시는 5월 중순부터 가을 사이에 큰비가 내린 후 조황이 좋아진다. 5월이 넘어서면 수초가 많아져 대낚시를 위주로 해야 한다.

⨆ 포인트 안내

- 화원야구장 둠벙(대구시 달성군 옥포읍 본리리 15): 큰비 후 대물 장어와 붕어가 낚인다. 위 주소에서 북쪽 둔치 길로 110m 더 진입하면 수면에 닿는다. 4륜 SUV만 진입할 수 있고, 차 앞 낚시가 가능하다.

대구 차천(현풍수로)

- **장낚 정보**: 소~대짜 릴·대낚터, 적기(3~11월), 입질 시간(21~04시), 산지렁·청지렁·거머리·미꾸라지 미끼.

차천은 낙동강의 지류천으로, 차천의 최하류권인 오산교 부근이 주 포인트다. 오산교 포인트는 낙동강 합천창녕보의 12km 상류에 위치하나, 합천창녕보의 배수 영향을 받지 않아 안정된 수위에서 낚시를 할 수 있다.

또 오산교 상류 300m 지점의 대구환경사업소에서 온수가 유입되어 겨울에도 자원이 모여들며, 온수대를 선호하는 장어와 메기 시즌도 늦게까지 유지된다. 주로 오산교 남단 뗏장권이 인기 포인트로, 차량 10분 거리에 도심이 있어 주말에는 자리 잡기가 어렵고, 주중에 출조하는 것이 좋다.

- 오산교 우상류(대구시 달성군 현풍읍 오산리 1): 2~3m 수심대로, 오산교부터 우상류 190m 구간에 자리하면 된다.

- 오산교 좌하류(오산리 1-5): 좌측 주소에 주차 후, 하류로 200m 내려가면 1~2m 수심의 석축 포인트가 나온다.

대구 하빈천 현내리 보

- **장낚 정보**: 소~중짜 대낚터, 적기(6~10월), 입질 시간(일몰~03시), 새우·산지렁·청지렁·거머리·미꾸라지 미끼.

하빈천은 칠곡군 송정리 장원봉의 남쪽 능선에서 발원해, 남쪽으로 12㎞를 흘러, 달성군 하빈면 봉촌리에서 낙동강으로 유입된다. 하빈천의 보 낚시터는 낙동강의 배수 여부에 영향을 받지 않으며, 큰비가 내리면 낙동강의 자원이 유입되어 장어와 메기, 동자개, 붕어, 잉어 등이 낚인다.

하빈천 현내리 보는 하빈천의 중류권 포인트로, 안심교를 기준으로 상·하류 각 한 개씩의 보가 있다. 두 개의 보 모두 낚시 자리가 넉넉하며, 꾼이 많은 보가 붕어 조황이 좋은 곳이며, 장어 낚시는 꾼이 적은 보에 자리하면 좋다. 장어 낚시는 6월 말 큰비 후부터 10월까지가 좋다.

ᘁ 포인트 안내

- 안심교 좌상류 80m(대구시 달성군 하빈면 현내리 627-5): 6월 말~10월터, 현내리 보의 좌하류권으로, 6월 말 장마 후부터 좋다. 차 앞 낚시가 가능하다.

- 안곡교 우상류(현내리 680-2): 6월 말~10월터, 위 안심교의 380m 하류권으로, 안곡교의 우상류에 수초가 많다. 차 앞 낚시가 가능하다.

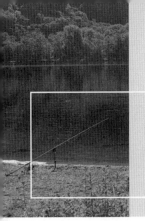

문경시 2선

문경 영강 생활체육공원 건너편

- **장낚 정보**: 소~중짜 대낚터, 적기(7~10월), 입질 시간(20~02시), 새우·산지렁·청지렁 미끼.

영강은 상주시 화북면 장암리에서 발원해, 문경시와 상주시를 거치며 총연장 33km를 흘러 낙동강에 유입된다. 영강 수계의 장어 포인트는 알려진 곳이 거의 없으나, 인근 주민들의 붕어, 잉어 포인트는 여러 곳이 있다. 장어 포인트는 미발굴 상태로 남아 있어 향후 개발 여지가 많다.

영강에는 다양한 수초가 많아 어류의 먹이가 되는 물벌레가 풍부하고, 예전에 상수원 역할을 했을 만큼 물도 맑아 1급수 어종인 쏘가리도 서식하며, 장어를 비롯한 붕어, 잉어 등의 자원도 많다.

𝖚 포인트 안내

- 생활체육공원 건너편(문경시 영순면 포내리 263-23): 9~10월터, 수초가 많은 포인트로, 진입로에 주차 후 가드레일을 넘어가야 한다.

문경 평지지

- **장낚 정보**: 소~대짜 릴 마릿수터, 적기(7~10월), 입질 시간(20~05시), 새우·산지렁·청지렁·미꾸라지 미끼.

　문경권에서는 장어가 서식하는 수면이 거의 없다. 그나마 평지지 한 곳만큼은 대물 장어를 노리는 한방터로의 명맥을 꾸준히 이어 오고 있다. 평지지는 6만 평 규모의 준 계곡지로, 서쪽 1.6km 지점의 영강물을 끌어와 저장하는 양수지다. 상류권에는 연밭이, 중·하류권에는 물수세미가 많아, 어류의 서식 환경이 좋다.

　주 어종은 장어, 쏘가리, 가물치, 메기, 동자개, 붕어, 잉어, 외래종 등으로, 장어 생미끼에는 배스의 성화가 심해 어둠이 완전히 내린 뒤에 미끼를 투입하는 것이 좋다.

↻ 포인트 안내

- 우상류 연밭(문경시 산양면 평지리 264-2): 만수위터, 05~2m 수심으로, 연 줄기가 강해 채비도 강하게 해 주어야 한다. 차 앞 낚시가 가능하다.

- 우중상류(평지리 270-1): 전천후터, 1~3m 수심대로, 차 앞 낚시가 가능하다.

- 좌중류 골(평지리 394-6): 갈수기터, 1~2m 수심대로, 긴 대가 좋다. 차 앞 낚시가 가능하다.

봉화군 1선

봉화 내성천 적덕교 아랫보(영주호 상류권)

- **장낚 정보**: 소~대짜 대낚터, 적기(7~10월), 입질 시간(일몰~04시), 산지렁·청지렁·미꾸라지·거머리 미끼.

　내성천은 봉화군 옥석산 계곡에서 발원해, 남서쪽으로 110km를 흘러 문경시 인근에서 낙동강에 유입된다. 내성천 적덕리 포인트는 영주호의 상류권으로, 봉화읍 적덕리 마을 앞 적덕교의 하류 1.5km 지점의 아랫보가 유명하다. 강폭이 120m에 이르며, 보에서부터 상류 500m 구간이 포인트다.

　내성천 아랫보는 배수기에도 수량이 많아, 연중 낚시가 가능하나, 장어 낚시는 7월부터 10월까지가 좋다. 6월 말 장마가 시작되면 영주호로부터 자원이 올라붙어 내성천 전역에서 낚시가 잘 된다. 장어 생미끼에는 메기, 동자개 등이 함께 낚이며, 아직 외래종의 성화는 심하지 않다. 겨울에는 인근 양식장에서 탈출한 송어도 최대 두 자급까지 낚인다.

↳ 포인트 안내

- 적덕교 우하류 1.5km(봉화군 봉화읍 적덕리 1159): 좌측 주소에서 하류 300m 구간이 포인트로, 오후에는 나무 그늘이 만들어지는 1m 수심대다.

상주시 14선

상주 낙동강 말지천 하류

- **장낚 정보**: 소~대짜 릴·대낚터, 적기(4~10월), 입질 시간(일몰~01시), 산지렁·청지렁·미꾸라 지·거머리 미끼.

말지천은 의성군 다인면 야산 계속에서 발원해, 남쪽으로 12km를 흘러 낙동강의 중동 교 북단으로 합류된다. 구 신우교(상주시 중동면 신암리 340-2)에서 낙동강 합수부까지 900m 구간이 포인트로, 릴과 대낚시 포인트가 많다. 수초가 많은 1~3m 수심대로, 낙동강 과의 사이에 수문이 없어 강고기가 수시로 드나들며, 장마 후에는 미꾸라지 미끼에 대물 장어 입질도 잦다.

ᘊ 포인트 안내

- 말지천 좌최하류(상주시 중동면 신암리 177): 낙동강 합수부(중동교 북단)에서 말지 천 좌상류 260m 구간이 포인트로, 차 앞 낚시가 가능하다.

- 말지천 좌하류 배수장 앞(신암리 256-1): 구 신우교 우하류 200m권이다. 1~3m 수심 대로 큰비 후 장어가 입질한다. 차 앞 낚시가 가능하다.

- 말지천 우하류(신암리 1367): 4~9월터, 구 신우교 좌하류 360m권으로, 마름권 대낚 시 포인트다. 동쪽에 나무 그늘이 있고, 차 앞 낚시가 가능하다.

상주 낙동강 묵하리권

- **장낚 정보**: 소~대짜 릴·대낚터, 적기(5~9월), 입질 시간(일몰~05시), 산지렁·청지렁·미꾸라지 미끼.

묵하리 포인트는 상주보의 좌상류 4km 지점으로, 1~2m 수심의 마름권 포인트다. 전역에서 릴낚시와 대낚시가 가능하며, 차 앞 낚시도 가능하다. 장어 생미끼에는 블루길의 성화가 심하므로, 미꾸라지 위주로 쓰면 좋다.

↳ 포인트 안내

- 농수로 수문권 홈통(상주시 사벌국면 묵하리 206-1): 1,300평 규모의 홈통 포인트로, 큰비 후 대낚시로 마름 주변을 노리면 좋다. 차 앞 낚시가 가능하다.

- 홈통의 상·하류 낙동강 본류(묵하리 281-1): 8~10월터, 홈통 인근의 낙동강 본류는 길이가 1km가 넘는 원투 포인트로, 차 앞 낚시가 가능하다.

상주 낙동강 물량리권

- **장낚 정보**: 소~대짜 릴·대낚터, 적기(5~10월), 입질 시간(일몰~05시), 산지렁·청지렁·미꾸라지·거머리 미끼.

낙동강 물량리 포인트는, 낙단보의 2.9km 상류권으로, '물량리 360'을 중심으로 상·하류 각각 250m 구간이 포인트다. 이 구간에는 어리연이 알맞게 분포해 있어 5월부터 10월까지 낚시가 잘된다. 둑방 길에서 둔치 길로 차량 진입을 하지 못하도록 가드레일이 설치되어 있으나, '물량리 산 73-6'까지 가면 둔치로 진입할 수 있는 비포장 길이 두 개가 나온다. 좌측 길은 상류로, 우측 길은 하류로 갈 수 있다.

- 낙동강교 좌상류 1.2km(상주시 낙동면 물량리 360): 대낚시는 좌측 주소 앞 어리연 부근 1~2m 수심을 공략하고, 릴 원투는 상류로 60~70m 더 가거나, 하류로 500m 더 내려오면 된다. 차 앞 낚시가 가능하다.

상주 낙동강 분황리권

- **장낚 정보**: 소~대짜 릴·대낚터, 적기(5~10월), 입질 시간(21~04시), 산지렁·청지렁·거머리·미꾸라지 미끼.

분황리 포인트는 '상주낙동야구장' 앞의 낙동강 본류대 포인트로, 9km 하류에 있는 낙단보의 배수 상태에 따라 조황에 영향을 받는다. 상주낙동야구장을 중심으로 상·하류 900m 구간이 포인트로, 본류대 릴 포인트와 홈통권 대낚시 포인트로 나뉜다.

연안 수심이 1~3m로 편차가 크기 때문에, 낙단보의 배수 여부를 보고 대를 펴야 한다. 유속이 없으면 배수가 없다고 판단하고 대낚시 긴 대로 2m 수심권을 노리는 것이 좋고, 유속이 있으면 배수 중인 것으로 보아 원투낚시를 하는 것이 좋다.

여름에는 수상스키 소음으로 20시까지는 낚시를 할 수 없다. 수상스키 보트가 철수한 후에 낚시에 집중하면 된다. 포인트 전역에 차 앞 낚시가 가능하다.

🛆 포인트 안내

- 야구장 앞(상주시 낙동면 분황리 44): 본류 900m 구간이 릴 포인트다.

- 분황리 홈통 남서쪽(분황리 78): 본류 릴 원투 포인트다.

상주 낙동강 퇴강리권

- **장낚 정보**: 소~대짜 릴·대낚터, 적기(5~10월), 입질 시간(20~05시), 산지렁·청지렁·미꾸라지 미끼.

상주시 퇴강리권 포인트는 퇴강리 포인트로 타이틀을 달았으나, 사실은 낙동강 줄기를 따라 상주시, 문경시, 예천군에 걸쳐 포인트가 흩어져 있다. 모든 포인트에 차량 진입이 쉽고, 차 앞 낚시도 가능하다.

↳ 포인트 안내

- 영풍교 동단(예천군 풍양면 하풍리 528-7): 릴 교각치기 포인트로, 영풍교 동쪽 끝 진입로에 주차 후 50m가량 도보 진입하면 된다.

- 영풍교 서단(문경시 영순면 말응리 14): 릴 교각치기 포인트로, 영풍교 서쪽 끝 진입로에 주차 후 30m가량 도보 진입하면 수면에 닿는다.

- 칠백리공원 200m 상류(상주시 사벌국면 퇴강리 764-6).

- 칠백리공원 건너편(예천군 풍양면 와룡리 905-24): 칠백리공원 맞은편부터 하류권 샛수로까지 2km 구간이 포인트다.

- 영강과 삼강의 합수부(상주시 사벌국면 퇴강리 1-3): 영강과 낙동강 합수부 중간에 수면을 향해 길게 돌출된 릴 포인트다.

상주 낙동강 회상리권

- **장낚 정보**: 소~대짜 릴·대낚터, 적기(5~10월), 입질 시간(22~03시), 산지렁·청지렁·미꾸라지 미끼.

회상리 포인트는 상주보의 2.5km 상류권으로, 회상리 포인트의 바로 위 상류에 효갈리 본류 포인트가 붙어 있다. 회상리권은 경천교에서 우상류 1.1km 구간이 주 포인트로, 5~10월 사이에 붕어꾼들이 많이 찾는다. 22시 이후에는 붕어 입질이 끊겨 붕어꾼들이 취침에 들어가는데, 장어 낚시는 이때부터 집중 모드로 들어가면 된다. 릴대나 대낚시를 다대편성 하여 절반의 낚싯대에는 미꾸라지를 나머지 낚싯대에는 청지렁이를 꿰어 주면 좋다.

↳ 포인트 안내

- 경천교 우상류 3km(상주시 중동면 회상리 1038-4): 5~10월터, 좌측 주소의 상·하류 각 500m 구간이 포인트로, 차 앞 낚시가 가능하다.

- 경천교 우상류 880m(회상리 1255): 5~10월터, 석축 포인트로 좌대를 설치해야 안전 하다. 장어 낚시는 23~06시 사이에 미꾸라지나 청지렁이를 쓰면 좋다. 연안 석축을 묶은 철망이 미끄러워 안전사고에 유의해야 한다.

- 경천교 우상류 130m(회상리 815-3): 6~9월터, 농수로가 합수되는 곳으로, 논에서 흙 탕이 내려오면 미꾸라지나 지렁이에 장어가 낚인다. 차 앞 낚시가 가능하다.

상주 삼포리천(도안리수로)

- **장낚 정보**: 소~대짜 대낚터, 적기(6~10월), 입질 시간(21~04시), 새우·산지렁·청지렁·미꾸라지 미끼.

삼포리천은 대청호의 상류권을 흐르는 금강의 지류천으로, 낚시꾼을 찾아보기 힘들 만큼 외진 곳으로, 동네 어른이 다가와 낚싯대 구경을 하기도 한다. 삼포리천의 소운교 포인트는 충북 황간면에서 북쪽으로 16km 지점에 위치한 1급수 계류터로, 연안에 마름과 말풀이 약간 자란다.

소운교 포인트는 주민들의 동네 낚시터로, 장마철에 금강 수계가 범람하면 대청호의 자원이 이곳까지 올라붙어 늦가을까지 낚시가 잘 된다. 장어 외 붕어, 메기, 꺽지, 동사리 등의 강고기가 많고, 금강 수계의 특효 미끼인 지렁이에 모든 강고기가 입질한다. 6월부터는 연안에 잡풀이 많아지므로, 낫이나 전지가위를 준비하여 잡풀 제거를 해 줘야 한다. 잡풀을 제거한 뒤 앉을 자리 주변으로 모기약을 분무해 주면 뱀이나 쥐, 해충의 접근을 막을 수 있다.

ᘰ 포인트 안내

- 소운교 우하류(상주시 모서면 도안리 127-1): 부들과 마름이 발달한 대낚시 포인트로, 차 앞 낚시가 가능하다.

상주 서당골지

- **장낚 정보**: 소~대짜 릴·대낚터, 적기(4~10월), 입질 시간(일몰~04시), 새우·산지렁·청지렁·미꾸라지 미끼.

서당골지는 오태지의 동쪽 1.3km 지점의 계곡지로, 5천 평가량의 면적에 청정 계곡수를 담고 있다. 포인트 별로 1~7m의 수심에 연안 수초가 많다.

주 어종은 장어, 메기, 가물치, 동자개, 붕어, 잉어 참붕어, 새우 등으로, 장어 미끼는 새우와 지렁이를 많이 쓰며, 참붕어는 죽은 놈을 써야 가물치가 붙지 않는다. 새우는 채집이 잘 안 되므로 외부에서 미리 구입해 가야 한다.

좌·우측 연안 중·상류권이 포인트가 넓고, 둘레 길이 나 있어 진입이 쉽다. 대부분의 포인트에서 차 앞 낚시가 가능하다.

ᶣ **포인트 안내**

- 우상류(상주시 외서면 개곡리 517-1): 수초권 만수위 포인트다.

- 우중·상류 돌출부(개곡리 산 42): 2~3m 수심대의 갈수기 포인트다.

- 제방의 북동쪽 끝부분(개곡리 491): 2~4m 수심의 갈수기 포인트로, 제방 우측 끝에 주차하면 된다.

상주 송지지

- **장낚 정보**: 소~대짜 릴·대낚터, 적기(5~10월), 입질 시간(24~03시), 새우·참붕어·산지렁·청지렁·미꾸라지 미끼.

송지지는 4만 평 규모의 계곡지로, 좌하류권에는 마을이 가까이 있고, 나머지 3면은 산과 농경지로 둘러싸여 있다. 여름철 중·상류권에는 마름과 뗏장이 넓게 자라, 어류의 서식 환경이 좋아진다.

주 어종은 장어, 가물치, 동자개, 붕어, 잉어, 참붕어, 새우 등으로, 장어 미끼는 새우, 참붕어, 지렁이를 많이 쓴다. 초저녁 생미끼에는 붕어, 동자개, 가물치가 덤비므로, 어둠이 완전히 내린 뒤에 미끼를 투입하는 것이 좋다. 자생 새우가 많아 이를 미끼로 써도 된다. 장어 입질 시간대는 24시를 전후한 심야 시간대인데, 잡고기들이 잠든 심야 시간대에 조심스럽게 장어 입질이 든다.

ᶣ **포인트 안내**

- 우상류 비닐하우스 앞(상주시 외남면 송지리 108): 1~3m 수심대로, 마름과 뗏장이

소량 자란다. 연안 경사가 급해 좌대를 설치해야 안전하다.

- 우중류 돌출부(송지리 145): 배수기 릴 포인트로, 차 앞 낚시가 가능하다.

- 좌상류(송지리 263): 뗏장권 1~2m 수심대로, 상류에서 새 물이 유입될 때 좋다. 차 앞 낚시가 가능하다.

- 좌하류 돌출부(송지리 200-1): 갈수기터, 수심 2m권으로, 릴과 대낚시가 가능하다. 차 앞 낚시도 가능하다.

상주 신흥지

- **장낚 정보**: 소~대짜 릴·대낚터, 적기(5~10월), 입질 시간(22~05시), 새우·참붕어·산지렁·청지렁·미꾸라지 미끼.

신흥지는 3천 평 규모의 계곡지로, 수질이 매우 좋다. 또 상류권을 제외한 3면이 숲으로 둘러싸여, 수려한 풍광을 자랑한다. 상류권은 5월부터 마름과 뗏장이 자라 올라, 적정 수심만 유지되면 훌륭한 밤낚시 포인트가 되어 준다. 특히, 우상류권 돌출부 포인트 세 곳은, 돌출부마다 한 사람씩만 앉을 수 있어 좋다.

주 어종은 장어, 가물치, 붕어, 잉어, 피라미, 참붕어, 새우, 물방개 등이며, 외래종이 없는 대신 물방개와 가물치가 많아 생미끼의 훼손이 심하다. 주간에 생미끼를 넉넉하게 채집해 두면, 어느 정도 대응할 수 있다. 살아 있는 참붕어에는 가물치가 붙고, 죽은 참붕어에는 물방개가 붙는다.

↳ 포인트 안내

- 우상류(상주시 함창읍 신흥리 423): 6~8월터, 마름과 뗏장권 포인트다. 진입로에 주

차하면 된다.

- 제방의 서쪽 끝(신흥리 418-2): 전천후터, 1~4m 수심대로, 다양한 수심을 노리는 다대편성이 좋다. 제방의 서쪽 끝에 주차하면 된다.

상주 영강 호남보

- **장낚 정보**: 소~중짜 대낚터, 적기(9~10월), 입질 시간(20~02시), 새우·산지렁·청지렁 미끼.

영강의 호남보는 물이 맑아 채비를 수초에 밀착해야만 입질을 받기 쉽고, 20시 이후어둠이 완전히 내린 뒤부터 본격적인 입질이 든다. 장어 생미끼에 강고기의 성화가 거의 없어 여러 가지 미끼를 동시에 사용할 수 있다.

포인트 안내

- 이안천 합수부(상주시 함창읍 금곡리 235-5): 9~10월터, 영강의 최하류권 포인트로, 장마 후 물이 안정된 초가을에 찾으면 좋다. 차 앞 낚시가 가능하다.

상주 위천 우물리권

- **장낚 정보**: 소~대짜 릴·대낚터, 적기(5~10월), 입질 시간(일몰~23시, 03~05시), 새우·산지렁·청지렁 미끼.

위천 우물리권은 위천의 최하류권 포인트로, 낙동강 합수부 인근에 앉을 자리가 많다. 우물리 포인트의 서쪽 2km 지점에 말지천 포인트가 있어, 출조객이 많거나 소란스러울 경우 쉽게 이동할 수 있다.

ᘯ 포인트 안내

- 우물교 좌하류(상주시 중동면 우물리 386): 수몰 나무가 많은 2m 수심대로, 교각치기를 하면 좋다. 농로 사이에 주차하면 된다.

- 우물교 좌하류 860m(우물리 1226-1): 계곡수가 유입되는 대낚시 포인트와 위천 본류권 릴 포인트가 있다. 차 앞 낚시가 가능하다.

- 위천 우최하류 낙동강 합수부 석축권(우물리 1456): 좌측 주소에서 하류 400m 구간이 포인트로, 수몰 나무와 마름이 많다. 진입로에 일렬로 주차한다.

상주 지평지

- **장낚 정보**: 대물 릴·대낚터, 적기(5~10월), 입질 시간(일몰~04시), 새우·산지렁·청지렁·미꾸라지 미끼.

지평지는 17만 평 규모의 청정 계곡지로, 여름철 중·상류권에는 수초가 많고, 군데군데 수몰 나무도 있어 대낚시 긴 대가 효과적이다. 주 어종은 장어, 메기, 가물치, 동자개, 붕어, 잉어, 외래종, 강고기, 피라미, 새우 등이며, 배수기인 5월부터 입질이 살아나 10월까지 낚시가 잘 된다.

지평지는 대물 붕어터로는 인기가 있으나, 장어 개체 수가 적어 마릿수 장어터로는 별 인기가 없고, 대물 장어를 노리는 골수꾼 위주로 드나든다. 장어 생미끼에는 외래종을 비롯한 강고기의 성화가 심해 미꾸라지를 많이 쓰며, 본격적인 입질은 23시가 넘어야 한다. 생미끼는 현장 채집이 잘되지 않으므로 새우와 청지렁이 한 통씩은 외부에서 구입해 가는 것이 좋다.

포인트 안내

- 최상류 지평천 아천교 우하류(상주시 이안면 아천리 612-3): 아천교에서 우하류 300m 구간이 포인트로, 흙탕물이 유입되면 전역이 포인트가 된다.

- 최상류 염동교 우하류(아천리 221): 6~7월터, 염동교 남단 하류 쪽에 앉아 염동교 쪽으로 릴 원투나 대낚시를 하면 된다. 진입로에 주차하면 된다.

- 좌중상류(아천리 214-1): 갈수기 릴·대낚터, 수심 1~2m의 뗏장권으로, 차 앞 낚시가 가능하다.

- 우상류(아천리 22-4): 갈수기터, 줄풀권 대낚시 포인트다. 포인트 좌측에 보이는 산 쪽으로 원투를 해도 좋다. 차 앞 낚시가 가능하다.

상주 판곡지

- **장낚 정보**: 릴·대낚 대물터, 적기(6~9월), 입질 시간(일몰~23시, 03~05시), 새우·산지렁·청지렁·미꾸라지 미끼.

판곡지는 7만 평 규모의 계곡지로, 오래전부터 여름철 피서 낚시터로 널리 알려져 있다. 주 서식 어종은 장어, 메기, 가물치, 동자개, 붕어, 빙어, 블루길 등으로, 새우와 지렁이 등의 장어 생미끼에는 동자개와 블루길 등의 성화가 심해, 미꾸라지와 굵은 청지렁이를 위주로 쓰는 것이 좋다.

판곡지는 장어 자원이 적어 마릿수 장어는 기대할 수 없고, 철저히 대물 위주로 낚시를 해야 한다. 6월 중순까지 최저 수위가 유지되다가, 6월 말 첫 장마부터 가을철 태풍의 영향을 받으면 여러 차례의 오름 수위가 나타나는데, 이때 출조하여 중상류권을 중심으로 대물 장어를 노리는 것이 좋다.

- 좌중상류(상주시 화동면 판곡리 87): 오름 수위터, 천우사라 불리는 절 앞 포인트로 수심이 1~2m가량 나온다. 차 앞 낚시가 가능하다.

- 좌하류 돌출부(판곡리 산 126-1): 갈수위터, 1~2m 수심의 릴과 대낚시 포인트다. 차 앞 낚시가 가능하다.

- 우상류(판곡리 123): 만수위터, 1~2m 수권의 대낚시 포인트로, 진입로에 주차하면 된다.

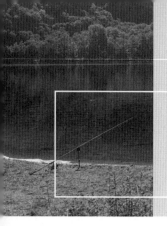

성주군 4선

성주 낙동강 백천수로

- **장낚 정보**: 소~대짜 릴 · 대낚터, 적기(6월 말~8월), 입질 시간(일몰~05시), 새우 · 산지렁 · 청지렁 · 미꾸라지 미끼.

백천은 성주군 월곡리 백마산 계곡에서 발원해, 동남쪽으로 35km를 흘러 성주군 용암면 동락리 부근에서 낙동강으로 합류된다. 백천의 낙동강 합수부 900m 하류에는 용암수로라 불리는 신천이 있고, 다시 신천의 하류 10km 지점에는 강정고령보가 있어, 강정고령보의 배수 여부에 따라 조과에 영향을 받는다.

백천수로는 물망초와 수몰 나무가 많고, 수심이 2~3m로 대낚시와 릴낚시 모두 가능하다. 비가 내리면 물색이 쉽게 탁해져 장어 낚시에 좋은 환경으로 바뀌나 잡고기의 성화도 함께 증가한다. 장어 시즌 초입에는 잉어 산란이 들어오는데, 잉어가 소란을 피워 대면 장어든 붕어든 조과를 기대하기 어렵다. 이때는 자리를 옮겨 주는 것이 좋다.

↳ 포인트 안내

- 선원교 남단(성주군 용암면 동락리 236-5): 선원교 남단부터 낙동강 합수부를 거쳐, 낙동강 하류 방향의 신천 합수부까지 약 1km에 이르는 광활한 포인트로, 전역에서 차 앞 낚시가 가능하다.

- 선원교 북단 상류 150m(선원리 144-3): 수심 1~2m권의 대낚시 포인트로, 낚시 자리

가 2~3곳밖에 없다. 차 앞 낚시가 가능하다.

성주 낙동강 선원리(성주대교권)

- **장낚 정보**: 소~중짜 릴 마릿수터, 적기(6~9월), 입질 시간(일몰~04시), 새우·산지렁·청지렁·미꾸라지 미끼.

성주대교 포인트는 강정고령보의 8.2km 상류권으로, 강정고령보의 배수 여부에 따라 조과가 좌우된다. 성주대교 하류권 양안이 모두 포인트로, 많은 낚시꾼을 수용할 수 있으나, 장어 릴 포인트는 성주대교 밑이 가장 인기가 많다. 성주대교의 동쪽 끝도 이름난 장어 포인트이나, 200m 이상 도보 진입해야 하므로 성주대교 서쪽 연안으로 진입하는 것이 편리하다.

↳ 포인트 안내

- 성주대교 우하류 330m(성주군 선남면 선원리 42-2): 수몰 나무권 1~2m 수심대로, 본류권으로 릴 원투를 치면 대물 장어가 입질한다.

- 성주대교 서쪽 끝단(선원리 14-10): 릴 교각치기 포인트로, 차 앞 낚시가 가능하다.

성주 낙동강 용신리권

- **장낚 정보**: 소~중짜 대낚터, 적기(6~9월), 입질 시간(일몰~23시, 03~05시), 새우·산지렁·청지렁·미꾸라지 미끼.

낙동강 용신리권은 낙동강 강정고령보권에 속하는 낚시터로, 옛 둠벙 포인트에서 하류

700m까지가 포인트로, 수심 1m 미만의 평평한 바닥에 부들밭이 광활해, 붕어 낚시 수중전이 성행하는 곳이다.

장어 낚시는 6월 말부터 9월 사이 큰비가 내리면 본류의 물살이 강해지고 탁수가 유입될 때 잠시 치고 빠지는 게릴라식 낚시를 해야 한다. 장어 미끼는 미꾸라지와 지렁이를 교대로 써 가며 외래종의 성화를 최대한 줄여야 한다. 붕어 입질이 뜸한 심야 시간에 부들이나 수몰 나무 옆에서 장어 입질이 든다.

↳ 포인트 안내

- 옛 둠벙(성주군 선남면 용신리 1060-4): 7~8월터, 3,500평 규모의 둠벙으로, 큰비 후 낙동강 자원이 유입된다. 나무 그늘도 있어 좋다.

- 도원초교 분교 앞(용신리 943): 6~9월터, 1m 수심의 부들밭으로, 대낚시는 수중전이 좋다.

- 용신공단 앞(용신리 909-17): 1m 수심의 마름밭으로, 수초 형성이 좋아 연중 강고기가 모여든다.

성주 신천(용암수로)

- **장낚 정보**: 소~대짜 릴·대낚터, 적기(6월 중순~10월), 입질 시간(일몰~05시), 새우·산지렁·청지렁 미끼.

신천은 성주군 칠봉산 계곡에서 발원해, 동쪽으로 17km를 흘러 성주군 선남면 인근에서 낙동강에 합류된다. 합류 지점에서 10km 하류에 강정고령보가 있어, 강정고령보의 배수 여부에 따라 신천의 수위도 따라 변한다. 강정고령보의 수문이 열리면 신천도 수위가 내려가지만, 신천과 낙동강 사이에 수문이 없어 수위가 내려가는 동안에도 입질이 지속적으로 들어온다.

　장어 낚시는 큰비 후 흙탕물이 내려오는 6월 하순에서 7월이 피크인데, 신천 하류권에서 릴과 대낚시에 굵은 장어가 낚인다. 자생 새우를 여러 마리 꿰어 주거나 산지렁이 또는 똥지렁이(두엄지렁이)에 입질이 잘 붙는다. 새우는 현장 채집이 잘 안되므로 외부에서 구입해 가야 한다.

↳ 포인트 안내

- 가죽정교 우상류 300m(성주군 용암면 동락리 207-3): 6~8월터, 물골 수심이 3~4m로 원투낚시가 좋다. 차 앞 낚시가 가능하다.

- 가죽정교 좌하류 130m 낙동강 합수부(선원리 129-17): 6~10월터, 장어와 잉어 원투 포인트로, 차 앞 낚시가 가능하다.

안동시 4선

안동 미천 무릉리 소

- 장낚 정보: 소~중짜 대낚터, 적기(5~10월), 입질 시간(20~04시), 새우 · 산지렁 · 청지렁 · 납자루 · 피라미 · 미꾸라지 미끼.

미천은 의성군 옥산면 제동저수지에서 발원해, 북서쪽으로 50km를 흘러 안동시 검암리 부근에서 낙동강에 유입된다. 미천의 물줄기에는 수십 개의 보가 축조되어 있으며, 이들 보에는 장어 외에 쏘가리와 꺽지가 많아 루어꾼도 많이 찾는다.

무릉리 소는 물 흐름에 의해 자연적으로 형성된 소 포인트로, 큰비가 지나간 후부터 시즌이 시작되어 9월까지 이어진다. 새우나 지렁이 미끼에는 외래종이 많이 덤비므로, 낮에 멍텅구리 채비로 납자루나 피라미를 낚아 일몰 시점에 투척해 주고, 밤이 깊어진 후에 새우나 지렁이를 함께 사용한다.

↳ 포인트 안내

• 남후1교 좌하류 GS주유소 앞(안동시 남후면 무릉리 520): 무릉보 하류 560m권으로, 포인트 범위가 250m나 된다. 차 앞 낚시가 가능하다.

• 남후1교 우하류 무릉역 앞(무릉리 239-2): GS주유소의 건너편으로, 갈수기에도 수심이 1~2m는 유지된다. 차 앞 낚시가 가능하다.

안동 반변천(임하댐 하류권)

- **장낚 정보**: 소~대짜 릴 · 대낚터, 적기(7~9월), 입질 시간(22~04시), 새우 · 산지렁 · 청지렁 미끼.

임하댐 하류권의 반변천 구간은 임하댐에서부터 서쪽으로 17km를 흘러 낙동강에 유입되며, 임하댐이 방류되면 낙동강 자원이 올라붙어, 7월에서 9월까지 낚시가 잘된다. 방류 초기에 대물급 장어의 출몰 빈도가 높고 시간이 지날수록 씨알이 잘아진다.

포진1교 하류권은 상수원보호구역으로 낚시가 금지되고, 포진1교 상류권을 중심으로 포인트가 형성된다. 둔치로는 차량이 진입할 수 없어 차 앞 낚시 포인트가 없고, 모든 포인트는 주차 후 20~100m가량 걸어 들어가야 한다.

ᨱ 포인트 안내

- 임하교 우상류(안동시 임하면 임하리 18): 7~9월터, 임하댐 바로 아래 포인트로, 임하댐이 방류되면 장어를 비롯한 낙동강계 어종이 잘 낚인다.

- 포진1교 우상류(신덕리 1298-99): 8월터, 포진1교부터 우상류 1km 구간이 포인트다. 포진1교 남단에서 둔치로 진입해 130m 가면 주차장이다.

안동 안동호

- **장낚 정보**: 소~대짜 릴 · 대낚터, 적기(5~10월), 입질 시간(일몰~24시), 새우 · 거머리 · 참붕어 · 청지렁 · 산지렁 · 꺼먹지렁이 미끼.

안동시는 매년 안동호와 임하호에 장어, 쏘가리, 꺽지, 붕어 등의 치어를 방류하고 있으며, 특히 장어 치어는 1998년부터 매년 방류하고 있다. 안동호 장어 낚시는 새우 미끼가 잘 듣는데, 귀단리와 부포리 일대에서는 어부들의 새우잡이 그물에 2kg이 넘는 장어가 마릿수로 잡히기도 한다.

- 귀단리 수몰 나무권(안동시 예안면 귀단리 333): 7~10월터, 약 130m 구간이 포인트로, 대낚시나 릴낚시가 가능하다. 위 주소의 남서쪽에 붙은 비포장 길로 진입해 200m 가면 수면이 나온다. 2020. 7월(새우, 중짜 2수).

- 귀단리 수몰 도로(귀단리 63): 5~8월터, 1m 수심의 완만한 지형으로, 장마 전에는 새우에 입질이 좋고, 장마 후에는 새우와 지렁이에 중짜급이 낚인다. 위 주소에서 남쪽으로 160m 내려와 우회전해, 다시 북쪽(골 하류 쪽)으로 210m 가면 수몰 도로로 들어가는 입구가 나온다. 수몰 도로로 들어가 자리하던지, 북쪽으로 400m를 더 올라가 자리해도 된다. 차 앞 낚시가 가능하다.

- 부포리 수몰 도로권(부포리 산 144-8): 9~10월터, 릴 대물 포인트다. 수몰 도로 끝에서 차 앞 낚시가 가능하다.

- 부포리 계상고택 앞(부포리 854): 9~10월터, 지형이 완만해 앉을 자리가 많다. 그늘이 없어 파라솔이나 낚시 텐트가 필요하다. 차 앞 낚시가 가능하다.

- 부포리 비끼골 앞(부포리 552): 9~10월터, 연안이 완만해 자리가 많다. 차 앞 낚시가 가능하다.

- 주진교 북단(안동시 예안면 주진리 산 37-2): 9~10월터, 릴 대물 포인트다. 차 앞 낚시가 가능하다.

- 주진교 남단(안동시 와룡면 라소리 산 86-5): 9~10월터, 일명 주진휴게소 포인트로, 릴 대물 포인트다. 차 앞 낚시가 가능하다.

안동 임하호

- **장뉴 정보**: 소~대짜 릴터, 적기(4~10월), 입질 시간(일몰~24시), 새우·징거미·산지렁·청지
  렁·거머리·미꾸라지 미끼.

790만 평의 임하호는 바닥이 보일 정도로 물이 맑아, 릴 원투낚시가 적합하다. 큰비 후 새
물이 유입되면 물색이 흐려지는데, 이때는 상류 물골 지대를 공략하면 장어 입질을 받을 확
률이 높다. 임하호 포인트는 진입로가 험한 곳이 많아 4륜 SUV로 진입하는 것이 좋다.

포인트 안내

- 고천리 마을 앞(안동시 임동면 고천리 산 67-4): 4~5월터, 릴로 물골 자리를 노리면
  좋다. 위 주소에서 북쪽으로 난 소로를 따라 150m가량 진입하면 수면이 나온다.

- 마령리권(마령리 672-1): 4~5월터, 릴 원투 포인트로, 좌측 주소에서 비포장 길로 진
  입해, 400m 가면 수면에 닿는다. 차 앞 낚시가 가능하다.

- 어천리 용전천 하류권(청송군 파천면 어천리 136): 7~10월터, 큰비 후 탁수가 유입되
  면, 지렁이에 24시까지 입질이 잦다. 차 앞 낚시가 가능하다.

- 용계리 은행나무권 서쪽 연안(안동시 길안면 용계리 236): 4월·6월 말~7월터, 수몰
  나무 포인트로 오름 수위에 장어가 낚인다. 차 앞 낚시가 가능하다.

- 지촌교권(안동시 임동면 지리 383-14): 오름 수위터, 지촌교 양안이 모두 포인트다.
  첫 장마 후 오름 수위 때 찾으면 좋다. 도로변에 주차하면 된다.

- 아가산 앞(지리 139-2): 7월터, 지촌교 우하류 1km 지점으로, 수몰 나무가 많다. 6월
  말~7월에 장어 입질이 좋다. 도로변에 주차하면 된다.

영양군 1선

영양 반변천(임하호 상류권)

- **장낚 정보**: 소~대짜 릴 · 대낚터, 적기(6~10월), 입질 시간(일몰~05시), 산지렁 · 청지렁 · 미꾸라지 미끼.

　영양군 일대의 하천과 저수지에는 1998년부터 장어 치어가 방류되었으며, 2010년에 이르러 장어가 낚이기 시작했다. 특히 반변천의 최상류권인 일월면 일대에는 2011년부터 장어 치어가 대량 방류되었고, 임하호에서 소상한 자원과 함께 반변천 전역에서 장어가 낚인다.

　반변천은 영양군 일월면 용화산 계곡에서 발원해, 낙동강에 유입되기까지 총연장 113km를 흐르는 하천으로, 임하호 상류권이 68km, 하류권이 45km가량 된다. 전역이 1급수에 돌바닥 지형의 보와 소 포인트가 많아 장어, 메기, 붕어, 잉어, 꺽지, 쏘가리, 피라미 등이 잘 낚인다.

⌁ 포인트 안내

- 삼산리 소(영양군 입암면 삼산리 31-3): 9~10월터, 삼산교 좌상류 900m 지점으로, 길이 800m 강폭 100m 규모다. 둑방 길에 한두 대 주차할 수 있다.

- 삼산보 우중류(산해리 386): 6~10월터, 위 삼산리 소 포인트의 상류 1.5km 지점이다. 상 · 하류 400m 구간이 차 앞 낚시 포인트다.

- 선바위 관광지 앞 보 우하류(신구리 729): 6~8월터, 위 삼산보 포인트의 4.5km 상류 권이다. 여름 피서터로 좋다.

영주시 1선

영주 내성천 용혈리권

- **장낚 정보**: 중~대짜 릴터, 적기(7~8월), 입질 시간(일몰~23시), 청지렁 · 산지렁 · 미꾸라지 미끼.

내성천은 낙동강의 최상류권 지천으로, 강원도 영월군의 선달산과 경북 봉화군의 옥석산 사이 계곡에서 발원해, 남서쪽으로 103km를 흘러 경북 예천군 삼강리 부근에서 낙동강에 합류된다.

용혈리 포인트는 영주댐의 바로 아래에서부터 하류 미림교까지 900m 구간이 주 포인트로, 7~8월 영주댐이 방류되면 낙동강의 자원이 올라붙어 낚시가 잘된다. 바닥에 돌이 많아 밑걸림이 발생하지만, 버림추 채비를 달아 끈기 있게 공략하면 굵은 장어와 4짜급 강붕어를 만날 수 있다. 연안에 그늘도 많다.

포인트 안내

- 미림교 좌상류(영주시 평은면 용혈리 1156-2): 마름권 1m 수심대로, 릴과 대낚시 긴 대가 좋다. 석축 연안으로 좌대나 받침틀이 필요하다.

영천시 1선

영천 금호강

- **장낚 정보**: 소~대짜 릴·대낚터, 적기(4~10월), 입질 시간(일몰~05시), 새우·산지렁·청지렁·미꾸라지 미끼.

금호강은 포항시 북구 죽장면 가사령에서 발원해, 대구시 북쪽을 돌아 흐르는 낙동강의 지천으로, 대구시 달서구 옛 강창나루터 인근에서 낙동강에 유입된다. 금호강 수계에는 본류권 포인트 외에 둠벙 포인트가 많다. 특히, 영천시 금노동의 '시민낚시공원'은 전국 최초의 낚시공원으로, 영천시 열린 정책의 대표적인 모범 사례.

금호강의 장어 낚시는 4월에 시작되어 10월까지 이어지는데, 외래종의 성화가 심해 일몰 시점에는 미꾸라지를 쓰고, 심야 시간대에는 새우나 지렁이를 곁들이면 좋다.

⌁ 포인트 안내

- 금호대교 우상류 480m(영천시 도동 594-3): 도동보라 하며, 릴과 대낚시가 가능하다. 차 앞 낚시가 가능하다.

- 금호대교 우상류 1.5km 낚시공원 앞(금노동 683-4): 4~8월터, 공원 앞과 공원 건너편 130m 구간이 포인트로, 1~3m 수심에 수초가 많다. 무거운 채비가 좋고, 받침틀이나 좌대가 필요하다. 주차장과 화장실, 개수대가 있어 편리하다.

- 대전교 우하류 380m(대전동 750-36): 금호강의 좌상류권 지천인 고현천 수계의 보 낚시터로 대전보라 불린다. 시멘트 둑방 길에 주차하면 된다.

- 황정교 우하류 둠벙(금호읍 황정리 793-66): 전천후터, 6천 평 규모의 금호강변 둠벙 으로, 석축 포인트인 서쪽 연안에서 장어, 메기 등이 잘 낚인다.

울진군 3선

울진 매화천

- **장낚 정보**: 기수역 소~대짜 릴·대낚터, 적기(6~10월), 입질 시기(일몰~01시), 새우·산지렁·청지렁·소형계류어·미꾸라지 미끼.

매화천은 왕피천의 좌상류권 지천으로, 영양군 수비면의 금장산 계곡에서 발원해, 북쪽으로 25km를 흘러, 왕피천의 좌하류권으로 유입된다. 매화천은 왕피천과 동일 수계로, 왕피천에 서식하는 1급수 어종들이 매화천에도 함께 서식하며, 두 하천은 심산유곡 안에 원시 자연 상태를 그대로 간직하고 있어 낚시 도중에 자연 보호에도 신경을 써야 한다. 매화천이 왕피천과 합수되는 곳에서부터 매화천의 상류 방향으로 5개의 보가 축조되어 있는데, 이 중 수량이 많은 2개의 보에서 낚시가 성행한다.

↳ 포인트 안내

- 뒷들교 우하류(울진군 근남면 구산리 308-52): 왕피천 합수부의 200m 상류권으로, 강폭이 30m에 이른다. 뒷들교 양안 상류 쪽 둑방에 주차하면 된다.

- 구산2교 우상류 보(구산리 84-4): 위 뒷들교 포인트의 800m 상류권으로, 보의 양안 상류 둑방 길에 주차하면 된다.

울진 삼율지

- **장뉴 정보**: 소~중짜 릴·대낚터, 적기(5~6월), 입질 시간(20~02시), 청지렁·산지렁·미꾸라지 미끼.

삼율지는 2만 평 규모의 계곡지로, 좌안과 우안으로 울창한 송림이 둘러싸고 있어 주변 풍광이 매우 수려하다. 퇴수로인 삼율천은 남쪽으로 2.2km를 흘러 후포항 앞바다로 빠져나가며, 퇴수로를 통해 자원이 유입된다. 삼율지는 상류 계곡으로부터 유입되는 수량이 많아 연중 넉넉한 수량이 유지되며, 여름에는 마름이 번성하여 어류의 서식 여건도 한층 좋아진다. 주 서식 어종은 장어, 붕어, 잉어, 배스 등으로, 장어 미끼는 지렁이와 미꾸라지가 좋으나 지렁이에는 배스의 성화가 심해, 초저녁에 투입하는 것은 삼가해야 한다. 삼율지는 2016년~2017년 사이에 5짜 붕어가 속출하였으나, 2019년 준설 작업 후 바닥 환경이 변했기 때문에 조황 패턴을 좀 더 관찰해 볼 필요가 있다.

↳ 포인트 안내

- 우상류 밭 앞(울진군 후포면 삼율리 873): 새 물이 유입되는 삼율지 최고의 포인트다. 도로변에 주차 후 밭둑에 앉아야 한다.

- 우하류(삼율리 산 76-5): 갈수위터, 연안 경사가 급해 좌대를 설치해야 안전하다. 도로변에 주차하면 된다.

- 제방의 북동쪽 끝(삼율리 891-22): 갈수기터, 갈수기라도 2m 이내의 수심을 노려야 하며, 대낚시 36~46칸이 적당하다. 제방의 북동쪽 끝에 주차 공간이 있다.

울진 왕피천

- 장낚 정보: 기수역 소~대짜 릴·대낚터, 적기(6~10월), 입질 시기(일몰~01시), 새우·산지렁·청지렁·소형계류어·미꾸라지 미끼.

왕피천은 영양군의 금장산과 백암산 사이의 계곡에서 발원해, 심산유곡을 돌아 동해로 빠져나간다. 강폭이 좁고, 길이가 65km에 이르는 긴 하천으로 원시 자연 그대로의 생태를 간직하고 있다. 원시 자연의 불영계곡과 금강송 군락지, 멸종 위기 동·식물의 생태적 보고로 '생태경관보전지역'으로 지정되어 국가 차원에서 보호하고 있다. 왕피천에는 1급수 어종인 버들치를 비롯해 장어, 연어, 황어 등 기수역 어종이 서식하며, 매년 연어 치어 방류 행사도 개최되어 희귀 어종 보호 노력도 이어지고 있다. 장어 포인트는 주로 도심지 주변에 형성되어 있는데, 왕피천대교를 중심으로 양안이 모두 장어 포인트이자 관광지를 겸하고 있다.

↳ 포인트 안내

- 망양정 해맞이공원 앞(울진군 근남면 산포리 782): 왕피천대교에서 하류 해맞이공원까지 800m 구간이 포인트다. 포인트 뒤 둔치 공원에 주차하면 된다. 2016. 9월(1수).

- 수산교 우하류(노음리 322-1): 수산교와 왕피천대교 사이 130m 구간이 포인트다. 2016. 7월(중짜 2수), 2012. 6월(소짜 2수), 2011. 8월(중짜 1수).

- 성류펜션 앞(노음리 830-2): 큰비 터, 왕피천대교의 1.3km 상류권 원투 포인트다. 4륜 SUV는 차 앞 낚시도 가능하다.

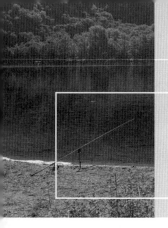

의성군 6선

의성 남대천

- **장낚 정보**: 소~대짜 릴·대낚터, 적기(5~8월), 입질 시간(일몰~05시), 새우·산지렁·청지렁·납자루·미꾸라지 미끼.

    남대천은 의성군 사곡면의 사곡령에서 발원해, 서쪽으로 42㎞를 흘러 의성군 비안면 쌍계리 부근에서 위천강에 합류된다. 위천강은 다시 북서쪽으로 31km를 흘러 낙동강의 우상류권으로 유입되며, 낙동강의 장어 자원이 유입된다.

    남대천의 주 서식 어종은 장어, 쏘가리, 메기, 동자개, 꺽지, 붕어, 잉어, 자라, 외래종, 납자루 등으로, 낙동강계의 어종에 계류어가 보태져 있다. 장어 미끼는 납자루와 미꾸라지 및 피라미 살점을 꿰어 잡아 성화를 줄이는 것이 좋은데, 납자루는 주간에 채집망이나 멍텅구리 채비로 잡아내면 된다. 멍텅구리 채비에 낚이는 굵은 납자루와 피라미는 살점을 길게 잘라 바늘에 누벼 꿰면 좋다. 비가 온 후 탁수가 유입될 때는 산지렁이와 청지렁이, 미꾸라지 미끼가 잘 듣는다.

↳ 포인트 안내

- 청호가든 뒤(의성군 봉양면 문흥리 782): 5~8월터, 큰비 후 탁수가 흐를 때 대물 장어가 출몰한다. 둔치 길로 진입하면 차 앞 낚시도 가능하다.

- 청호가든 건너편(길천리 501): 5~8월터, 강 중앙에 수초 섬이 있고, 연안에는 갈대 군

락이 있어 릴과 대낚시 모두 가능하다. 차 앞 낚시도 가능하다.

- 길천보(분토리 1467-42): 6~8월터, 큰비 후 70cm가량의 수심이 유지되며, 탁수가 유입될 때 지렁이에 장어가 잘 낚인다. 차 앞 낚시가 가능하다.

의성 매곡지

- **장낚 정보**: 소~대짜터, 적기(5~9월), 입질 시간(일몰~05시), 새우·징거미·참붕어·산지렁·청지렁·미꾸라지 미끼.

매곡지는 2만 평 규모의 계곡지로, 주변 수림이 울창하여 삼림욕이 가능한 가족형 낚시터다. 주 서식 어종은 장어, 쏘가리, 가물치, 메기, 동자개, 붕어, 잉어, 자라, 참붕어, 징거미, 새우 등으로, 장어 미끼는 지렁이, 참붕어, 징거미, 새우 등을 쓰며, 특히 자생 새우와 징거미가 많아 이들을 미끼로 쓰면 더욱 좋다. 징거미와 새우에는 모든 어종이 입질하며, 특히 가물치와 자라가 잘 낚인다. 매곡지는 어느 정도 물이 빠져야 대물 입질이 살아나는 곳으로, 배수기에는 반드시 뒷줄도 매어 놓도록 한다.

포인트 안내

- 우중상류(의성군 사곡면 매곡리 238-1): 여름터, 2~3m 수심대로 도로변에 주차 공간이 넓어 차 앞 낚시도 가능하다.

- 우최하류 홈통(매곡리 1354): 갈수기터, 무넘기의 상류 쪽 2~3m 수심대로 도로변에 주차하면 된다. 수달이 출몰하므로 살림망 관리에 신경 써야 한다.

의성 비산천(구천수로)

- **장늪 정보**: 소~대짜 릴 · 대낚터, 적기(6~10월), 입질 시간(일몰~05시), 새우 · 청지렁 · 산지렁 · 미꾸라지 미끼.

   비산천은 조성지의 퇴수로로, 조성지에서 북서쪽으로 약 8km를 흘러 위천강에 합류되며, 이 8km 구간에는 10여 개의 보가 축조되어 있는데, 각 보의 둑방 길에 주차 공간이 양호해 많은 꾼들이 찾으며, 조성지가 낚시 금지된 이후 더 큰 인기를 끌고 있다.

   비산천에는 위천강과 조성지로부터 자원이 유입되며, 큰비 후 조성지에서 물이 내려오면 장어를 비롯한 강고기의 입질이 활발해진다. 6월이 되면 장어꾼 외에 비산천의 강붕어 파워에 매료된 붕어꾼들도 많이 찾는데, 굵은 산지렁이나 청지렁이를 꿰면 대물 강붕어와 장어를 함께 낚을 수 있다. 아래 세 곳의 보 낚시터는 연중 넉넉한 수량이 유지되며, 힘 좋은 강고기들이 낚이므로 채비는 투박할 정도로 강하게 해 주어야 한다.

ᶗ 포인트 안내

- 내산교 우상류 50m(의성군 구천면 내산리 102-3): 내산교 보 포인트로, 6월 말 장마 이후에 수량이 넉넉해진다. 내산교 남단에 주차하면 된다.

- 내산교 우상류 290m(유산리 산 1-1): 강폭 40m가량에, 수초가 많아 대낚시가 유리하다. 내산교 방향으로 둑방 길과 농로가 만나는 곳에 주차하면 된다.

- 유산교 좌하류 210m(유산리 82-1): 내산교 포인트의 1.7km 상류권으로, 강폭 100m가량에 수로 중앙부에 수초가 많다. 둑방 길에 주차하면 된다.

의성 용천지

- **장낚 정보**: 중~대짜 릴·대낚터, 적기(4~10월), 입질 시간(24~05시), 새우·산지렁·청지렁·미꾸라지 미끼.

용천지는 2만 평 규모의 준계곡형 양수지로, 농번기인 4월부터 낙동강의 물을 퍼 올려 언제나 물이 풍부하며, 그로 인해 5~6월 배수기에도 무난한 조황이 유지된다. 주 서식 어종은 장어, 메기, 가물치, 동자개, 붕어, 잉어, 배스 등으로, 장어 미끼는 새우와 지렁이가 좋으나 잡고기가 많으므로 미끼를 넉넉히 준비해 가야 한다. 장어 입질은 24시가 넘은 깊은 밤에 들어오는 경우가 많고, 굵은 씨알 위주로 입질하므로 채비를 강하게 준비해야 한다. 주 포인트인 중상류권은 뻘이 깊고, 연과 부들이 많아 언제나 기본 조황을 보여 주는 곳이지만, 진입로와 수면 사이에 논이 자리하고 있어 농로에 주차 후 수면까지 도보 진입해야 하는 불편이 따른다.

⅄ 포인트 안내

- 우최하류 홈통(의성군 다인면 삼분리 701): 전천후터, 1~2m 수심대로, 봄가을에 조황이 좋고, 제방 우측 끝에 주차하면 된다.

- 제방의 동쪽 부분(삼분리 692): 9~10월터, 3~4m 수심대로, 2m 이내의 수심을 노리도록 한다. 제방의 동쪽 끝에 주차 후 약 60m 걸어 들어가면 된다.

- 제방의 서쪽 부분(삼분리 659-1): 9~10월터, 3~4m 수심대로, 제방의 서쪽 끝에 주차 후 약 40m 도보 진입하면 된다.

의성 위천강

- **장낚 정보**: 소~대짜 대낚터, 적기(4~10월), 입질 시간(일몰~05시), 새우 · 징거미 · 산지렁 · 청지렁 · 미꾸라지 미끼.

위천강은 군위군의 군위호에서 발원해, 상주시 우물리권에서 낙동강에 합류되기까지 총연장 120km를 흐르는 하천으로, 경북에서 제일 길다. 위천강의 주요 포인트는 신하수로, 용무수로, 팔등소 등이 있고, 낚이는 어종은 낙동강계의 어종과 유사하다.

장어 미끼는 새우와 지렁이, 미꾸라지를 많이 쓰는데, 외래종과 강고기의 성화가 심해, 시간대별로 미끼의 종류를 달리하는 요령이 필요하다.

↳ 포인트 안내

- 신하수로(의성군 단북면 신하리 592-1): 신하수로 상류권의 저수지들과 위천강의 자원이 유입된다. 4월과 7월, 9~10월에 대물급 강고기가 잘 낚인다.

- 용무수로(의성군 다인면 용무리 산 9): 폭 20m의 농수로로, 큰비 후 논에서 탁수가 내려오면, 산지렁이나 미꾸라지를 주워 먹기 위해 굵은 장어가 모여든다.

- 팔등소(용무리 207): 위천강의 본류권으로, 수심이 3~4m로 깊다. 수몰 나무가 많아 보트꾼과 연안꾼이 많으며, 차 앞 낚시가 가능하다.

의성 쌍계천

- **장낚 정보**: 소~대짜 릴 · 대낚터, 적기(5~10월), 입질 시간(24~05시), 새우 · 청지렁 · 산지렁 · 미꾸라지 미끼.

쌍계천은 위천강의 지류천으로, 의성군의 문봉산과 청송군의 구무산 사이에서 발원해, 서쪽으로 40km를 흘러 위천강의 좌중류권으로 유입된다. 쌍계천 줄기에는 보가 12개나 축조되어 있어 아무 때나 출조해도 포인트 걱정은 할 필요가 없다. 각 보마다 낚시도 잘되는 편으로, 5월에서 10월 사이에 단골꾼이 많이 찾는다. 장어를 포함해 낙동강계의 어종이 낚이며, 새우나 지렁이 등의 장어 생미끼에는 블루길의 성화가 심해, 미꾸라지를 많이 쓴다. 물이 맑고 수심이 얕아 심야 시간대에 입질이 든다.

ᛌ 포인트 안내

- 새 보(의성군 봉양면 구산리 1606-2): 탑산교의 우상류권으로, 1m 수심의 수초권 포인트다. 나무 그늘이 좋고, 차 앞 낚시도 가능하다.

- 삼산보(삼산리 786-1): 자갈 바닥에 1m 수심의 수초권이다. 잡고기로는 메기가 잘 붙는다. 마을 쪽으로 주차 공간이 넉넉하다.

- 탑리보(의성군 금성면 대리리 883-2): 강폭이 130m에 이르나 절반이 수초로 덮여 있다. 외래종의 성화가 적다. 차 앞 낚시가 가능하다.

예천군 1선

예천 낙동강 효갈리 상풍교권

- **장뉘 정보**: 소~대짜 릴·대낚터, 적기(5~10월), 입질 시간(23~05시), 산지렁·청지렁·미꾸라지 미끼.

낙동강 효갈리 상풍교 포인트는 상주보 우상류 9.5km 지점으로, 상풍교를 중심으로 포인트가 두 곳으로 나뉘는데, 한 곳은 상풍교 동쪽 끝단 교각 밑 릴 포인트이고, 또 한 곳은 상풍교 좌하류 950m권을 기준으로 상·하류 200m 구간의 대낚시 포인트다.

⌥ 포인트 안내

- 상풍교 동쪽 끝(예천군 풍양면 낙상리 1271-4): 릴 교각치기 포인트로, 좌측 주소에 주차 후 약 170m 걸어가야 한다. 4륜 SUV는 수면까지 진입할 수 있다.

- 상풍교 좌하류 950m(효갈리 811): 1~2m 수심대로 붕어꾼이 많은데, 붕어 입질이 끊기는 23시부터 장어 낚시에 들어가면 된다. 차 앞 낚시가 가능하다.

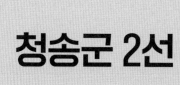

청송군 2선

청송 반변천 새마을 합강교 우하류

- **장낚 정보**: 소~대짜 릴·대낚터, 적기(4~5월, 7~8월), 입질 시간(일몰~05시), 산지렁·청지렁·미꾸라지 미끼.

- 영양 반변천 참조 요망 -

포인트 안내

• 새마을 합강교 우하류(청송군 진보면 합강리 53-7): 반변천의 하류권으로, 합강교에서 우하류 약 300m 구간이 포인트다. 차 앞 낚시가 가능하다.

청송 용전천(용대보)

- **장낚 정보**: 소~대짜 릴·대낚터, 적기(5~9월), 입질 시간(일몰~24시), 산지렁·청지렁·미꾸라지 미끼.

용전천은 청송군 구암산 계속에서 발원해, 총연장 55km를 흘러 임하호의 우측 골 최상류권에 유입된다. 용전천에는 보 낚시터가 여러 개 있으나, 그중 용대보의 규모가 크고 인기가 많다. 용전천의 주 서식 어종은 장어, 메기, 붕어, 잉어, 돌고기 등으로, 외래종도 유입되어 있으나 생미끼에 대한 성화가 심하지 않고, 오히려 임하호로부터 올라붙은 잡고기의 성화가 많다. 굵은 강고기가 입질하여 대를 차고 나가는 경우가 있으므로 반드시 뒷줄을 매어 놓도록 한다.

↳ 포인트 안내

- 용대보 좌중류(청송군 청송읍 덕리 산 11-5): 좌측 주소의 상류 200m권이 포인트로, 물이 맑아 원투낚시가 좋다. 도로변에 주차하면 된다.

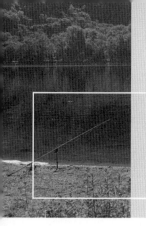

칠곡군 3선

칠곡 낙동강 강정고령보권

- **장낚 정보**: 소~대짜 릴·대낚터, 적기(6~8월), 입질 시간(일몰~23시), 새우·산지렁·청지렁·미꾸라지 미끼.

　강정고령보권 낚시터는 강정고령보에서 상류 방향으로 칠곡보까지 약 26km 구간을 말한다. 이 구간 내 포인트는 모두가 낙동강 본류권 포인트로, 주로 낙동강의 서쪽 연안에서 낚시를 한다. 서쪽 연안에서 수초와 수몰 나무가 있는 곳은 모두 포인트가 되며, 주로 대물 장어와 4짜 강붕어, 쏘가리 등이 낚인다.

↳ 포인트 안내

- 강정고령보 좌상류 18km(칠곡군 기산면 노석리 18): 좌측 주소의 상·하류 각 150m 구간이 포인트로, 연안에 수몰 나무와 수초가 많다. 낙동강의 서쪽 강변도로에서 '노석리 22-1' 지점에 이르면 동쪽으로 난 비포장 길이 있다. 이 길로 수면까지 진입한다. 차 앞 낚시가 가능하다.

칠곡 낙동강 칠곡보권

- **장낚 정보**: 소~대짜 릴·대낚터, 적기(5~10월), 입질 시간(일몰~02시), 새우·청지렁·산지렁·미꾸라지 미끼.

칠곡보는 칠곡군 관호리 부근의 낙동강 본류에 설치된 보로, 상류 방향 구미보까지 약 28km 구간을 말한다. 이 구간에는 오토캠핑장, 물놀이장, 수변공원, 체육공원, 야구장 등 주민 복지를 위한 위락시설이 많다. 칠곡보 구간에서는 칠곡보에서부터 상류 5km 구간에서 낚시가 성행하며, 대낚시와 릴낚시에 대물 장어와 4짜 강붕어가 낚인다.

↳ 포인트 안내

- 칠곡보 좌상류 1km(칠곡군 약목면 덕산리 1-1): 수변공원 앞 포인트로, 2m 수심의 수초권이다. 대낚시 26~42칸이 적당하다. 공원 주차장이 있다.

- 칠곡보 우상류 1km(칠곡군 석적읍 중지리 235-1): 덕산리 수변공원 맞은편의 2m 수심대로, 포인트 바로 뒤 도로변에 주차하면 된다.

- 칠곡보 우상류 2.5km(포남리 1613): 석축 포인트와 수몰 나무 포인트가 공존한다. 대낚시 포인트로, 대물 붕어도 함께 낚인다. 차 앞 낚시가 가능하다.

- 칠곡보 좌상류 5km(칠곡군 북삼읍 오평리 369-1): 덕포대교 좌상류 1.3km 지점으로, 1~2m 수심의 수초대 포인트다. 일몰 시점부터 23시까지 입질이 잦다. '오평리 361-5'까지 간 다음 강변서로 밑으로 난 굴다리를 통과해 수면으로 진입할 수 있다.

칠곡 이언천(지천수로)

- **장낚 정보**: 소~대짜 릴·대낚터, 적기(5~10월), 입질 시간(20~02시), 산지렁·청지렁·미꾸라지 미끼.

이언천은 칠곡군 황학산과 소학산 사이의 계곡에서 발원해, 남쪽으로 20km를 흘러, 금호강의 좌하류권에 유입된다. 주 서식 어종은 장어, 메기, 가물치, 동자개, 붕어, 잉어, 외래종 등으로, 최근에는 배스 루어터로 인기가 많다.

이언천은 최하류권 위주로 낚시가 이루어지며, 최하류 용산교에서 상류 방향으로 네 곳의 포인트가 있다. 이언천 하류권은 강폭 25m에, 수초가 많은 1~2m 수심대로, 큰비 후 금호강의 자원이 유입되어 낚시가 잘된다. 장어 미끼는 산지렁이와 청지렁이, 미꾸라지를 많이 쓰며, 지렁이에 블루길의 성화가 심한 경우 미꾸라지로 바꿔 주도록 한다.

ᘖ 포인트 안내

- 용산교 좌상류(대구시 달성군 다사읍 박곡리 692-5): 1.5m 수심대로, 용산교 서쪽 끝에 수면으로 가는 비포장 길이 있고, 물가에 주차하면 된다.

- 용산리 보(칠곡군 지천면 용산리 53-1): 강폭이 약 40m로 갈수기에도 낚시가 가능한 수심이 유지된다. 차 앞 낚시가 가능하다.

- 지천역 뒤편(용산리 219-1): 강폭 20m로, 다리 양 끝에 주차하면 된다.

- 이언천교 좌상류(용산리 121-1): 차량 소음이 있다. 차 앞 낚시가 가능하다.

④

경남 59선

거제시 5선

거제 거제지(홍골못)

- **장낚 정보**: 소~대짜 릴·대낚터, 적기(6~8월), 입질 시간(일몰~04시), 새우·산지렁·청지렁·미꾸라지 미끼.

거제지는 거제시청의 서남단 3.5km 지점에 위치한 2만 평 규모의 계곡지로, 오염원이 없는 청정 수역에 주변 경관이 수려하다. 퇴수로는 서정천에 유입되며, 서정천은 다시 남서쪽으로 1.7km를 흐른 뒤 거제도 서쪽 바다로 유입된다. 거제지에는 장어 외 가물치, 메기, 붕어, 잉어, 배스 등이 서식하며, 배스로 인해 잔챙이 고기는 잘 낚이지 않고, 장어와 4짜급 붕어가 낚인다.

장어 낚시는 장마철 오름 수위에 큰 조황이 터지며, 장어 미끼는 새우, 청지렁이, 산지렁이를 많이 쓴다. 새우는 현장 채집이 되지 않아 외부에서 준비해 가야 한다. 거제도권 민물에는 동사리가 많아 지렁이 낚시에 지장을 주는데, 이때는 몸체가 굵은 청지렁이나 미꾸라지를 꿰어 주면 좋다. 새우는 굵은 놈을 골라 꼬리 꿰기를 하여 물속에서 살아 있도록 하면 동사리의 성화를 줄일 수 있다.

↳ 포인트 안내

• 좌최상류(거제시 거제면 서상리 113-3): 새 물이 유입될 때 좋은 포인트다. 차 앞 낚시가 가능하다.

- 좌하류(서상리 산 14-2): 4~5m 수심대로, 진입로에 주차하면 된다.

- 우상류(서상리 산 22-4): 새 물이 유입되면 좋다. 진입로에 주차하면 된다.

- 우하류(서상리 산 23-3): 무넘기 옆 4~5m 수심대로, 진입로에 주차하면 된다.

거제 동부지

- **장낚 정보**: 소~대짜 릴·대낚터, 적기(5~8월), 입질 시간(20~04시), 새우·산지렁·청지렁·미꾸라지 미끼.

동부지는 거제시청 남단 7.5km 지점에 위치한 6만 평 규모의 계곡지로, 주 서식 어종은 장어, 메기, 붕어 등이며, 동부지는 통상 비가 온 뒤에 조황이 좋아진다. 퇴수로인 산양천은 무넘기에서 3.6km를 흘러 거제도의 서쪽 바다에 유입되는 기수역으로, 이곳에도 장어가 많아, 대낚시로 아기자기한 장어 낚시를 즐길 수 있다. 장어 미끼는 새우와 산지렁이가 잘 먹힌다.

↳ 포인트 안내
- 좌하류 배터(거제시 동부면 구천리 414): 전천후터, 2m 수심대로, 20시 이후에 집중하면 좋다. 도로변에 주차하면 된다.

- 좌상류(구천리 967-21): 갈수기에도 수심이 2~3m로 깊고, 새 물이 유입되면 입질이 더욱 좋아진다. 차 앞 낚시도 가능하다.

- 퇴수로 산양천(거제시 동부면 산양리 147-1): 갈수기에도 2m 수심이 유지되며, 소~중짜급 장어가 잘 낚인다. 개구리 주차를 해야 한다.

거제 오비지

- **장낚 정보**: 대짜 릴터, 적기(5~8월), 입질 시간(일몰~04시), 새우·참붕어·청지렁·산지렁·미꾸라지 미끼.

　오비지는 거제시청의 북쪽 약 5km 거리의 산속에 들어앉은 5천 평 규모의 계곡지로, 사방이 산으로 둘러싸여, 만수위에는 제방에만 접근이 가능하고, 물이 빠져야만 상류권으로 진입할 수 있다. 오비지는 포인트가 극히 제한되어 낚시꾼의 왕래도 적고, 낚시로 인한 자원 유출도 거의 없기 때문에 대물 위주로 공략하는 것이 좋다. 장어 생미끼에 잡어의 성화도 적어, 미끼를 자주 갈아 꿰는 수고를 하지 않아도 된다.

↳ 포인트 안내

- 제방의 남쪽 끝(거제시 연초면 오비리 375-4): 제방의 좌·우측 끝이 주 포인트로, 진입로 끝에 주차 후 제방의 남쪽 끝까지 약 30m 걸어가면 된다.

거제 이목지

- **장낚 정보**: 소~대짜터, 적기(5~8월), 입질 시간(일몰~23시), 새우·참붕어·청지렁·산지렁·미꾸라지 미끼.

　이목지는 4천 평 규모의 소형 계곡지로, 규모는 작으나 수심이 깊다. 중상류권 수심은 2~3m, 제방권 수심은 5~6m로, 만수위에는 중상류권에서의 갓낚시가 좋고, 갈수기에는 중하류권이나 제방권에서의 릴낚시가 좋다.

　퇴수로는 600m 서쪽의 연초호로 유입되며, 연초호의 퇴수로는 다시 남서쪽으로 6.5km를 흘러 바다로 빠져나가는 구조로, 연초호의 자원이 이목지로 유입된다. 수심이 깊은 중하류권에는 수초가 자라지 않고, 상류권에만 소량의 뗏장과 갈대가 자란다. 주 서식 어종은 장어, 가물치, 동사리, 붕어, 잉어, 참붕어, 새우 등으로, 장어 미끼는 새우와 지렁이를 많이 쓰며, 동사리의 성화가 심하다. 새우는 여러 마리를 꿰어 주고, 지렁이는 누벼 꿰면 좀 더 오래 버틸 수 있다.

↳ 포인트 안내

- 좌상류(거제시 연초면 이목리 37-1): 오름 수위터, 새 물이 유입되는 포인트로, 뗏장과 갈대가 듬성듬성 자란다. 진입로와 주차 공간이 협소하다.

- 제방의 남쪽 끝(이목리 산 45-4): 갈수기터, 제방의 남쪽 끝에 주차하면 된다.

거제 지석지(장좌지)

- **장낚 정보**: 소~대짜 마릿수터, 적기(6~8월), 입질 시간(일몰~23시), 새우·청지렁·산지렁·미꾸라지 미끼.

　지석지는 3천 평 규모의 해안가 계곡지로, 거제시청 서쪽 10km 지점의 외진 곳에 있으며, 약 2km 길이의 퇴수로를 통해 거제도의 서쪽 바다와 연결된다. 장어와 붕어 등의 자원이 많아 새우 미끼에도 소짜급 장어가 잘 낚인다. 미꾸라지나 청지렁이를 꿰어 굵은 씨알을 노리는 것이 좋다.

↳ 포인트 안내

- 좌하류(거제시 사등면 지석리 554): 전천후터, 진입로에서 가깝고, 제방 좌측 끝에 있는 공터나 진입로 가에 주차하면 된다.

거창군 2선

거창 고제지(거창지)

- **장낚 정보**: 대물 릴·대낚터, 적기(4~10월), 입질 시간(일몰~23시), 새우·청지렁·산지렁·미꾸라지 미끼.

고제지는 깊은 산속 7만 평 규모의 계곡지로, 풍광이 수려하고 물이 맑아 여름철 피서터로 인기가 있다. 퇴수로는 합천호 상류권의 황강 줄기와 연결되며, 주 서식 어종은 장어, 메기, 동자개, 붕어, 잉어 등으로, 외래종은 아직 보이지 않는다.

고제지의 장어 낚시는 꽝 아니면 대물 위주로 해야 한다. 미끼는 산지렁이와 청지렁이가 좋은데 메기와 동자개가 함께 낚인다. 동자개의 성화가 심하면, 미꾸라지로 바꿔 주는 것이 좋다.

↳ 포인트 안내

- 우최상류 새물부(거창군 고제면 개명리 245): 새물이 유입되는 2~3m 수심대로, 차 앞 낚시가 가능하다.

- 우상류(개명리 183-1): 2m 수심의 오름 수위 포인트다, 진입로에 주차하면 된다.

- 우하류 골(농산리 산 116-14): 돌출부와 홈통 포인트가 함께 있다. 배수기에는 돌출부에 앉고, 오름 수위에는 홈통 포인트에 앉는 것이 좋다. 진입로에 주차하면 된다.

- 우최하류 홈통(농산리 산 113-8): 수심이 3~5m로 깊어, 갓낚시가 좋다. 도로변에 주차하면 된다.

- 좌최상류(개명리 167-1): 3m 수심의 돌바닥 포인트다. 도로변에 주차 후 30m 도보 진입해야 한다.

- 좌중상류 새 물부(개명리 99-3): 만수위에 2~3m 수심을 보이며, 새 물이 유입될 때만 입질이 든다. 갈수기에는 남쪽으로 30m가량 내려와 산 앞 돌출부에 자리하여 본류를 향해 릴 원투를 하면 좋다. '개명리 97-2'에 주차 후 북동쪽으로 30m가량 도보 진입해야 한다.

- 좌하류 홈통(농산리 1207-1): 2m 수심대로, 차 앞 낚시가 가능하다.

- 제방의 남서쪽 끝 무넘기 부(농산리 930): 3~4m 수심대로, 채비를 수중 석축 끝 지점에 놓이도록 하면 좋다. 제방에 주차할 수 있다.

거창 황강

- **장낚 정보**: 릴 대물터, 적기(6~8월), 입질 시간(일몰~05시), 새우·징거미·산지렁이·청지렁이·미꾸라지 미끼.

거창권 황강은 합천호의 상류권 구간으로, 6~8월 첫 장맛비가 내리면 합천호에서 올라붙은 대물 장어가 출몰한다. 황강의 북쪽 연안을 지나는 24번 국도 옆 넓은 공간에 주차 후 약 50m 내려가면 수면에 닿는다.

- 거창군 황강(거창군 남하면 대야리 산 129-7): 돌바닥 포인트로 장어, 메기, 동자개 등이 잘 낚이며, 밑걸림을 감안해 버림추 채비를 달고, 맞은편 산 쪽으로 장타를 날리면 된다.

고성군 1선

고성 삼봉지

- **장낚 정보**: 해안가 대물터, 적기(5~8월), 입질 시간(일몰~23시), 새우·참붕어·산지렁·청지렁·미꾸라지 미끼.

삼봉지는 3만 평 규모의 해안가 계곡지로, 경관이 수려하고 수질이 좋아 여름철 피서를 겸한 대물 장어터로 좋다. 퇴수로인 장지천은 동남쪽으로 3.3km를 흘러 고성 앞바다로 유입되며, 장지천을 통해 자원이 유입된다. 주 어종은 장어, 메기, 동사리, 붕어, 잉어, 참붕어, 새우 등으로, 아직 외래종이 유입되지 않아 잔챙이 먹이 고기가 풍부하다.

삼봉지는 몽리 농지가 많아, 농번기에 극심한 배수 상태로 5~6월을 보내다가, 6월 말부터 오름 수위를 만나면 새 물 유입부나 중상류권에서 대물 장어의 폭발적인 입질이 터진다. 퇴수로인 장지천에도 장어가 많으나 씨알이 잘다.

포인트 안내

• 최상류 돌출부(고성군 삼산면 장치리 979-2): 만수위 릴터, 2~3m 수심대로, 차 앞 낚시가 가능하다.

• 우하류(장치리 산 60-2): 배수기에 제방 쪽으로 릴 중타를 치면 좋다. 도로변에 주차하면 된다.

- 좌하류 무넘기 부(장치리 1155-3): 갈수기터, 3~4m 수심의 대물 장어 명당이다. 제방의 남쪽 끝부분에 주차 후, 제방을 통해 도보 진입해야 한다.

- 장지천 좌상류(장치리 125): 소~중짜급 포인트다.

김해시 2선

김해 주천강 진영읍 공설운동장 앞

- **장낚 정보**: 소~중짜 대낚터, 적기(4~10월), 입질 시간(22~05시), 산지렁·청지렁·미꾸라지 미끼.

　주천강은 주남지와 동판지의 퇴수로로, 주남지의 무넘기에서 북동쪽으로 약 10km를 흘러 낙동강의 좌하류권에 유입되는 하천으로, 강이라 하기에는 규모가 작지만, 상류의 주남지와 동판지, 하류의 낙동강으로부터 유입되는 자원이 많아 연중 낚시가 성행한다.

　진영읍 공설운동장 앞 포인트는 접근이 편리하고, 주차 공간도 넉넉해 주천강 포인트 중 단연 인기다. 장어 미끼는 산지렁이나 청지렁이가 좋으며, 초저녁에는 잡고기의 성화가 심해 22시 이후부터 낚시에 집중하는 것이 좋다. 낚이는 어종은 장어 외 메기, 동자개, 붕어, 잉어, 외래종 등이다.

↳ 포인트 안내

- 주천교 좌하류(김해시 진영읍 진영리 1278-4): 4~10월터, 주천교 좌하류 1km 구간이 주 포인트로, 1m 수심의 줄풀권이다.

김해 화포천

- **장뉴 정보**: 소~대짜 대낚터, 적기(3~11월), 입질 시간(24~05시), 산지렁·청지렁 미끼.

화포천은 창원시 대암산에서 발원해, 북쪽으로 18km를 흘러 낙동강의 좌하류권으로 흘러든다. 화포천의 하류에는 국내 최대의 하천 습지인 '화포천 습지공원'이 있다. 습지 보호를 위해, 화포천의 하류권 오서교에서부터 상류 설창교까지 7km 구간이 낚시 금지구역으로 묶여 있다.

화포천의 주 어종은 장어, 가물치, 메기, 동자개, 붕어, 잉어, 배스 등이며, 큰비가 오면 습지공원의 자원이 올라붙어 중상류권에서 떼 고기 사태가 나기도 한다. 화포천 포인트는 크게 세 곳으로. 중상류권의 진례수로와 최하류권 모정수로, 화포천의 낙동강 합수부 서쪽의 시산리 샛강이 주 포인트다.

ᶘ 포인트 안내

- 진례수로 우렁이 양식장 앞(김해시 진례면 청천리 122-2): 양식장 앞에서 하류 1km 구간은 양식장에서 배출된 온수가 내려오는 곳으로, 초봄과 초겨울에 좋다. 차 앞 낚시가 가능하다.

- 모정수로 합수부 수문 우상류(김해시 한림면 시산리 127-39): 화포천의 최하류 수문에서 상류 금곡교까지 1.2km 구간이 포인트로, 편한 곳에 자리하면 된다.

- 모정수로 수문 좌하류(시산리 127-18): 3~4월과 9~10월 수문이 닫혀 있는 시기에 수문 근처를 노리면 좋다. 수문의 좌하류권으로 진입한다.

- 낙동강 시산리 샛강 잠수교 남단(시산리 85-81): 잠수교 양안 상·하류권이 모두 포인트다. 수로 주변에 주차하면 된다.

남해군 7선

남해 광두지

- **장낚 정보**: 소~중짜 마릿수터, 적기(3~11월), 입질 시간(일몰~05시), 새우·산지렁·청지렁 미끼.

광두지는 5천 평 규모의 해안가 계곡지로, 바다와 600m가량 떨어져 있다. 주 어종은 장어, 가물치, 붕어, 잉어, 참붕어, 새우, 참게 등으로, 장어는 3월부터 8월 사이에 입질이 잦다. 미끼는 새우가 1순위 지렁이가 2순위다.

광두지는 동네 주민이 수년에 한 번씩 물을 빼고 고기를 잡아내거나, 가뭄이 들면 물이 말라 버리지만, 1~2년만 지나면 다시 회복되어 낚시가 잘된다.

포인트 안내

- 최상류(남해군 이동면 초음리 806-1): 2m 수심대로, 제방 중앙부와 마주 보는 포인트다. 진입로가 넓고 주차가 쉽다.

- 제방의 남쪽 끝(초음리 986): 3m 수심대로, 진입로 끝에 주차할 수 있다.

남해 난음지

- **장낚 정보**: 소~중짜 마릿수터, 적기(4~11월), 입질 시간(일몰~05시), 새우·참붕어·산지렁·청지렁·미꾸라지 미끼.

난음지는 3천 평 규모의 계곡지로, 전역이 낚시에 적합한 2~3m의 수심대다. 퇴수로는 난음천과 연결되고, 난음천은 서쪽으로 1.2km를 더 흘러 남해로 유입된다. 주 어종은 장어, 붕어, 잉어, 참붕어, 새우, 참게 등으로, 중·상류권에서 새우나 참붕어, 지렁이 미끼에 마릿수 장어가 낚인다.

난음지는 수면 전체가 일조량이 많은 양지에 놓여 있어 초겨울까지도 장어 낚시가 되나, 진입로와 수면 사이에 농지가 있어 차 앞 낚시 포인트가 없는 것이 아쉽다.

↳ 포인트 안내

- 우중상류(남해군 이동면 난음리 266-1): 1m 수심의 갈대권으로, 진입로에 주차 후 30m가량 걸어 들어가야 한다.

- 우중류(난음리 266-2): 2m 수심의 밭둑 포인트로, 밭 사이 농로를 통해 진입한다. 주차 공간이 좁아 2~3명가량 출조하면 좋다.

남해 남치지

- **장낚 정보**: 소~대짜 마릿수터, 적기(6~8월), 입질 시간(일몰~05시), 새우·참붕어·산지렁·청지렁 미끼.

남해도의 북단에 위치한 남치지는 2만 4천 평 규모의 계곡지로, 퇴수로인 대사천은 남서쪽으로 3.6km를 흘러 남해도의 서쪽으로 빠져나가며, 대사천의 자원이 유입된다. 주 서식 어종은 장어, 메기, 동자개, 붕어, 잉어, 피라미, 참붕어, 새우, 참게, 자라 등이며, 아직 외래종은 보이지 않는다.

남치지는 상류권이라도 수심이 3~4m로 깊고, 만수위에는 앉을 자리도 거의 없어 배수 후 수위가 안정되는 6월~8월 사이에 출조하면 좋다. 장어 미끼는 새우와 지렁이가 좋고, 여름철 오름 수위에는 릴과 대낚시에 밤새 입질을 받을 수 있다. 자생 새우를 잡아 미끼로 쓰면 좋다.

↳ 포인트 안내

- 우최상류(남해군 고현면 남치리 465): 새 물이 유입되면 대물이 붙는 자리로, '남치리 463-2'에서 좌회전해 160m 가면 주차할 수 있다. 2018. 7월(새우, 대짜 1수 외).

- 우상류 밭 앞(남치리 597): 1.5m 수심대로, 남치지 최고의 명당이다. '남치리 595-9'에 주차 후 밭 사이로 60m가량 걸어 들어가야 한다.

- 우중류(남치리 639-1): 갈수기터, 주차 공간이 넓다.

- 좌중류(남치리 795-1): 갈수기터, 도로변에 주차하면 된다.

남해 대곡지

- **장낚 정보**: 대물 릴터, 적기(4~8월), 입질 시간(일몰~05시), 새우·징거미·참붕어·산지렁·청지렁·미꾸라지 미끼.

대곡지는 1만 2천 평 규모의 계곡지로, 상류에 오염원이 없어 수질이 매우 좋고, 바닥에는 돌과 암반이 많아 내물 장어가 서식하기에 좋은 환경이다. 퇴수로인 대곡천은 2.3km 동쪽 바다로 연결되어 장어 유입의 통로가 된다.

장어 외 어종은, 가물치, 붕어, 잉어, 배스, 참붕어, 징거미, 새우 등으로, 장어 미끼는 새우와 참붕어, 징거미, 지렁이를 많이 쓰나, 징거미의 성화가 만만치 않다. 이때는 굵은 징거미를 산 채로 꿰거나, 참붕어나 미꾸라지를 살려 꿰면 된다. 5월경 농번기에 배수가 시작되면 입질이 완전히 끊기나, 배수 후 수위가 안정되는 6월과, 6월 말부터 7월 중순까지 오름 수위에 다시 입질이 살아난다.

↳ 포인트 안내

- 우상류(남해군 고현면 대곡리 907): 부들권 새 물 포인트로, 적정 수위만 유지되면 연중 최고의 포인트가 된다. 진입로 끝에 주차하면 된다.

- 좌하류(대곡리 산 118-6): 무넘기의 상류권으로, 제방으로 차량이 진입할 수 있다.

남해 상신못

- **장낚 정보**: 소~중짜 마릿수터, 적기(4~10월), 입질 시간(일몰~04시), 새우·산지렁·청지렁·미꾸라지 미끼.

상신못은 남해도의 동쪽 섬 창선도 내 2천 평가량의 작은 못이지만, 바다와 1km밖에 떨어져 있지 않아 장어 자원이 풍부하게 유입된다. 주 어종은 장어, 메기, 가물치, 동자개, 붕어, 잉어, 참붕어, 새우 등으로, 새우와 지렁이 미끼에는 동자개의 성화가 있긴 하나, 소짜급 장어가 마릿수로 낚이며, 미꾸라지에는 좀 더 굵게 낚인다. 전역이 포인트로 32칸 이상의 긴 대로 공략하는 것이 좋다.

↳ 포인트 안내

- 우상류(남해군 창선면 상신리 201-5): 새 물이 유입되는 수초권으로, 36칸 이상의 긴 대가 좋다. 차 앞 낚시가 가능하다.

남해 연죽지

- **장낚 정보**: 소~대짜 릴·대낚터, 적기(6~10월), 입질 시간(일몰~05시), 징거미·산지렁·청지렁·미꾸라지 미끼.

연죽지는 남해도 내 2만 평 규모의 계곡지로, 퇴수로는 서쪽으로 4.5km 흘러 바다로 빠져나간다. 주 어종은 장어, 메기, 붕어, 잉어, 징거미 등이며, 장어 미끼는 징거미와 지렁이가 좋다. 대물 장어가 서식하므로 굵은 미끼 위주로 꿰어 주는 것이 좋다.

연죽지는 중상류권을 중심으로 수초가 자라며, 만수위에는 진입로가 나 있는 우안에 포인트가 많다. 좌안은 갈수기에 물이 빠져야만 진입할 수 있다.

↳ 포인트 안내

- 우중류 돌출부(남해군 서면 연죽리 산 12): 2~3m 수심의 특급 포인트로, 도로변에 주차하면 된다.

- 좌하류(연죽리 864): 산 앞 1~2m 수심대로, 갈수기에만 진입할 수 있다.

남해 죽전리 방죽

- **장낚 정보**: 소~중짜터, 적기(4~11월), 입질 시간(일몰~05시), 새우·참붕어·산지렁·청지렁 미끼.

삼각형 모양의 죽전리 방죽은 남해도의 서남쪽 양지천변 4천 평 규모의 해안가 늪지로, 남해도의 서쪽 바다에서 1.4km밖에 떨어져 있지 않다. 중앙부를 제외한 전역에 수초가 가득 들어차 있어, 한때 장어 양식장으로 이용되기도 했다.

주 어종은 장어 외 붕어, 잉어, 참붕어, 새우 등으로, 장어 미끼는 자생 새우와 참붕어, 지렁이를 많이 쓴다. 전역이 포인트가 되어 주나, 북쪽 제방과 남쪽 제방은 앉을 자리가 편하고, 서쪽 제방은 바람을 등질 수 있어 좋다. 강풍이 불면 입질이 끊기므로, 미리 쉬어 두었다가 바람이 자면 다시 낚시에 집중하는 것이 좋다.

↳ 포인트 안내

- 남쪽 제방(남해군 남면 죽전리 1153-6): 제방 위에 주차할 수 있다. 출조 당일 풍향을 보고 바람을 등질 수 있는 곳에 자리하면 된다.

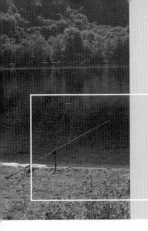

사천시 10선

사천 곤양지(송전지)

- **장낚 정보**: 소~대짜 릴·대낚터, 적기(4~10월), 입질 시간(일몰~04시), 새우·참붕어·산지렁·청지렁·미꾸라지 미끼.

곤양지는 3만 6천 평 규모의 준 계곡지로, 남북으로 길쭉한 모양을 하고 있다. 퇴수로는 남쪽 900m 지점을 흐르는 곤양천에 합류되고, 곤양천은 다시 3.5km 남쪽의 사천만으로 유입된다.

곤양지의 주 서식 어종은 장어 외 강고기와 기수역 어종이 많아, 장어 미끼의 훼손이 심하다. 다양한 미끼를 투입해 가며, 잡어의 성화를 줄이는 것이 가장 중요하다. 중상류권 연안은 수초 주변으로 포인트가 형성되며, 봄에는 상류권, 여름에는 중·하류권이 좋다. 특히 좌중류권 수초대가 인기 포인트다.

↳ 포인트 안내

- 우상류 돌출부(사천시 곤양면 송전리 439-2): 만수위 수심 3m권으로, 릴과 대낚시가 가능하다. 도로변에 주차하면 된다.

- 좌중류(송전리 29): 수초권 1m 수심대로, 차 앞 낚시가 가능하다.

사천 구룡지

- **장낚 정보**: 대물터, 적기(4~10월), 입질 시간(20~05시), 새우 · 산지렁 · 청지렁 · 미꾸라지 미끼.

사천시의 구룡산과 이구산 사이를 막아 축조된 구룡지는, 11만 평 규모의 계곡지로, 경관이 수려하고 물이 맑아 여름철 피서터로 좋다. 퇴수로는 서쪽으로 7km를 흘러 사천만과 연결되며, 사천만으로부터 장어 치어가 유입된다. 주 어종은 장어, 붕어, 잉어, 피라미, 납자루, 배스 등으로, 대물 장어와 대물 붕어가 잘 낚인다.

구룡지는 규모에 비해 포인트가 매우 적다. 좌안은 산으로 막혀 진입이 어렵고, 우안은 1001번 지방도로가 지나고 있어 겨우 포인트 진입은 가능하다. 하지만 만수가 되면 우안에도 상류권 일부에만 앉을 수 있다. 구룡지는 전체적으로 상당량의 배수가 되어야만 포인트가 많아지며, 조과도 나아진다.

↳ 포인트 안내

- 우상류(사천시 사남면 우천리 1284-3): 만수위 2~3m 수심대로, 4월부터 릴낚시에 대물이 붙는다. 진입로 끝에 주차한다. 2018. 4월(청지렁이, kg급 1수).

- 우중류(우천리 산 250-9): 배수기에만 진입할 수 있다. 도로변에 주차한다.

사천 구평천

- **장낚 정보**: 소~중짜 기수역 마릿수 터, 적기(6~9월, 큰비터), 입질 시간(일몰~23시), 산지렁 · 청지렁 · 참붕어 · 미꾸라지 미끼.

구평천은 잔드리지의 퇴수로이며, 연장 3km, 수심 1m의 소하천으로, 사천만에 합류되는 기수역이다. 규모가 작고, 수량도 적어 평소에는 장어꾼을 보기 어렵고, 큰비 후 수량이 많아질 때 반짝 낚시를 한다.

ᘉ 포인트 안내

- 우중류(사천시 서포면 구랑리 133-34): 수로 폭 30m로, 대낚시가 유용하며, 좌대를 지참해야 한다. 둑방 길에 주차하면 된다.

- 우상류(구랑리 975-3): 수로 폭이 20m로 좁아지는 곳이다.

사천 노다개지(다맥지)

- **장낚 정보**: 대물터, 적기(6~10월), 입질 시간(일몰~24시), 새우·참붕어·산지렁·청지렁 미끼.

노다개지는 서포면 앞 바다와 100m 거리로 붙어 있는 7천 평 규모의 양수지로, 서쪽 200m 지점의 농수로에서 물을 퍼 올려 저장한다. 연중 물이 마르지 않고, 수초가 밀생하여 대물급 자원이 많다. 주 어종은 장어, 가물치, 동자개, 붕어, 참붕어, 새우 등이며, 외래종은 아직 유입되지 않았다.

상류 쪽은 산으로 막혀 진입할 수 없고, 제방과 좌안으로만 진입할 수 있다. 5월부터 배수가 시작되고 6월부터 마름이 수면을 덮는데, 이때부터 입질이 살아나 가을까지 조황이 이어진다.

장어 미끼는 참붕어, 새우, 지렁이를 쓰며, 일몰 시점에 소짜급 장어와 동자개가 잘 낚인다. 22시를 넘기면 잡고기의 성화도 줄어드는데, 이때 미끼를 풍성하게 달아 굵은 씨알의 장어를 노리면 좋다.

ᘉ 포인트 안내

- 좌중류 밭 앞(사천시 서포면 다평리 1010): 제방권을 제외한 유일한 연안 포인트다. 비포장 진입로 끝에 주차하면 된다.

- 제방의 동남쪽(다평리 1390-6): 2~3m 수심대로, 제방에 주차하면 된다.

사천 두량지

- **장낚 정보**: 소~대짜 릴·대낚터, 적기(5~10월), 입질 시간(일몰~02시), 산지렁·청지렁·미꾸라지 미끼.

두량지는 21만 평 규모의 대형 평지지로, 수면이 사천시와 진주시에 걸쳐 있다. 퇴수로인 중선포천은 서남쪽으로 8km를 흘러 사천만에 유입되며, 중선포천을 통해 자원이 유입된다.

주 어종은 장어 외 메기, 가물치, 붕어, 외래종 등으로, 장어 낚시는 마름이 올라오는 5월부터 시작되어 10월까지 이어진다. 장어 미끼는 현장 채집이 안 되므로, 외부에서 청지렁이나 미꾸라지 등을 미리 구입해서 들어가야 한다.

두량지는 연안 포인트 대부분이 진입로가 좁고, 주차 공간도 빈약하다. 아래 안내된 포인트는 그나마 차량 진입과 주차 환경이 좋은 곳이다.

포인트 안내

- 우최상류 금곡천 관률교권(사천시 사천읍 두량리 489-3): 6월 말 장마 이후에 두량지의 장어가 올라붙는 최상류권 수로 포인트다. 1~2m 수심에 수로 폭 15m가량으로 대낚시가 적합하다. 2013. 10월(지렁이, 소짜 1수), 2012. 8월(지렁이, 소짜 1수).

- 우상류 금곡천 하류(두량리 1080-1): 6~10월터, 1m 수심대로 새 물이 유입될 때 좋다. 합수부 주변에 주차 공간이 있다.

- 제방의 서쪽 끝(진주시 정촌면 예상리 310-1): 갈수기터, 석축권 포인트로, 제방 밑과 제방의 서쪽 끝에 주차하면 된다.

사천 두루언지

- **장낚 정보**: 소~대짜 대낚 마릿수터, 적기(4~11월), 입질 시간(24~05시), 새우·참붕어·산지렁·청지렁 미끼.

두루언지는 8천 평 규모의 해안지로, 바다와 500m 거리로 붙어 있다. 뻘 바닥에 수초가 빽빽하게 자라고 있어, 작은 수면적에 비해 장어의 개체 수가 많다. 일조량도 풍부하여 초겨울까지도 장어 낚시가 되며, 초저녁 시간보다는 24시가 넘어야 입질이 좋아진다.

두루언지 동쪽 240m 지점의 농수로와, 남쪽 450m 지점 2~3개의 둠벙에서도 장어가 낚이는데, 2~3일의 출조길이라면 하룻밤씩 돌아가며 낚시를 해 볼 만도 하다. 이 둠벙들은 갯지렁이에도 장어 입질이 든다.

포인트 안내

- 제방의 남쪽부(사천시 서포면 다평리 1433-13): 2m 수심의 수초 지대로, 연중 낚시가 가능하다. 4륜 차는 제방 도로에 개구리 주차가 가능하다.

- 좌하류 홈통(다평리 1438-5): 차 앞 낚시가 가능하다.

- 우하류 홈통(다평리 1418): 3~4대가량 주차할 수 있다.

- 남쪽 둠벙 1(다평리 1437-3): 8천 5백 평 규모의 해안가 사각 둠벙이다. 연안 20~30m 가량이 수초밭으로, 연안 접근이 어렵고 보트 낚시만 가능하다.

- 남쪽 둠벙 2(다평리 1448-2): 1천 3백 평 규모의 사각 둠벙으로, 상류 쪽에서 길이 2.5km 규모의 농수로가 연결되며, 하류 쪽으로는 저류지와 연결된다.

- 저류지(다평리 1448-1): 5천 6백 평 규모의 저류지로, 해수가 유입되는 기수역이다.

장어, 깔따구, 망둥어, 숭어 등 기수역 어종이 많다.

사천 목단천(한월수로)

- **장낚 정보**: 소~중짜 마릿수터, 적기(4~11월), 입질 시간(일몰~23시), 산지렁·청지렁·갯지렁이·징거미 미끼.

목단천은 사천시 묵곡리 부근의 야산 기슭에서 발원해, 남쪽으로 6.4km를 흘러 사천만에 유입되는 기수역으로, 수로 주변에 몇 개의 축사가 있어 수질이 좋은 편은 아니다. 주서식 어종은 장어, 메기, 가물치, 동자개, 붕어, 잉어, 배스, 징거미, 숭어, 망둥어 등으로, 낚시에는 장어, 붕어, 메기, 숭어가 잘 낚인다.

장어 미끼는 지렁이가 최고지만, 징거미가 붙어 지렁이를 이리저리 끌고 다니는데, 그대로 두면 수중 장애물에 걸려 버리기 때문에 수시로 채비를 회수하여 다시 던져 주어야 한다. 엄지 굵기의 징거미를 채집하여 산 채로 꿰어 주거나, 굵은 청지렁이를 누벼 꿰면 징거미의 성화를 줄일 수 있다.

ᘈ **포인트 안내**
- 우중류(사천시 곤양면 환덕리 1354-5): 수로 폭이 10m로 대낚시 30칸 정도면 충분하다. '환덕리 892-76'에 주차 후 서쪽으로 30m 도보 진입한다.

사천 묵곡천

- **장낚 정보**: 소~대짜 기수역 마릿수터, 적기(5~10월), 입질 시간(일몰~23시), 새우·참붕어·산지렁·청지렁·갯지렁이·미꾸라지 미끼.

묵곡천은 사천만으로 흘러드는 기수역으로, 장어 외 메기, 동자개, 붕어, 잉어, 숭어, 망둥어, 외래종 등이 낚이며, 장어 개체 수가 많은 편이다. 장어 생미끼에는 외래종의 성화가 심해, 시간대별로 미끼의 종류를 바꿔 주는 것이 좋다. 장어 포인트는 부들을 끼고 자리하는 것이 좋으며, 둑방은 수면까지의 경사가 심해 좌대를 펴야 편리하다.

↳ 포인트 안내

- 우하류(사천시 곤양면 환덕리 1346-1): 강폭이 약 30m권으로, 흙탕물이 내려올 때 대낚시 조과가 좋다. 포인트의 상류권 농로에 주차하면 된다.

- 고동포교 좌상류(환덕리 산 29-18): 포인트의 남쪽에 목장이 있어 축사 냄새가 나는 경우가 있다. 고동포교 남쪽 둑방에 주차하면 된다.

사천 용치지

- **장낚 정보**: 소~대짜 릴·대낚터, 적기(5~9월), 입질 시간(일몰~05시), 새우·참붕어·산지렁·청지렁·미꾸라지 미끼.

용치지는 3만 평 규모의 계곡지로, 양안이 산으로 둘러싸여 풍광이 수려하고, 상류 계곡에서는 오염원 하나 없는 맑은 물이 유입된다. 퇴수로인 송지천은 2.6km 서쪽의 사천만에 유입되며, 퇴수로를 통해 자원이 유입된다.

주 서식 어종은 장어, 메기, 동자개, 붕어, 잉어, 배스, 참게, 새우 등으로, 장어 미끼로 참붕어와 새우를 쓰면, 붕어, 잉어, 동자개가 함께 낚인다.

용치지는 만수위가 되면 앉을 자리가 거의 없어 물이 빠진 5월 이후에 출조하는 것이 좋다. 물이 빠진 후에도 연안 수심이 2~3m로 깊어 긴 대 위주로 펴는 것이 좋다.

- 좌상류 도로 앞(사천시 용현면 용치리 537-1): 만수위터, 새 물이 유입되는 2~3m 수심대로, 도로변에 주차하면 된다.

- 좌중류(구월리 산 42-1): 2~3m 수심대로 배수 후에 자리가 나온다. 도로변에 주차하면 된다.

사천 중선포천(축동수로)

- **장낚 정보**: 소~중짜 기수역 마릿수터, 적기(4~9월), 입질 시간(일몰~22시), 산지렁 · 청지렁 · 미꾸라지 미끼.

중선포천은 두량지의 퇴수로로, 두량지에서 남서쪽으로 8km를 흘러와 사천공항의 북쪽 경계를 돌아 사천만으로 흘러 들어간다. 그간 두량지에 가려 많이 알려지지 않았으나, 장어와 붕어 등의 자원이 풍부한 하천이다. 주 서식 어종은 장어, 붕어, 잉어, 외래종 등으로, 장어 낚시는 4~9월 사이에 지렁이 미끼에 조황이 좋다. 블루길이 많아 지렁이를 넉넉히 준비해야 하고, 미꾸라지 미끼도 소량 준비하면 좋다.

ᶘ 포인트 안내

- 배춘천 합수부의 350m 하류권(사천시 축동면 배춘리 1024-4): 하류 1km 지점에 보가 있어 항상 수량이 많다. 1002번 지방도로 가에 주차 후, 숲속으로 30m가량 도보 진입해야 한다. 남쪽으로 사천공항이 붙어 있어 비행기 소음이 있다.

- 두량지 무넘기 아래(사천읍 두량리 1487): 두량지 방류 시 특급 포인트가 된다. 2014. 8월(중짜 1수).

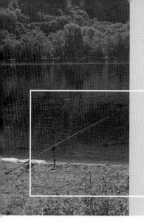

산청군 1선

산청 양천강

- **장뉴 정보**: 소~대짜 릴 · 대낚터, 적기(4~10월), 입질 시간(23~05시), 산지렁 · 청지렁 미끼.

양천강은 합천군의 황매산에서 발원해, 남서쪽으로 46km를 흘러, 진양호의 상류권 구간인 남강에 합류되는 하천으로, 진양호로부터 소상한 자원이 양천강의 각 보에 머물러 서식하고 있다.

주 어종은 장어, 가물치, 메기, 쏘가리, 꺽지, 동자개, 돌붕어, 잉어 등으로, 장어 외 허리급 이상의 돌붕어가 잘 낚인다. 양천강 수계에서는 장마 후에 보 낚시터가 인기를 끄는데, 장란보와 한빈보, 외고보, 소이보가 유명하다.

포인트 안내

- 한빈보 시매교권(산청군 생비량면 도전리 1158-2): 시매교 하류 석축권이 장어 포인트로, 큰비 후 장어와 돌붕어, 메기가 낚인다. 차 앞 낚시가 가능하다.

- 장란보 장란교권(도전리 67-1): 양천강에서 규모가 가장 크다. 상류권 말풀 주변에 자리하면 좋다.

- 외고보 좌상류(산청군 신안면 외고리 781-3): 신등천이 양천강에 합수되는 지짐에서 신등천 쪽 3.2km 상류에 있다. 말풀권으로 차 앞 낚시가 가능하다.

- 소이보 우상류(소이리 411-1): 신등천에서 규모가 가장 크며, 마름권에 자리하면 좋다. 둑방 길에 주차하면 된다.

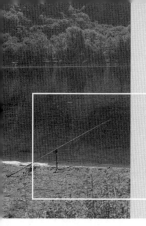

양산시 2선

양산 당곡천(당곡수로)

- **장낚 정보**: 소~중짜 대낚터, 적기(4~6월), 입질 시간(일몰~05시), 산지렁 · 청지렁 · 미꾸라지 미끼.

    당곡천은 양산시 원동면의 천태산에서 발원해, 남쪽으로 7km를 흘러 낙동강의 지류 천인 원동천에 합류된다. 원동천은 다시 남쪽으로 500m를 더 흘러 낙동강에 유입되며, 당곡천은 낙동강 수위의 영향을 직접 받아 통수가 원활하고 양호한 수질이 유지된다.

    당곡천에는 낙동강계의 어종이 서식하며, 장어는 소짜급이 대부분으로, 수초와 뻘 속에서 동면을 마친 개체가 4월부터 낚이는데, 미끼는 지렁이와 미꾸라지를 많이 쓴다. 블루길의 성화를 줄이기 위해 21시까지는 미꾸라지를 쓰고, 그 이후부터는 산지렁이나 청지렁이를 쓰면 좋은데, 미꾸라지보다 지렁이에 굵게 낚인다. 장마철에는 낙동강이 범람하면 진입이 어려워지므로, 장마 직전인 6월 중순까지만 낚시가 가능하다.

⌁ 포인트 안내

- 당곡생태학습관 앞 다리(양산시 원동면 용당리 188-1): 다리 남단 상 · 하류 수몰 나무권은 초저녁 입질이 좋고, 다리 교각권은 22시부터 입질이 좋다. 다리 주변에 주차하면 된다.

양산 양산천(호포수로)

- **장낚 정보**: 중짜급 릴·대낚터, 적기(6~10월), 입질 시간(20~05시), 산지렁·청지렁·미꾸라지 미끼.

　양산천은 양산시의 오룡산 계곡에서 발원해, 남쪽으로 30km를 흘러 낙동강의 우하류권에 유입되는 지천으로, 겨울에도 얼지 않아 시즌이 길게 유지된다. 양산천의 하류권인 호포대교에서 철교까지 180m 구간을 중심으로 낚시가 성행하며, 수심이 3~5m로 깊어 겨울철 붕어 물 낚시터로도 많이 알려져 있다.

　주 어종은 장어 외 가물치, 쏘가리, 동자개, 붕어, 잉어, 외래종 등으로, 주로 낙동강 계의 어종이 낚인다. 장어 미끼는 블루길의 성화가 있긴 하나 지렁이류 미끼를 많이 쓴다. 낚시 도중 블루길의 성화가 줄어드는 때가 오는데, 이때부터 장어와 대물 붕어의 입질이 들어오기 시작한다.

　양산천 호포대교권은 낙동강 하구의 물때 영향을 받는데, 물이 빠졌다가 다시 차오를 때 입질이 좋고, 유속이 멈출 때보다 유속이 있을 때가 입질이 좋다.

⨪ 포인트 안내

- 좌하류 철교 밑과 폐교각(양산시 물금읍 증산리 210-4): 6~10월터, 철교 밑에서 차 앞 낚시가 가능하다. 수심 3~5m의 돌바닥으로 밑걸림이 약간 있다.

- 좌하류 호포대교권(증산리 186): 6~10월터, 호포대교 상·하류권이 주 포인트로, 수심이 2.5~5m로 편차가 크다. 호포대교 밑에 주차하면 된다.

울산시 3선

울산 남창천

- **장낚 정보**: 소~중짜 마릿수터, 적기(4~10월), 입질 시간(일몰~24시), 산지렁 · 청지렁 미끼.

남창천은 울주군 온양읍 내광리 인근 계곡에서 발원해, 회야강에 합류되기까지 총연장 8.5km의 소하천으로 주로 하류권에 포인트가 형성되어 있다. 주 어종은 장어, 메기, 꺽지, 붕어, 잉어, 은어, 연어, 황어 등으로, 바다와 가까워 기수역 어종도 많다. 장마 후, 보 낚시터를 중심으로 자리하도록 한다.

↳ 포인트 안내

- 남창천 좌하류(울산시 울주군 온양읍 동상리 346-3): 유속이 약간 있는 곳에서 입질이 좋다. 차 앞 낚시가 가능하다.

- 대안리 철교(대안리 542-9): 6~8월터, 온양읍 대안현대아파트 앞 철교 포인트로, 장마 후, 보에서 물이 넘칠 때가 좋다. 철교 밑에 주차하면 된다.

울산 마근지

- **장뉴 정보**: 소~대짜 릴·대낚터, 적기(6~10월), 입질 시간(일몰~05시), 새우·참붕어·산지렁·청지렁·미꾸라지 미끼.

마근지는 야트막한 야산에 둘러싸인 4만 평 규모의 계곡지로, 상류에 오염원이 전혀 없는 청정 수역이다. 주변에 농원과 캠핑장이 개발되어 있으나, 개발 규모가 작아 아직도 자연 그대로의 분위기가 유지되고 있다. 퇴수로인 화산천은 동해와 6.5km 떨어진 기수역으로, 장어 자원의 유입 통로가 된다.

주 어종은 장어, 메기, 가물치, 붕어, 블루길 등으로, 장어 미끼는 새우와 참붕어를 많이 쓴다. 새우는 여러 마리를 꿰어 주고, 참붕어는 4~5cm급의 굵은 개체를 꿰면 좋다. 새우와 참붕어 미끼에는 대물 붕어도 함께 낚인다. 좌·우안으로 모두 길이 나 있어 포인트 진입이 쉽고, 주차 공간도 많다. 좌안은 대부분 차 앞 낚시가 가능하다.

⌇ 포인트 안내

• 우상류 다리권(울산시 울주군 서생면 화산리 산 79-2): 전천후터, 대낚시로 말풀권을 공략하는 것이 좋다. 도로변에 주차하면 된다.

• 좌상류 다리권(화산리 186): 전천후터, 다리에서 우하류 쪽으로 20m를 내려오면 연안으로 후미져 들어온 곳이 나온다. 차 앞 낚시가 가능하다.

울산 회야강

- **장뉴 정보**: 소~대짜 릴·대낚터, 적기(6~8월), 입질 시간(23~05시), 새우·산지렁·청지렁·청갯지렁·미꾸라지 미끼.

회야강은 회야댐을 기준으로 상류권 구간과 하류권 구간으로 나뉘는데, 장어 낚시는 회야댐의 하류권 구간에서 성행한다. 회야댐의 하류권 구간은 회야댐에서 남동쪽으로 14km를 흘러 강양항 앞바다로 빠져나가는 기수역으로, 상류 회야댐에서 내려오는 자원과 하류 동해에서 유입되는 자원이 모여 사는 곳이다.

주 어종은 장어 외, 메기, 붕어, 잉어, 외래종, 숭어 등으로, 담수 어종과 기수역 어종이 함께 서식하고 있다. 장어 미끼는 새우와 산지렁이가 좋으나, 잡고기의 성화가 심하면 미꾸라지로 바꿔 주고, 심야에 다시 새우와 지렁이로 바꿔 준다.

↳ 포인트 안내

- 덕신대교 우하류(울산시 울주군 온산읍 덕신리 398): 덕신대교에서 우하류 500m 구간이 포인트로, 수심이 2~3m로 깊다. 둑방 길에 주차하면 된다.

의령군 3선

의령 덕암지

- **장낚 정보**: 소~대짜 릴·대낚터, 적기(5~10월), 입질 시간(일몰~23시, 03~05시), 새우·참붕어·산지렁·청지렁·미꾸라지 미끼.

덕암지는 5만 평 규모의 계곡지로, 물이 맑고 풍광이 수려하여 여름 피서터로 좋다. 주어종은 장어 외 메기, 가물치, 동자개, 붕어, 잉어, 향어, 참붕어, 새우 등으로 아직 외래종은 유입되지 않았다.

장어 미끼는 자생 새우와 참붕어가 1순위, 지렁이류가 2순위인데, 붕어와 메기 등의 잡어가 함께 낚이므로, 지렁이 미끼를 넉넉히 준비하는 것이 좋다. 참붕어는 살려 꿰면 가물치가 대를 차기 때문에 갓 죽은 놈을 꿰어 주는 것이 좋다. 내장이 보일 만큼 신선도가 떨어진 참붕어는 새우가 붙어 오히려 좋지 않다.

덕암지는 산속 계곡지임에도 3월 중순이면 월척 사태가 터질 만큼 시즌이 일찍 열리지만, 장어는 5월이 넘어야 입질을 받을 수 있다.

↳ 포인트 안내

- 좌상류(의령군 용덕면 이목리 138-1): 도로 앞 1~2m 수심대로, 36칸 이상의 긴 대가 좋다. 차 앞 낚시가 가능하다. 2019. 10월(새우, 소짜 1수).

- 좌중류(이목리 산 149-3): 60~70% 수위까지 내려갔을 때 좋다. 차 앞 낚시가 가능하다.

- 우최상류(이목리 89): 이목리 복지회관 앞 1~2m 수심대로, 동네 어르신이 매일 새벽 조황 점검을 나오신다. 차 앞 낚시가 가능하다.

의령 봉곡천(지정수로)

- 장낚 정보: 소~대짜 대낚터, 적기(6~11월), 입질 시간(일몰~05시), 청지렁 · 산지렁 · 미꾸라지 미끼.

봉곡천은 의령군 태부리의 야산 계곡에서 발원해, 남동쪽으로 9km를 흘러, 남강의 좌하류권에 유입되며, 남강은 다시 600m 하류에서 낙동강에 합류된다. 큰비 후 봉곡천의 수문이 열리면 낙동강과 남강의 자원이 쉽게 유입된다.

봉곡천은 규모는 작아도, 봄부터 늦가을까지 다양한 씨알의 장어와 붕어를 지속적으로 배출해 낼만큼 자원이 많다. 이는 큰비와 함께 유입된 자원이 수문이 닫혀 하류로 나가지 못하기 때문으로 보인다.

↻ 포인트 안내

- 창고 앞(의령군 지정면 오천리 264-5): 6~11월터, 창고 앞에서 하류 1km 구간이 포인트로, 장마철부터 늦가을까지 장어와 대물 붕어가 낚인다. 창고 앞의 수초를 끼고 앉는 것이 좋다. 차 앞 낚시가 가능하다.

의령 유곡천(오소보)

- 장낚 정보: 소~중짜 릴 · 대낚터, 적기(7~10월), 입질 시간(일몰~05시), 새우 · 산지렁 · 청지렁 · 미꾸라지 미끼.

유곡천의 최하류권인 오소보 포인트는 낙동강 합수부로부터 7km 상류에 있다. 오소보

하류쪽의 물줄기부터는 신반천이라 하며, 신반천에도 숨겨진 포인트가 많다. 큰비 후 낙동강에서 소상한 자원이 유곡천과 신반천의 크고 작은 소와 보에 머물며 가을까지 꾸준한 조황을 보여 준다.

↳ 포인트 안내

- 유곡천 오소보 우하류(의령군 부림면 단원리 117-1): 1m 수심의 수초권으로, 장어 낚시는 6월 말부터 8월까지가 피크 시즌이다. 외래종의 성화를 피해 21시 이후에 집중하는 것이 좋다. 차 앞 낚시가 가능하다.

- 신반천 오소교 좌하류 홈통(감암리 191): 우기에 물이 범람한 후, 다시 수위가 안정된 시점부터 10월까지 조황이 이어진다. 지렁이에는 잡고기가 잘 낚이며, 장어만을 골라 낚으려면 미꾸라지만 쓰는 것이 좋다. 차 앞 낚시가 가능하다.

진주시 4선

진주 반덕지

- **장낚 정보**: 대물 릴 · 대낚터, 적기(6~9월), 입질 시간(일몰~05시), 새우 · 참붕어 · 산지렁 · 청지렁 · 미꾸라지 미끼.

반덕지는 6천 평 규모의 계곡지로, 바닥이 자갈과 마사토로 되어 있어 수질이 매우 좋다. 몽리 면적이 넓어 농번기에는 물을 많이 빼지만, 바닥이 드러나지 않아 어자원은 잘 보호된다. 최근에는 인근의 장어 양식장이 유실되어 반덕지로 유입된 자원이 현재는 대물급으로 성장해 있다.

반덕지에는 장어 외 메기, 가물치, 동자개, 자라, 붕어, 잉어 등이 서식하며, 장어 낚시는 큰비 후 초저녁 시간에 새우와 산지렁이를 꿰면 입질이 빠르다. 대물 장어만을 노리기 위해서는 미꾸라지나 굵은 지렁이를 쓰면 좋다.

↳ 포인트 안내

- 좌상류(진주시 이반성면 장안리 908): 새 물이 유입되는 곳으로, 만수위 수심이 2m를 넘는다. 진입로 가에 주차 공간이 있다.

- 우하류 홈통(장안리 산 9-6): 만수위 1~2m 수심대로, 제방 우측에 홈통으로 진입하는 길이 있다.

- 제방 중앙(장안리 928-1): 제방 위로 차량 진입이 가능하다.

진주 발산지

- **장낚 정보**: 대물터, 적기(4~10월), 입질 시간(일몰~04시), 참붕어 · 산지렁 · 청지렁 · 미꾸라지 미끼.

상류권이 좌우로 크게 갈라져 있는 발산지는 3만 5천 평 규모의 계곡지로, 200m 고지의 청정수가 유입되어 수질이 뛰어나다. 퇴수로인 반성천은 낙동강의 지류천인 진주 남강에 합류되며, 낙동강의 장어 자원이 유입된다. 발산지의 주 어종은 장어, 메기, 가물치, 붕어, 잉어, 외래종, 참붕어, 새우 등으로, 대물 장어를 목적으로 초저녁에는 미꾸라지와 참붕어, 청지렁이를 쓰고, 깊은 밤에는 새우와 산지렁이를 풍성하게 꿰어 준다.

↳ 포인트 안내

- 제방의 북쪽 부분(진주시 이반성면 발산리 275): 제방 위에 주차하면 된다.

- 좌측 골 좌중류(발산리 321-6): 2~3m 수심대로, 차 앞 낚시가 가능하다.

- 좌측 골 우상류(발산리 307): 1~2m 수심대로, 차 앞 낚시가 가능하다.

진주 송곡지

- **장낚 정보**: 소~대짜 릴 · 대낚터, 적기(5~10월), 입질 시간(일몰~05시), 새우 · 산지렁 · 청지렁 · 미꾸라지 미끼.

상류가 Y 자 모양인 송곡지는 2만 평 규모의 계곡지로, 오염원이 전혀 없는 청정수를 담고 있다. 주변 산세가 좋고, 야영 공간도 많아 여름철 휴가터로 좋다. 퇴수로인 송곡천은 1.3km 남서쪽의 정자천에 유입되며, 정자천은 다시 서쪽으로 4km를 흘러 영천강에 유입된다. 주 서식 어종은 장어, 메기, 가물치, 붕어, 잉어, 배스 등으로, 배수기인 5~6월부터 늦가을까지 새우나 산지렁이, 청지렁이에 장어 입질이 좋다. 제방 밑에 마을이 있지만, 편의 시설이 없어 식사 준비를 완벽히 하고 진입해야 한다.

♨ 포인트 안내

- 좌측 골 좌상류(진주시 금곡면 송곡리 산 52-2): 좌상류에서 최상류를 돌아 밤나무밭 앞까지 송곡지의 특급 포인트다. 진입로 옆에 주차하면 된다.

- 좌측 골 좌중류(송곡리 산 58-2): 1.5~3m 수심대로, 진입로에 주차한다.

진주 영천강(금곡수로)

- **장낚 정보**: 소~대짜 릴·대낚터, 적기(5~10월), 입질 시간(일몰~05시), 새우·참붕어·납자루·산지렁·청지렁·미꾸라지 미끼.

총연장 37km의 영천강은 고성군 대곡산 계곡에서 발원해, 진주시에서 영오천에 합류된 뒤, 영오천은 다시 진주 남강에 유입된다. 진주 시내 홍정교를 중심으로 한 상·하류권의 보에서 낚시를 많이 하는데, 1.5~2m 수심에 수량이 풍부하고 수초가 많아 포인트 여건이 상당히 좋다. 외래종을 비롯한 강고기가 많아, 장어 생미끼에 잡어 성화가 많은 것이 단점인데, 초저녁부터 미꾸라지나 납자루, 참붕어 등의 미끼를 쓰는 것이 좋다.

♨ 포인트 안내

- 계리보 우하류(진주시 문산읍 두산리 281): 대물 장어가 나오는 포인트로, 둑방 길 밑에 포인트가 많다. 둑방 길에 주차하면 된다.

- 계리교 좌하류 120m(두산리 81-3): 8~10월터, 수초권 1m 수심대로, 8월에는 일몰 후 24시까지 입질이 좋다. 둑방 길에 주차하면 된다.

- 홍정교권(진주시 금곡면 정자리 966-8): 연안 수초권에서 중짜급 장어가 낚인다. 잡고기 성화가 많은 곳으로, 굵은 미끼만 꿰어 주는 것이 좋다.

- 금곡중 앞 보(동례리 17-1): 10~11월터, 26칸 이하로 발 앞을 노리면 좋다. 01시 이후에 입질이 든다. 둑방 길에 주차하면 된다.

창원시 1선

창원 오서지

- **장낚 정보**: 대물 릴·대낚터, 적기(5~8월), 입질 시간(24~04시), 새우·징거미·산지렁·청지렁·미꾸라지 미끼.

　오서지는 1만 5천 평 규모의 해안가 계곡지로, 경관이 수려하고 물이 맑아 여름철 피서터로 좋다. 퇴수로는 동쪽으로 5km를 흘러 남해로 빠져나가며, 퇴수로를 통해 자원이 유입된다.

　주 어종은 장어, 가물치, 동자개, 붕어, 잉어, 향어, 자라, 징거미, 새우 등으로, 오서지에 자생하는 굵은 징거미를 잡아 장어 미끼로 쓰면 좋다. 새우에는 잡고기 성화가 심해 여러 마리를 꿰어 좀 더 오래 버틸 수 있도록 해주면 좋다. 징거미나 새우가 채집이 안 될 경우를 대비하여 청지렁이와 미꾸라지도 미리 준비하는 것이 좋다.

　오서지는 연안을 따라 둘레 길이 나 있어 포인트 진입이 수월하며, 5~6월 물이 빠지면 더 많은 포인트가 드러나지만, 아래 두 곳은 만수위에도 차 앞 낚시가 가능하다.

⌁ 포인트 안내

- 좌상류(창원시 마산합포구 진전면 오서리 1305-2): 7~8월터, 1~2m 수심대로, 대물 장어와 붕어가 낚인다. 차 앞 낚시도 가능하다.

- 우중류(오서리 1391-2): 7~8월터, 1~2m 수심대로, 차 앞 낚시가 가능하다.

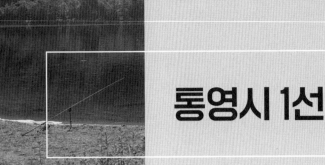

통영시 1선

통영 안정지

- **장낚 정보**: 대물 릴·대낚터, 적기(4~11월), 입질 시간(일몰~05시), 새우·산지렁·청지렁·미꾸라지 미끼.

안정지는 1만 3천 평 규모의 해안가 계곡지로, 연안이 2~3m로 깊어 수초가 일부 지역에서만 소량 자란다. 퇴수로인 안정천은 동쪽으로 2.5km 흘러 남해로 빠져나가며, 퇴수로를 통해 자원이 유입된다.

주 어종은 장어, 붕어, 참게, 새우 등으로, 장어 낚시는 장마 후 첫 오름 수위에 대물 위주로 공략하는 것이 좋다. 우안은 만수위와 갈수위 포인트가 공존하여 포인트 잡기가 편리하고, 도로변에 주차하기도 쉽다.

포인트 안내

- 우상류(통영시 광도면 안정리 1248): 만수위터, 안정천이 유입되는 새 물 포인트로, 만수위에 1~2m 수심이 유지된다. 포인트 바로 뒤에 주차하면 된다.

- 우중류(안정리 산 130-2): 2.5~3m 수심의 갈수기 포인트다. 도로변에 주차하면 된다.

- 우하류(안정리 1283-3): 2~3m 수심의 갈수기 포인트로, 물이 빠져야만 앉을 자리가 나온다. 도로변에 주차하면 된다.

- 제방의 남쪽 끝(안정리 1228-3): 2~3m 수심의 갈수기 포인트로, 제방의 좌측 끝에 주차하면 된다.

- 제방 중앙부(안정리 1262-1): 극 갈수기 포인트로, 제방 좌측이나 우측 끝에 주차 후, 100m가량 도보 진입해야 한다.

하동군 6선

하동 관곡천(고룡수로)

- **장낚 정보**: 소~중짜 마릿수터, 적기(7~9월), 입질 시간(일몰~24시), 산지렁 · 청지렁 · 청갯지렁 · 미꾸라지 미끼.

　관곡천은 하동군의 이명산 계곡에서 발원해, 남쪽으로 11km를 흘러 남해로 빠져나간다. 관곡천의 총연장은 11km에 불과하나, 10여 개의 보가 축조되어 있고, 주변 20여 개의 저수지와 물길이 연결되며, 기수역 환경까지 더해져 서식 어종의 다양성이 풍부하다.

　주 어종은 장어, 가물치, 메기, 동자개, 동사리, 붕어, 잉어, 참게, 붉은게, 참붕어, 새우 등으로, 장어 낚시에 환영받지 못하는 잡어가 많다. 참게와 붉은게는 장어 생미끼를 훼손시키고, 목줄을 잘라 놓기도 해 반드시 철심 목줄로 채비를 해야 하며, 살아 움직이는 미끼를 달아 미끼 훼손을 좀 더 지연시키도록 하면 좋다. 염분이 섞인 하류권(고룡수로)에서는 미꾸라지나 갯지렁이가 좋고, 염분이 적은 중상류권에서는 산지렁이나 청지렁이가 좋다.

↩ 포인트 안내

- 진교 2교 우하류 200m(하동군 진교면 고룡리 17-4): 관곡천 하류의 석축 포인트로, 20m 앞이 물골이다. 발 앞 석축에서 물골까지 다대편성이 좋다.

하동 대치지(갈망개지)

- **장낚 정보**: 대물 릴·대낚터, 적기(5~11월), 입질 시간(일몰~05시), 새우·참붕어·산지렁·청지렁·미꾸라지 미끼.

대치지는 1만 2천 평 규모의 해안지로, 바다와 400m 거리로 가깝게 붙어 있어, 장어 치어의 유입이 용이하다. 주 서식 어종은 장어, 가물치, 메기, 동자개, 동사리, 붕어, 잉어, 참게, 참붕어, 새우 등으로, 아직 외래종이 없어 잔챙이 먹이 고기가 풍부하며, 특히 인공 방류된 잉어 치어가 많다.

장어 미끼는 새우와 참붕어가 좋으나 잡고기의 성화에 대비하여 굵은 지렁이나 미꾸라지를 함께 사용하면 좋다. 자생 새우와 참붕어는 미끼로 쓰고도 남을 만큼 넉넉하게 채집된다. 최근에 준설이 되어 좌우 연안 수심이 1~3m로 깊고, 여름에는 낚시에 적합할 만큼 마름이 자라 주차가 가능한 곳이면 모두 포인트가 된다.

↳ 포인트 안내

- 우중류 산 앞(하동군 금남면 대치리 67-8): 3~4m 수심대의 갈수기 포인트다. 산 초입에 앉아 제방 쪽으로 릴 원투 또는 대낚시 40칸 이상을 펴면 좋다.

- 제방 우측 끝(대치리 60-1): 수심이 깊은 갈수기 포인트다. 제방 밑이나 우하류 도로변에 주차하면 된다.

- 좌중류(대치리 324-2): 새 물이 유입되는 2~3m 수심이다. 농로 가에 주차하면 된다.

하동 백련하소류지

- **장낚 정보**: 소~대짜 릴·대낚터, 적기(5~8월), 입질 시간(일몰~05시), 새우·참붕어·산지렁·청지렁·미꾸라지 미끼.

　백련하소류지는 2천 평 규모의 평지지로, 제방이 'ㄴ' 자 모양이다. 퇴수로는 백련천과 관곡천으로 유입되며, 주로 관곡천의 자원이 유입된다. 주 어종은 장어, 가물치, 붕어, 잉어, 새우, 참붕어, 참게 등으로, 장어 미끼는 새우와 참붕어 위주로 쓰고, 지렁이와 미꾸라지를 곁들이면 된다. 평지지라 하나 평균 수심이 3m나 되며, 마사토 바닥으로 수초가 거의 없다. 둘레 길이 나 있어 전역이 차 앞 낚시 포인트라 할 수 있다.

ᨀ **포인트 안내**

- 제방 'ㄴ' 자 만곡부(하동군 진교면 안심리 43-2): 수심이 가장 깊은 곳으로, 제방 남쪽 끝에 주차 후 약 30m가량 도보 진입한다.

- 좌상류 (안심리 38): 산 밑에서 차 앞 낚시가 가능하다.

하동 성평지

- **장낚 정보**: 소~대짜 릴·대낚터, 적기(4~10월), 입질 시간(일몰~05시), 새우·참붕어·산지렁·청지렁·미꾸라지 미끼.

　성평지는 2천 평 규모의 평지지로, 작은 소류지에 불과하나 750m 남쪽에서 관곡천의 샛수로와 연결되어 큰비가 내리면 관곡천의 장어 자원이 유입된다. 중상류권은 줄풀 포인트가 많고, 중하류권과 제방은 석축 포인트로 구성되어 있다. 줄풀 포인트는 만수위에, 석축 포인트는 갈수기에 찾으면 좋다.

- 좌중류(하동군 진교면 관곡리 677-1): 1m 수심의 줄풀 포인트로, 차 앞 낚시가 가능하다.

- 우하류 (관곡리 557-1): 2m 수심의 석축 포인트로, 짧은 대로 석축 앞을 노리면 좋다. 차 앞 낚시가 가능하다.

하동 주교천(하동수로)

- **장낚 정보** : 소~중짜 대낚터, 적기(5~11월), 입질 시간(일몰~05시), 산지렁·청지렁·미꾸라지 미끼.

　주교천은 섬진강의 우하류권 지천으로, 하동군 우복리권 산지에서 발원해 남서쪽으로 19km를 흘러 섬진강으로 유입된다. 주 서식 어종은 장어, 가물치, 메기, 숭어, 붕어, 잉어, 외래종 등 기수역 어종과 담수 어종이 함께 서식하고 있다.

　주교천은 강폭이 좁고 수량도 적어 무시하기 쉬우나, 섬진강의 하류권에 위치하기 때문에 광양만의 해수가 섬진강 하구로 밀려들면 섬진강의 담수 어종이 해수를 피해 이곳 주교천까지 몰려들어 어자원이 항상 풍부하다.

↳ 포인트 안내

- 고남교 좌상류 120m(하동군 고전면 전도리 1294): 석축 앞에 미끼를 투척하면 장어와 메기가 낚인다. 도로변에 주차하면 된다. 2016. 6월(소짜 1수).

- 대상교권(고하리 774): 대상교를 중심으로 한 포인트와, 대상교 북동쪽의 '연방죽(고하리 766)'이 장마 후 특급 포인트다. 연방죽 인근에 주차하면 된다.

- 대상교~명교1교권(명교리 391-7): 대상교에서 상류 쪽 명교1교까지 5개의 보가 있는

데, 수초도 많고 장어, 메기, 가물치, 붕어, 잉어 등도 잘 낚인다.

하동 황천강변 7자 둠벙

- **장낚 정보**: 소~중짜 대낚터, 적기(4~5월, 9~11월), 입질 시간(일몰 후 2시간 뒤부터~04시), 새우·산지렁·청지렁·미꾸라지 미끼.

모양이 '7' 자처럼 생긴 7자 둠벙은 황천강의 하류권 강변에 있는 3천 평 규모의 수초 둠벙으로, 주로 황천강의 강고기가 유입된다. 장어는 중짜급 이하의 씨알이, 붕어는 4짜까지 낚인다. 7자 둠벙은 결빙이 되지 않아 한겨울에도 물 낚시가 가능하며, 장어 낚시는 수초가 밀생한 6~8월과 한겨울인 12~2월을 피해 출조하는 것이 좋다. 잡어의 성화를 줄이기 위해 21시 이전까지는 미꾸라지를 꿰어 주고, 21시 이후부터는 산지렁이와 청지렁이, 새우 등을 꿰어 주면 좋다. 물이 맑아 늦은 밤에 입질이 드는 경향을 보인다.

↳ 포인트 안내

- 상류권(하동군 고전면 신월리 1196): 1m 수심의 부들권 포인트다. 하류 수문 주변에 주차 후 도보 진입한다.

- 하류 수문권(하동읍 목도리 830-7): 2m 수심의 갈대권으로, 차 앞 낚시가 가능하다.

함안군 3선

함안 광려천

- **장낚 정보**: 소~대짜 릴·대낚터, 적기(4~10월), 입질 시간(일몰~05시), 산지렁·청지렁·미꾸라지 미끼.

　광려천은 창원시 광려산에서 발원해, 북쪽으로 30km를 흘러 함안군 덕남리 부근에서 낙동강에 유입된다. 광려천은 하류권 위주로 포인트가 형성되며, 청계리 칠서초교 앞에서부터 최하류권인 이룡리 소랑교까지 7km 구간에 걸쳐 여러 곳에 포인트가 있다. 봄에서 가을까지는 장어, 메기, 붕어 등이 잘 낚이고, 겨울에는 대물 붕어 위주로 낚인다. 아래 포인트는 광려천의 하류에서 상류 방향의 순으로 나열하였다.

↳ 포인트 안내

- 소랑교~상류 1km 구간(함안군 칠서면 이룡리 25-1): 강폭이 50m에 수심은 4~8m로 깊다. 릴 채비가 좋고, 유속에 대비한 무거운 추를 달아 주어야 한다. '이룡리 26-1'에 주차 후, 둔치 길로 소랑교 교각까지 약 80m 도보 진입해야 한다.

- 소랑교 좌상류 2km(이룡리 514-3): 이룡교의 우하류권 연안으로, 강폭은 약 40m에 수심이 4m나 된다. 대낚시 긴 대와 릴 탄타가 좋다. 검단천의 최하류권인 '함안군 칠북면 덕남리 1407-11'에 주차 후, 직선거리로 약 90m 도보 진입해야 한다.

- 소랑교 좌상류 4km(함안군 칠북면 화천리 1307-3): 강폭 110m에 수심이 3m가량 나온다. 위 주소를 찍으면 수면까지 안내되며, 차 앞 낚시도 가능하다.

- 소랑교 좌상류 6km(칠서면 구포리 938): 수몰 나무권 1m 수심대로, 강폭이 40m가량 나온다. 큰비 후 탁수가 내려오면 조황이 좋다. 진입로와 연안 둔치에 주차 공간이 많다.

- 소랑교 우상류 7km(구포리 1091-1): 칠서면사무소 건너편으로, 큰비 후에 조황이 좋다. 연안 둔치에 주차 공간이 넉넉하며, 차 앞 낚시도 가능하다.

함안 봉성지(여항지)

- **장낚 정보**: 대짜 릴터, 적기(5~10월), 입질 시간(일몰~05시), 새우·산지렁·청지렁·피라미·미꾸라지 미끼.

봉성지는 8만 평 규모의 계곡지로, 물이 맑고 경관이 수려하다. 함안에서는 9만 평 규모의 입곡지 다음으로 큰 저수지로 수변공원이 잘 조성되어 있다. 주 서식 어종은 장어, 붕어, 잉어, 배스, 피라미, 자라, 새우 등으로, 장어는 개체 수는 많지 않으나, 한 번 낚이면 대물이 낚이므로 대물용 미끼만 쓰는 것이 좋다. 자생 새우 여러 마리 꿰기와 피라미 또는 미꾸라지, 굵은 청지렁이와 산지렁이 여러 마리 꿰기 등이 좋다.

↳ 포인트 안내

- 우중류(함안군 여항면 주서리 612): 1~2m 수심의 갈수기 포인트로, 진입로에 주차 후 차 앞 낚시가 가능하다.

- 우중류 홈통 (주서리 593): 오름 수위에 수몰 나무 주변을 노리면 좋다. 차 앞 낚시가

가능하다.

- 우상류 주서교권(주서리 452-4): 상류 쌍계천으로부터 새 물이 유입되면 대물 장어가 출몰한다. 차 앞 낚시가 가능하다.

함안 함안천(악양수로 · 양포수로)

- **장낚 정보**: 소~대짜 릴 · 대낚터, 적기(5~11월), 입질 시간(일몰~05시), 산지렁 · 청지렁 · 피라미 미끼.

함안천은 함안군의 여항산에서 발원해, 남강을 향해 북쪽으로 흐르면서 중간에 봉성지를 만들고, 가야읍과 산인면 구간에서 다시 여러 곳의 물을 모아 큰 물줄기를 만들고, 함안군 악양루 인근에서 남강에 유입된다.

함안천에는 악양수로와 양포수로 두 곳의 낚시터가 있는데, 두 곳 모두 깊은 수심에 유속이 있어 겨울에도 얼지 않는다. 한겨울에는 대물 붕어가 잘 낚여 붕어꾼이 진을 치지만, 장어 낚시는 한겨울만 제외하고 연중 가능하다.

주 어종은 장어, 메기, 동자개, 붕어, 잉어, 외래종, 피라미 등이며, 장어 낚시에는 산지렁이를 많이 쓰는데 동자개 등 잡어가 많이 붙는다. 대물 장어만을 노리기 위해서는 피라미를 쓰기도 한다.

ᘒ 포인트 안내

- 악양수로 악양교 좌하류(함안군 법수면 윤내리 115-1): 함안천의 최하류권으로, 2~3m 수심의 돌바닥 포인트다. 강폭이 40~50m로 릴과 대낚시 모두 가능하다. '윤내리 119-2'에 주차 후, 100m 도보 진입하면 수면에 닿는다.

- 악양루 건너편(윤내리 126-1): 악양교 좌하류 500m권으로, 강 건너편을 향해 원투하면 좋다. 둑방 길에 주차하면 된다. 2020. 6월(산지렁이, 소짜 1수).

- 악양교 동쪽 교각(함안군 대산면 서촌리 1326-1): 수심이 깊고 유속이 있어, 릴낚시가 유리하다. 악양교 밑에 주차하면 된다.

- 양포교 북동쪽 교각(함안군 가야읍 산서리 589): 양포교 상·하류권이 포인트로, 수심이 깊고 돌이 많으며 추워질수록 낚시가 더 잘된다.

- 양포교 우하류(산서리 591): 5m 수심의 돌바닥으로, 약한 유속이 있다. 양포교의 상·하류 연안에 포인트가 잘 닦여져 있다. 주차가 편해 주말에는 자리 잡기 힘들다.

- 양포교 우상류 배수관 인근 돌출부(산서리 1117-13): 양포교 우상류 120m권으로, 릴과 대낚시가 가능하다. 차 앞 낚시가 가능하다.

함양군 4선

함양 귀곡지

- **장낚 정보**: 소~중짜 마릿수터, 적기(4월, 큰비 후, 10월), 입질 시간(일몰~05시), 새우·참붕어·산지렁·청지렁 미끼.

함양군은 내륙권이지만, 군내 대부분의 저수지에 인공 방류된 장어가 서식하고 있다. 개체 수는 많지 않으나 군내 저수지들에서 심심찮게 장어가 낚인다.

귀곡지는 4백 고지의 산 중턱 1만 평 규모의 계곡지로, 수질이 좋고 주변 산세가 수려하다. 좌안은 산으로 막혀 진입할 수 없으나, 우안은 하류에서 상류까지 진입로가 나 있다. 상류권은 뗏장이 발달해 대낚시 포인트가 많고, 중하류권은 수심이 깊어 갈수기에 릴낚시가 가능하다.

주 어종은 장어, 붕어, 잉어, 새우 등으로, 자생 새우와 장어 자원이 많다. 장어 미끼는 새우와 지렁이, 참붕어를 많이 쓰는데, 새우를 여러 마리 꿰어 두면 장어와 대물 붕어가 함께 낚인다.

♪ 포인트 안내

• 좌상류 홈통(함양군 안의면 귀곡리 산 69-2): 1~2m 수심의 좌안 유일 포인트다. 진입로 끝에 주차하면 된다.

• 우중하류(귀곡리 산 90-12): 수심이 4~5m로 깊어 릴낚시만 가능하다. 도로변에 주차

하면 된다.

함양 내산지(죽산지)

- **장낚 정보**: 대짜 릴 · 대낚터, 적기(6~9월), 입질 시간(일몰~05시), 새우 · 산지렁 · 청지렁 · 미꾸라지 미끼.

산속 오지의 내산지는 2만 평 규모의 계곡지로, 상류권에는 오염원이 전혀 없어 수질이 뛰어나고, 사계절 내내 수온이 낮게 유지된다. 주 어종은 대물 장어와 메기, 동자개, 붕어, 잉어, 참붕어, 새우 등인데, 장어 미끼는 미꾸라지, 산지렁이, 청지렁이, 자생 새우를 많이 쓴다. 중상류 수초권에서는 36칸 이상의 긴 대가 좋고, 2~3m 수심의 중하류권은 30칸 내외의 대낚시와 릴낚시가 좋다.

⎘ 포인트 안내

- 우중류 돌출부(함양군 수동면 죽산리 153-1): 2~3m 수심대로, 진입로 끝에 주차하면 된다.

- 우하류(죽산리 137-3): 3~4m 수심대로 릴낚시가 적합하다. 도로변에 주차하면 된다.

함양 서상지

- **장낚 정보**: 대짜 릴 · 대낚터, 적기(6~9월), 입질 시간(일몰~05시), 새우 · 산지렁 · 청지렁 · 미꾸라지 미끼.

서상지는 함양군 남덕유산에서 발원한 남강의 상류권을 막은 협곡지로, 5만 평 규모의 수면적을 갖고 있다. 통영-대전 간 고속도로 서상ic에서 7km 거리로 접근성은 좋으나, 상류권 일부 외에 수면에 접근할 방법이 마땅치 않다.

서상지에는 대물 장어를 비롯한 계류 어종이 서식하며, 지렁이 미끼에는 계류 어종의 성화가 심해 미꾸라지와 자생 새우를 주 미끼로 쓰는 것이 좋다. 자생 새우는 물속에서 오래 살아 있도록 꼬리 꿰기를 해 준다.

ᘓ **포인트 안내**

• 우상류(함양군 서상면 상남리 414-2): 새 물이 유입될 때, 36~50칸으로 물골을 노리면 좋다. 도로변에 주차하면 된다.

함양 옥계지

- **장낚 정보**: 대짜 릴터, 적기(6~8월), 입질 시간(일몰~05시), 새우 · 참붕어 · 산지렁 · 청지렁 미끼.

옥계지는 산속 오지의 4만 7천 평 규모의 계곡지로, 물이 맑고 경관이 수려하여 여름철 피서터로 좋다. 주 어종은 장어, 붕어, 잉어 등으로, 연중 수온이 낮아 시즌이 늦게 열리며, 한여름에도 패딩을 입어야만 밤낚시가 가능하다. 옥계지의 장어 낚시는 6월에 시작하여 8월 말이면 시즌이 끝난다. 9월만 되어도 기온이 급강하해 밤낚시가 어렵다.

릴 원투낚시가 적합하고, 미끼는 산지렁이, 청지렁이, 참붕어, 새우를 쓰며, 대물 아니면 꽝이 다반사로 가벼운 마음으로 출조하는 것이 좋다. 인근에 민가가 없고, 야생 동물의 출현도 잦아 동반 출조하는 것이 좋다.

ᘓ **포인트 안내**

• 좌최상류(함양군 병곡면 원산리 375-1): 계곡수가 유입될 때 좋다. 차 앞 낚시가 가능하다.

- 좌중류(원산리 산 46-14): 수위가 20~30% 내려가면 포인트가 많아진다. 도로변에 주차하면 된다.

- 우상류 홈통(원산리 산 50): 오름 수위에 육초와 수몰 나무 사이를 노리면 좋다. 도로변에 주차하면 된다.

합천군 4선

합천 아천 대목리수로

- **장낚 정보**: 소~중짜 대낚터, 적기(7~10월), 입질 시간(일몰~24시), 산지렁·청지렁·미꾸라지 미끼.

합천군내 대부분의 소류지에도 군에서 방류한 장어가 서식한다. 아천은 합천댐 하류권의 황강 수계에 유입되는 지천으로, 장마 후 10월까지 조황이 좋다. 지렁이 미끼는 강고기의 성화가 뜸해진 심야 시간대에 사용하는 것이 좋고, 잡고기의 성화가 심한 시간에는 미꾸라지만 꿰는 것이 좋다.

ᶘ 포인트 안내

- 대목리수로(합천군 대양면 대목리 1072-24): 큰비가 내리면, 3.5km 하류의 정양늪생태공원과 황강의 자원이 올라붙어 가을까지 낚시가 잘된다.

합천 율곡천

- **장낚 정보**: 소~중짜 대낚터, 적기(7~8월), 입질 시간(일몰~24시), 미꾸라지·청지렁·산지렁 미끼.

율곡천은 합천댐의 하류권을 흐르는 황강의 지천으로, 고령군의 노태산에서 발원해, 남쪽으로 8km를 흘러 합천군 율진리 부근에서 황강에 합류된다. 장마 후 7~8월에만 반짝 조황이 있는 곳으로 산지렁이에 입질이 빠르다. 강고기의 성화가 심하면 미꾸라지로 교체해 준다.

ᘰ 포인트 안내

- 율진교 우하류(합천군 율곡면 율진리 372-1): 율곡천의 최하류권으로, 대낚시 32~50칸으로 수로 건너편을 노리면 좋다.

합천호 최상류 봉산교권

- **장낚 정보**: 릴 대물터, 적기(6~9월), 입질 시간(일몰~05시), 미꾸라지 · 청지렁 · 산지렁 · 새우 미끼.

  합천호 봉산교권은 오래전부터 구전되어 온 장어 포인트다. 황강의 물줄기가 유입되는 합천호의 최상류권으로, 평소에는 갈수 상태를 유지하다가 장마가 지면 합천호의 대물 장어가 가장 먼저 타고 오른다. 8월 중순 내림 장어 철이 시작되면, 상류로 올라갔던 장어가 다시 내려오는 길목으로 장어 전문 꾼이 많이 찾는다.

  봉산교권은 모든 포인트가 주차 후 50m 이상 걸어야 하는 곳이지만, 봉산교 남쪽 5분 거리에 면 소재지 마을이 있고, 이곳에서 각종 편의 시설을 이용할 수 있어 좋다.

ᘰ 포인트 안내

- 봉산교 북단(합천군 봉산면 상현리 산 85-4): 도로변에 붙여 주차하고, 50m 내려가면 수면이다. 급심권으로 갈수기에 좋다.

- 봉산교 남단 주차장 앞(김봉리 450-1): 주차장에 주차 후 북쪽으로 20m 가면 수면이다. 서쪽으로 50m를 더 올라가 봉산교에서 교각치기를 해도 좋다.

합천호 좌하류 회양리권

- **장낚 정보**: 릴 대물터, 적기(5월, 9~10월), 입질 시간(일몰~05시), 미꾸라지 · 청지렁 · 산지렁 · 새우 미끼.

    합천호 회양리권은 회양관광단지를 중심으로 서쪽과 동쪽에 포인트가 붙어 있다. 인근에 캠핑장, 숙박 시설, 사우나, 마트 등 편의 시설이 많아 여름철 관광을 겸한 피서터로 좋다. 아래 포인트는 물이 많은 여름철보다 5월과 9~10월에 장어 입질이 더 좋다. 장마 후에는 하류권보다 상류권에 앉는 것이 좋다.

ᘐ 포인트 안내

- 회양관광단지 북서쪽 돌출부(합천군 대병면 회양리 산 34): 도로변에 주차 후, 숲길로 20m 내려가면 수면이다. 70~80m 원투하면 물골에 닿는다.

- 회양관광단지 동쪽 연안(회양리 산 310): 회양천이 유입되는 물골 쪽으로 장타를 치면 좋다. 회양관광단지의 동쪽 무학공원(회양리 317-1)에서 290m를 더 가면 좌측에 비포장 길이 있다. 이 길로 진입해 170m가량 가면 된다.

- 회양관광단지 동쪽 연안 식당 앞 돌출부(회양리 1837-1): 돌바닥 포인트로 밑걸림이 있다. 회양천이 유입되는 물골로 장타를 치면 좋다.

5

제주 9선

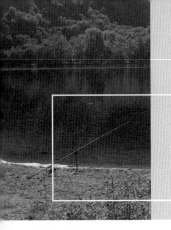

서귀포시 4선

서귀포 무릉저류지

- **장낚 정보**: 소~중짜 릴·대낚 마릿수터, 적기(4~11월), 입질 시간(일몰~01시), 산지렁·청지렁·참붕어·새우 미끼.

　무릉지는 제주도의 서쪽 끝 해안가 5천 평 규모의 저류지로, 큰비가 오면 물을 저장해 수해를 방지하고, 농업용수로 활용할 목적으로 만들어졌다. 연안을 따라 돌둑을 쌓아 만들었으며, 전역이 2~3m 수심에 수초는 전혀 없다.

　장어, 붕어, 잉어, 참붕어, 새우 등이 서식하며, 특히 장어가 많다. 미끼는 지렁이와 자생새우가 잘 먹힌다. 마땅히 포인트라 할 만한 곳이 없고, 둘레길을 따라 한 바퀴 돌며 바람을 등지는 곳에 자리하면 된다.

↳ 포인트 안내

- 동쪽 연안 홈통(서귀포시 대정읍 무릉리 2582): 대낚시 20~40칸이 적당하다. 좌대나 받침틀을 필수 지참해야 한다.

서귀포 사계리 해안체육공원 둠벙

- **장낚 정보**: 중~대짜터, 적기(6~9월), 입질 시간(일몰~04시), 청지렁·산지렁 새우 미끼.

사계리 체육공원 둠벙은 제주도 서남단 모슬포항의 동쪽 4km 지점 900평 규모의 둠벙으로, 퇴수로가 사계리 체육공원 앞을 거쳐 바다로 빠져나간다. 평균 1m 수심에 마름이 듬성듬성 자라며, 주 어종은 장어 외 붕어 등으로, 중짜급 이상의 굵은 장어가 낚인다. 규모가 작아 정숙을 유지해야 한다.

↳ 포인트 안내

- 북쪽 연안(서귀포시 안덕면 사계리 2400): 둠벙의 북쪽 연안에 주차하면 된다.

서귀포 상모리 둠벙

- **장낚 정보**: 중~대짜터, 적기(6~9월), 입질 시간(일몰~04시), 청지렁 · 산지렁 · 새우 미끼.

상모리 둠벙은 제주도의 서남단 밭 한가운데 있는 정사각형 모양의 둠벙이다. 규모가 300평에 불과하고 수초도 거의 없지만, 퇴수로가 2.5km 동남쪽 바다와 연결되어 장어 자원이 많다. 주 어종은 장어 외 붕어, 잉어, 향어, 배스 등이며, 장어 미끼는 지렁이가 좋다.

↳ 포인트 안내

- 남쪽 둑방(서귀포시 대정읍 상모리 1172-3): 남쪽 둑방에 주차 공간이 넓다. 출조객이 많아 소란스러우면 거의 입질을 하지 않는다.

서귀포 창고천

- **장낚 정보**: 소~중짜 대낚터, 적기(5~10월), 입질 시간(일몰~05시), 산지렁 · 청지렁 · 새우 미끼.

창고천은 한라산 남서쪽 1천 미터 고지의 습지에서 발원해, 안덕면을 지나 감산리 해안으로 흐르는 2.5km 길이의 하천이다. 창고천은 용천수가 솟기는 하나 수량이 적어 우기가 아니면 물 흐름이 끊어져 군데군데 웅덩이만 남는다. 주 어종은 장어, 붕어, 잉어, 새우, 참게 등으로, 장어 미끼는 지렁이와 새우가 좋다. 또 창고천 줄기에는 절경의 안덕계곡이 있어 한 번 들러 볼 만하다.

↳ 포인트 안내

- 창천리 보 좌상류(서귀포시 안덕면 창천리 1268-5): 서귀포 중문관광단지의 서쪽 1.6km 지점으로, 굵은 장어가 잘 낚인다. 보의 좌상류 연안 진입로에 주차하면 된다.

- 양재소(감산리 15-2): 갈수기에는 웅덩이만 남는데, 수심이 3~4m로 깊다. 진입로에 주차하면 된다.

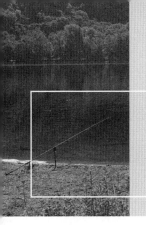

제주시 5선

제주 두모저류지

- **장낚 정보**: 소~중짜 릴 · 대낚 마릿수터, 적기(4~11월), 입질 시간(일몰~01시), 산지렁 · 청지렁 · 참붕어 · 새우 미끼.

두모지는 4천 평 규모의 저류지로, 제주 서쪽 바다과 150m 거리로 붙어 있다. 높은 돌 제방에도 불구하고 수면 접근이 가능한 포인트는 아래 안내된 두 곳밖에 없지만, 받침틀을 설치하면 돌 제방 위에서도 낚시를 할 수 있다.

두모지는 연안 진입도 불편하고, 5월부터 10월까지 마름이 밀생하여 들어뽕 외에는 낚시가 불가하므로 장어 자원이 상당량 보존되어 있다. 마름이 자라기 전인 4월과 마름이 삭아 내린 11월에는 릴과 대낚시로 마릿수 장어를 낚을 수 있다.

⑤ 포인트 안내

- 우상류(제주시 한경면 금등리 782): 돌 제방에서 수면으로 내려가는 길이 있다. 돌 제방에 주차하면 된다.

- 좌중류(금등리 907): 돌 제방에서 수면으로 내려가는 길이 있다.

제주 수산지

- **장낚 정보**: 소~대짜 마릿수터, 적기(5~10월), 입질 시간(일몰~04시), 새우·참붕어·청지렁·산지렁 미끼.

　수산지는 3만 평 규모의 계곡지로 수초가 적고, 퇴수로인 수산천이 제주 서북단 쪽 바다로 2.5km가량 흘러나간다. 주 어종은 장어 외, 메기, 붕어, 비단잉어, 외래종 등으로 대물 장어가 많다. 단, 공항이 가까워 항공기 소음이 잦다.

⚓ 포인트 안내

- 우최상류(주소 없음): 수초가 많은 만수위 포인트다. '제주시 애월읍 수산리 1935'에서 수면을 따라 상류로 100m가량 직진하면 넓은 주차 공간이 나온다.

- 우중류 돌출부(제주시 애월읍 수산리 1935): 30m 이내의 릴 단타 포인트로, 도로변에 주차하면 된다.

- 좌상류(수산리 756-2): 2m 수심대로, 새 물이 유입되면 특급 포인트가 된다. 도로변에 주차하면 된다.

제주 용수지

- **장낚 정보**: 소~대짜 마릿수터, 적기(5~10월), 입질 시간(20~04시), 새우·참붕어·청지렁·산지렁 미끼.

　용수지는 3만 평 규모의 평지지로, 전역에 뗏장, 갈대, 말풀 등의 수초가 많다. 주 어종은 장어, 붕어, 잉어, 외래종, 참붕어, 새우, 참게 등으로, 장어 미끼는 지렁이, 새우, 참붕어를 쓰는데, 지렁이에 입질이 잦고, 참붕어에는 붕어의 성화가 심해 굵은 개체만 골라 쓰는 것이 좋다. 전역이 포인트라 할 수 있으나, 장어 낚시는 제방이 1순위, 상류 갈대권이 2순위, 제방 좌우 홈통의 수초 지대가 3순위다.

ᄂ 포인트 안내

- 제방 좌측 홈통(제주시 한경면 용수리 369-2): 1m 수심의 수초권으로, 밑걸림이 약간 있다. 차 앞 낚시가 가능하다. 2019. 6월(지렁이, 대짜 1수).

- 제방 중앙(용수리 372): 1.5m 수심의 수초권으로, 제방 밑에 주차하면 된다. 2007. 6월(지렁이, 중짜 1수).

제주 판포지

- **장낚 정보**: 소~중짜 릴·대낚터, 적기(4~10월), 입질 시간(일몰~04시), 청지렁·산지렁·새우 미끼.

판포지는 1천 평 규모의 평지지로, 퇴수로는 약 1.5km 흘러 제주 서쪽 끝 바다에 합류된다. 여름에는 마름이 수면을 덮어 낚시가 어려우나, 마름이 열린 공간을 찾아 대를 드리우면 된다. 주 어종은 장어, 붕어, 참붕어, 새우 등으로, 장어 미끼는 자생 새우와 청지렁이, 산지렁이가 좋다. 4면이 돌담 제방으로, 조금은 불편하나 제방 위에서 아래쪽을 향해 대를 펴면 된다.

ᄂ 포인트 안내

- 동쪽 제방(제주시 한경면 판포리 2089-5): 1.5~3.5m 수심으로, 차 앞 낚시가 가능하다.

제주 화북천 둠벙

- 장낚 정보: 소~중짜 대낚터, 적기(6~9월), 입질 시간(일몰~24시), 새우·참붕어·산지렁·청지렁 미끼.

화북천은 제주공항 동쪽 6km 지점의 기수역 하천으로, 우기가 아니면 대부분 웅덩이 형태로 존재한다. 화북동의 별도교와 원두교 사이 1km 구간에는 작은 둠벙이 서너 개 있다. 낚시를 하기가 민망할 정도로 작은 둠벙이지만, 장어 자원은 타 수면에 뒤지지 않을 만큼 많다. 자생 새우나 참붕어를 꿰면, 하루 5수 이상도 낚을 수 있다. 주 서식 어종은 장어, 붕어, 잉어, 참게, 참붕어, 새우 등으로, 새우와 참붕어가 넉넉히 채집되지 않기 때문에 청지렁이나 새우 정도는 육지에서 미리 준비해 가야 한다.

↯ 포인트 안내

• 별도교 우하류 400~500m권 둠벙(제주시 화북일동 4756): 좌측 주소에 주차 후, 10시 방향, 12시 방향, 2시 방향으로 각각 50~60m 진입하면 둠벙에 닿는다. 2022. 6월(12시 방향 둠벙, 새우, 일몰~24시, 중짜 4수).

| 에필로그 |

    장어 포인트는 거의 공개되지 않는다. 특히 낚린이가 쉽게 찾아갈 만한 포인트의 주소가 공개되는 경우는 더더욱 없다. 이 책은 그런 낚린이를 위한 책이다. 이 책을 통해 좀 더 수월한 출조길이 되길 바란다.

전국 민물 장어 낚시터
410선 (하)

ⓒ 송광호, 2023

초판 1쇄 발행 2023년 3월 30일

지은이   송광호
펴낸이   이기봉
편집   좋은땅 편집팀
펴낸곳   도서출판 좋은땅
주소   서울특별시 마포구 양화로12길 26 지월드빌딩 (서교동 395-7)
전화   02)374-8616~7
팩스   02)374-8614
이메일   gworldbook@naver.com
홈페이지   www.g-world.co.kr

ISBN   979-11-388-1735-6 (13690)